高等职业教育"十二五"规划教材

教育部高等学校高职高专汽车类专业教学指导委员会推荐精品课程教材

汽车服务企业管理
（理实一体化教程）

主　编　李美丽

副主编　刘学明　胡慧敏　刘仪凤

主　审　王秀贞

上海交通大学出版社

内 容 提 要

本书根据汽车服务企业的特点,运用现代企业管理的理论和方法,对汽车服务企业各项管理活动进行了系统的论述,内容包括汽车服务企业管理概论、组织结构的设计、经营管理、人力资源管理、汽车配件管理、汽车服务企业战略管理、服务质量管理。这些内容既适合一般汽车维修企业,又适合 4S 店、特约服务站等汽车服务企业。

本书可作为职业院校汽车相关专业师生的教材,也可供汽车服务企业经营管理者阅读使用。

图书在版编目(CIP)数据

汽车服务企业管理:理实一体化教程/李美丽主编.
—上海:上海交通大学出版社,2012
ISBN 978-7-313-08581-8

Ⅰ. 汽… Ⅱ. 李… Ⅲ. 汽车企业—工业企业
管理—教材 Ⅳ. F407.471.6

中国版本图书馆 CIP 数据核字(2012)第 109589 号

汽车服务企业管理
(理实一体化教程)
李美丽 主编
上海交通大学出版社出版发行
(上海市番禺路 951 号 邮政编码 200030)
电话:64071208 出版人:韩建民
上海春秋印刷厂 印刷 全国新华书店经销
开本:787mm×1092mm 1/16 印张:14.25 字数:334 千字
2012 年 6 月第 1 版 2012 年 6 月第 1 次印刷
印数:1~3 030
ISBN 978-7-313-08581-8/F 定价:32.00 元

高等职业教育"十二五"规划教材
教育部高等学校高职高专汽车类专业教学指导委员会推荐精品课程教材

顾 问

委 员

本书编写委员会

序

我国作为世界汽车生产和消费大国,汽车产业的高速发展和汽车消费的持续增长,为国民经济的增长产生了巨大拉动作用。近年来,我国汽车专业职业教育事业取得了长足发展,为汽车行业输送了大量的人才。随着汽车产业的迅猛发展,社会对汽车专业人才提出了更高的要求。进一步深化人才培养模式、课程体系和教学内容的改革,提高办学质量,培养更多的适应新时代需要的具有创新能力的高技能、高素质人才,是汽车专业教育的当务之急。

作为汽车专业教育的重要环节,教材建设肩负着重要使命,新的形势要求教材建设适应新的教学要求。职业教育教材应针对学生自身特点,按照技能人才培养模式和培养目标,以应用性职业岗位需求为中心,以素质教育、创新教育为基础,以学生能力培养、技能实训为本位,使职业资格认证内容和教材内容有机衔接,全面构建适应 21 世纪人才培养需求的汽车类专业教材体系。

本书作者既有来自汽车专业教学一线的老师,也有来自行业和企业的专家,他们根据自己长期从事实际工作的经验,对人才培养模式和教学方法进行了新的探索和总结,并形成这一系列特点明显的创新教材。我觉得该系列教材有以下两个值得关注的亮点:

一是教材编写形式新颖。该系列教材按照理实一体化教学模式进行编写,在整个教学环节中,理论和实践交替进行,让学生在学中练、练中学,在学练中理解理论知识、掌握技能,达到学以致用的效果。

二是教材内容生动活泼。书中提供了大量详细、实用的案例,也穿插讲述了相关知识和技巧,引导学生积极参与教和学的过程,激发学生学习的热忱,增强学生学习的兴趣。

我衷心希望通过本系列教材的出版为我国高等职业教育汽车类专业教材的编写探索一个新的模式,也期待本系列教材的出版为我国汽车类专业人才培养和教育教学改革起到积极的推动作用。

北京大学中国职业研究所所长
中国就业促进会副会长
中华职业教育社专家委员会副主任
中国就业培训技术指导中心学术委员会主任

陈 宇

(教授,博导)

2011 年 5 月

前　言

管理是企业永恒的主题,汽车服务企业也不例外。在市场经济条件下,汽车服务企业管理水平的高低,直接决定着一个汽车服务企业发展的快慢、好坏和持续性。随着国家宏观调控政策的深入实施和市场竞争的加剧,汽车服务企业面临的发展环境和市场形势发生了深刻变化。企业只有加强内部管理、着力进行管理创新,才能适应新形势和新要求,在激烈的市场竞争中求得生存和发展。为提高汽车服务企业的管理水平,大量的非管理专业的技术人员也需要掌握和了解企业管理的相关理论和方法,以便在生产经营的各个环节加强管理。为适应这一需要,我们特为汽车类专业学生编写了这本教材。

在编写过程中,我们紧紧联系当前汽车服务企业管理的实际状况,按照职业技术教育的特点和培养方案,本着"适用、管用、够用"的原则,按照工作过程为导向的教学思维,突出职业教育的特色,突出对实践技能的要求,力争做到知识和应用的完美统一。

本书内容立足于基础,系统、全面、重点、求新地介绍汽车服务企业管理的基本理论、方法和现代最前沿的观点,经过学习和实践,使学生具有一定的汽车服务企业管理相关知识,以及分析问题和解决问题的能力。

参加本书编写工作的有:邢台职业技术学院李美丽(项目一、项目二、项目四),刘学明(项目六任务一、二),胡慧敏(项目五),包头轻工职业技术学院刘仪凤(项目三和项目六的任务三),张丹颖(项目七任务一、二),陈超(项目七任务三、四),北京现代职业技术学院何宝文(项目六任务四)。本书由李美丽担任主编,刘学明、胡慧敏、曹景升担任副主编。邢台职业技术学院汽车系的王秀贞教授担任主审,她在百忙之中对本书进行了细致的审阅,并提出了许多宝贵的意见,在此表示感谢。

本书除了可以作为高职高专汽车相关专业的教材之外,也可供汽车相关从业人员阅读使用。

由于编者水平有限,疏漏之处在所难免,恳请读者不吝指正。

编　者

2011 年 12 月

目　　录

项目一

汽车服务企业管理概论

任务一 汽车服务企业的类型介绍
任务二 汽车服务企业管理的任务与职能

？ 学习目标

1. 了解汽车服务企业的类型和主要工作内容。
2. 理解汽车服务企业管理的任务与职能并熟悉管理者的素质要求和工作特点。

☆ **期待效果：**

熟悉汽车服务企业的类型，并能形成一个清晰的架构关系；能深刻理解汽车服务企业的职能并在实际工作中加以应用。

项目理解

汽车服务企业管理，是汽车服务企业的全体员工包括管理人员和职工，针对汽车服务企业的生产经营特点，应用管理学的理论与方法，对汽车服务企业的生产经营活动所进行的计划、组织、指挥、协调和控制等工作的总称，是企业管理的一个分支。

针对在校学生来说，将来面临的工作选择中，原来的认识都局限于汽车制造、汽车修理和汽车销售等常规性的领域，通过这个任务的开展，拓宽思路，为将来的就业做准备。对于其他相关汽车行业的从业者来说，也需要系统的认识、理解和应用汽车服务企业管理学的理论来解决实际问题。本项目就是在基础理论的认识上开展系统学习的首要篇章，为以后的学习奠定基础。

任务一 汽车服务企业的类型介绍

知识目标

1. 了解汽车服务企业的类型和主要工作内容。
2. 运用知识来认识、分析各种汽车服务企业。

能力目标

1. 能较快熟悉相关汽车服务企业的工作内容。
2. 持续关注汽车服务企业的各种动态，知道新出现的汽车服务企业类型和原有汽车服务企业类型的新变化。

情境描述

结合现实中遇到的情况,分组讨论汽车服务企业的类型和工作内容。结合学习的新知识,有目的地进行扩展应用。

任务剖析

对于汽车服务企业这个概念,大多数人还是有一定了解的,也能举出一些常见的企业类型,只是更多地集中在常见的维修和销售领域,在我们的任务中,需要拓宽视野,在广泛的汽车服务企业领域分析问题。

任务载体

在课程学习的开始阶段,提出几个问题作为引导:

1. 我们接触过哪些类型的汽车服务企业?试着一一列举出来。
2. 汽车服务企业属于哪一种产业类型?
3. 怎么认识汽车服务企业的现状和未来?

相关知识

汽车服务企业

一、汽车服务企业的概念

1. 企业

企业是指从事生产、流通、服务等经济活动,以产品或劳务满足社会需要,以盈利为目的,自主经营,独立核算,依法设立的经济组织,是现代社会经济的基本单位。

按照产业标准,企业可分为工业企业、农业企业、交通运输企业、建筑企业、邮电企业、商业企业、金融企业、旅游企业以及服务企业等。

2. 汽车服务企业

汽车服务企业就是为潜在和现实的汽车使用者或消费者提供服务的企业,主要是指从事汽车经销的企业和为汽车使用者及消费者提供备件、维修服务、保养服务以及其他服务的企业,它属于服务业。

二、汽车服务企业的类型

1. 汽车产品形式

汽车产品形式主要包括轿车、客车、货车、自卸汽车、越野汽车、牵引汽车、汽车列车、特种车辆等。

2. 汽车服务企业类型

根据业务类型不同,现阶段我国汽车服务企业大致可分为整车销售、配件与精品销售、汽车维修、汽车租赁、汽车金融服务、汽车保险服务、汽车俱乐部等。其中,整车销售企业可分为新车销售和旧车交易企业,新车销售企业又可分为品牌专营和多品牌经销企业。配件与精品销售企业可分为连锁经营企业和独立经营企业,亦可分为单品种或少品种经营企业和多品种经营企业。汽车维修企业可分为特约维修站、汽车快修店、汽车美容与装饰店等。

(1) 汽车品牌专营店。汽车营销商与某一品牌汽车生产商签订特许专营合同,受许可合同制约,接受生产商指导、监督、考核,只经销该品牌汽车,并为该品牌汽车的消费者提供技术服务。一般是前店后厂的形式,也就是我们常说的汽车 4S(Sale、Sparepart、Service Survey,即整车销售、零配件、售后服务、信息反馈)店,适合于经营市场保有量较大的汽车品牌或单车价格较高的汽车品牌。

(2) 多品牌经销店。汽车经销商在同一卖场同时经销多个品牌汽车。适合于经营社会保有量较少的汽车品牌或生产厂商技术服务网络建设较规范和完善的汽车品牌。

(3) 旧车交易企业。从事为旧车车主和旧车需求者提供交易方便,促进旧汽车交易的企业。旧车交易的业务内容主要有旧车收购、旧车售卖、旧车寄售、撮合交易、车辆评估、拟定合同、代办车辆过户手续,乃至车况检测和必要的维修服务。按照我国《旧机动车交易管理办法》1998 年国内贸易部规定,所有旧机动车交易行为必须在经合法审批后设立的旧机动车交易中心进行。

(4) 汽车配件(含精品)连锁经营企业。连锁经营是经营汽车配件的若干企业在核心企业或总部的领导下,通过规范化经营实现规模效益的经营形式和组织形态。如美国通用配件公司的 NAPA 始创于 1928 年,1998 年进入中国,在北京成立蓝霸汽车超市连锁公司。2001 年美国 GSP 国际汽配连锁中国总部在温州成立。

(5) 汽车配件销售企业。汽车配件销售企业可分为两大类型:一是批发商或代理商型,主要从事汽车配件及精品的批发业务,其服务对象是汽车配件零售商中各类汽车维修、美容、装饰企业;二是汽车配件零售商中主要从事汽车配件及精品的零售业务,其服务对象主要是私车车主。

(6) 汽车特约维修站。汽车特约维修站与汽车生产厂商签署特约维修合同,负责某地区某品牌汽车的故障修理和质量保修工作。

(7) 汽车快修店。其主要业务是汽车生产厂商质量保修范围以外的故障维修工作,一般是汽车保养、换件修理等无须专业诊断和作业设备的小修业务。

(8) 汽车美容与装饰店。汽车美容与装饰店主要是在不改变汽车基本使用性能的前提下根据用户要求对汽车进行内部装饰(更换座椅面料、地板胶、内饰等)、外部装饰(粘贴太阳膜、雨挡、表面光洁养护、婚庆车辆外部装饰等)和局部改装(中控门锁、电动车窗、电动后视镜、加装防盗装置、卡式录音机换 CD 机等)等。

(9) 汽车租赁企业。这类企业主要为短期或临时性的汽车使用者提供各类使用车辆,按使用时间或行驶里程收取相应的费用。

(10) 汽车金融服务企业。这类企业的主要业务是为汽车消费者提供资金融通服务。

(11) 汽车保险服务企业。汽车保险服务企业主要从事合理设计并向汽车使用者或消费者提供汽车保险产品,提供定责、定损、理赔服务等业务。一般附属于大型保险公司。

(12) 汽车俱乐部。俱乐部是以会员制形式,向加盟会员提供能够满足会员要求、与汽车相关的各类服务的企业。汽车俱乐部主要从事代办汽车年检年审、代理汽车保险理赔、汽车救援、维修、主题汽车文化活动等业务。

汽车俱乐部可分为三种类型:经营型俱乐部为会员有偿提供所需的汽车相关的服务;文化娱乐型俱乐部为会员提供一个文化娱乐、交友谈心、交流信息、切磋技艺的场所和环境;综合型俱乐部集前述两种俱乐部于一体。

根据企业的经营状态和业务范畴,汽车服务企业往往是以上述两种或数种类型的综合状态存在。

三、汽车服务企业的经营特点

1. 服务的概念与特点

汽车服务企业在产业划分上属于服务业,而服务业是农业、制造业外的第三产业。

(1) 服务的定义。1960 年美国市场营销协会(AMA)给服务的定义是:服务是用于出售或者与产品连在一起进行出售的活动、利益或满足感,而这种活动并不需要与其他产品或服务的出售联系在一起。生产服务时不一定需要利用实物,而且即使需要借助某些实物协助生产服务,这些实物的所有权将不涉及转移的问题。

服务营销学者斯坦通认为,服务是一种特殊的无形活动,它向顾客或工业用户提供所需的满足感,与其他产品销售和其他服务并无必然联系。北欧最有影响的服务市场营销学者格鲁诺斯教授认为,服务是以无形的方式在顾客与服务人员、有形资源产品或服务系统之间发生的,可以为顾客提出的问题提供解决方案的一种或一系列行为。美国用排除法定义从事服务业的就业人数,即除农业和制造业就业人数以外,其余全部是服务业的就业人数。

(2) 服务的特性。关于服务的各种定义都强调了服务的无形性以及生产和消费的同时进行。

① 服务的无形性。服务是产品,但与有形产品不同,它是无形的,是不可触摸的。

② 服务的即时性。服务的生产过程和消费过程是同时发生,不可分割的。加强员工培训,提高其工作责任心和服务技能,对于保证服务质量至关重要。

③ 服务的易进入性。从事服务业生产,相对于制造业来讲,大多不需要太大投资,可在多个较小场地运作,有许多也并不需要非常专业的技术。

④ 服务的外部影响性。技术进步、政策法规等外部影响因素对服务业的影响很大。汽车服务企业必须保持对技术进步和国家政策法规的高度敏感,不断更新服务内容才能使自身保持旺盛的活力。

2. 汽车服务企业的经营特点

(1) 顾客中心性。汽车服务企业以潜在和现实的汽车使用者或消费者为服务对象,企业经营的所有活动都是以顾客为中心展开的,以提高顾客满意度为其重要的管理经营任务。

(2) 波动性。汽车服务企业的经营利润季节性变化特别明显,不同的车辆有其独特的特点。比如,在现实中存在的"金九银十"现象。

（3）社会性。汽车服务企业涉及的服务门类非常广泛。密切关注社会环境、技术环境、法律环境的变化，及时调整经营策略，完善与改进经营服务内容，以适应外部环境的变化。

笔记

🔍 本任务回顾

1. 熟悉汽车服务企业的类型，拓宽视野并实现就业的多元化选择。
2. 知道每一种企业的工作任务，并在讨论的过程中不断深入理解。

⬇ 任务实施步骤

1. 任务要求

经过分组讨论，最后形成多方面的认识，并把这种认识进行分类，充实完善大家的行业认识领域。

2. 任务实施的步骤
（1）按照情况进行分组。
（2）确定讨论议题。
（3）汇总讨论结果。

📚 思考与训练

1. 简答题
（1）汽车服务企业的概念是什么？
（2）汽车服务企业的类型有哪些？简单描述每种汽车服务企业的工作内容。
2. 论述题
怎么理解我国汽车服务企业经营的特点？

📖 拓展提高

收集有关我国汽车服务企业的现状，结合本小节学习的内容，分析我国汽车服务企业的发展趋势。

任务二 汽车服务企业管理的任务与职能

知识目标
1. 分析并掌握汽车服务企业管理的任务。
2. 分析并掌握汽车服务企业管理的职能。

能力目标：
1. 能够理解自己所服务的汽车服务企业的任务。

2. 能够在具体的实践工作中,对汽车服务企业的职能加以区别。

3. 能够利用所掌握的方法来制定各种目标。

情境描述

　　结合现实中遇到的情况,分组讨论汽车服务企业管理的任务和职能。通过案例分析来体会每一步应该完成的具体工作,以便对管理任务和职能的理解具体化、生动化。

任务剖析

　　充分认识汽车服务企业管理的任务和职能,才能更好地理解所有汽车服务企业的情况,为以后进入这些企业工作打下良好的基础。我们以日常生活事例作为切入点,从生活案例看管理职能,加深体会和认识。在本任务中通过班长组织旅游来体会每一个职能的具体含义,然后自己列举对应的案例。

任务载体

从生活案例看管理职能

　　某班组织旅游,班长需要做好如下工作:

　　1. 确定时间、景点

　　征求班级同学的意见和建议,确定旅游景点;根据教学计划和放假时间,安排往返日期;预定往返车票、旅馆、餐馆等。

　　2. 工作划分并建立组织

　　例如,可以让张三核对车次时刻表和价格;李四联系旅馆和餐馆;王五查看城市景点和交通工具

　　3. 指挥协调(领导)

　　每项工作需要班长指挥和协调:张三要根据出发和离开的城市来定车次;李四要根据停留时间和地点来定旅馆……班长要召开会议或自己协调三个人的工作。

　　领导工作也是一种挑战,例如,张三和李四是否能够紧密合作,而王五容易灰心……要进行激励(指挥和协调)。

　　4. 控制

　　反复核对,甚至找赵六来协助出行前的核对工作,控制整个过程以免出错。

　　由此可见,管理几乎是我们所有人每天在做的事情,只是我们通常没有意识到而已。

　　任务:按照管理的职能以及上面的例子,自己列举能具体体现管理职能的例子。

相关知识

汽车服务企业管理的职能与任务

一、汽车服务企业管理的职能

1. 基本职能

马克思认为管理具有二重性：一方面它具有与生产力、社会化大生产相联系的自然属性；另一方面它又具有与生产关系、社会制度相联系的社会属性。

企业管理的职能是由企业管理的二重性决定的，因而其具有两项基本职能：一是合理组织生产力（企业管理自然属性的表现），是企业管理的一般职能；二是维护与完善现有的生产关系（企业管理社会属性的表现），是企业管理的特殊职能。

2. 具体职能

企业管理的两种基本职能结合在一起发生作用，当它们结合作用于生产过程时，又表现为管理的具体职能。

具体职能主要是计划、组织、指挥、协调和控制，这些职能贯彻到企业生产经营活动的各个方面，是统筹全局的综合性职能。

（1）计划职能。计划职能包括预测企业未来、设定组织目标、拟定行动方案、制定企业规划、制定企业整体计划和员工个人计划等各项工作。汽车服务企业的计划职能是研究和预测未来汽车服务市场的变化，以及据此做出正确的决策，决定企业的经营目标和经营方针，并编制为实现此目标服务的综合经营计划以及各项专业活动的具体执行计划及对计划执行情况进行的检查、分析、评价、修正等。计划职能在于确定企业的计划目标和制定计划，以便于有计划地进行生产经营活动，保证企业经营目标的实现。

（2）组织职能。包括划分组织要完成的各项工作，然后安排人员负责；设立职能部门，并将职权分配给下属；建立命令传达和沟通交流的渠道，协调下属的工作。从生产的分工协作上、左右关系上、时间和空间的联结上合理地组织起来，组成一个协调一致的整体，使企业的人、财、物得到最合理的使用。

企业组识可分为管理机构组织、生产组织和劳动组织三部分。管理机构组织规定着企业管理的的组织层次和组织系统，各个组织单位（部门）的职责分工以及相互关系。生产组织对企业进行生产布局，将各个生产环节进行合理的衔接。劳动组织规定每个职工的职责分工及其相互关系。

（3）指挥职能。为了保证企业的生产经营活动按计划、有组织地运转，企业的一切活动都必须服从统一的指挥，这是现代社会化大生产的客观要求。指挥职能包括领导、指挥、教育、鼓励、正确处理各种关系等。

指挥的基本原则是目标协调和指挥统一化。目标协调原则即指挥应使每个职工的工作都与企业的整体目标、计划要求相协调，为完成企业的任务而有效地工作；指挥统一化原则即指挥要统一，命令要统一，避免多头领导。

指挥的方式主要有：强调运用管理权力，以命令、指令等进行指挥和领导的强制性方式；强调人际关系,反对强制性指挥,强调以民主方式进行指导、教育和激励,使被领导者产生自觉的工作热情、责任心,以及积极性的思想政治工作和行政命令相结合的方式。

(4)协调职能。管理的协调职能是指为完成企业计划任务而对企业内外各部门、各环节的活动加以统一调节,使之配合适当的管理活动。它的目的就是为了使各种活动不发生矛盾或相互重复,保证相互间建立良好的配合关系,以实现共同的目标。

协调可分成垂直协调和水平协调、对内协调和对外协调等。垂直协调是指各级领导人员和各职能部门之间的纵向协调;水平协调是指企业内各专业、各部门、各单位之间的横向协调。对内协调是指企业内部的协调活动;对外协调则指企业与外部环境的协调,如企业与国家、企业与其他生产经济单位之间的协调。

(5)控制职能。控制职能指的是设定指标,例如销售指标或质量标准,并将实际结果与这些标准进行比较,然后进行必要的校正行动。

以上各种管理职能,并不是独立存在的,而是相互密切联系,是在同一管理过程中实施的,这就是管理的总体性。管理的整个过程,就是以计划为出发点,按各项具体职能的顺序,依次进行而达到企业目标的活动过程。

二、汽车服务企业管理的任务与内容

1. 汽车服务企业管理的任务

汽车服务企业管理的任务就是按照汽车服务市场的客观规律,对企业的全部生产、销售、服务等经营活动进行计划、组织、指挥、协调和控制,使各汽车服务环节相互衔接,密切配合,使人、财、物各因素得到合理组织、充分利用,以最小的投入取得满意的产出,完成企业的任务,实现企业的经营目标。

对汽车服务企业而言,为实现良好的经济效益,必须不断扩大本企业产品(服务)的市场占有率。所谓市场占有率,可用相对市场占有率和绝对市场占有率来表示,它是反映企业市场地位的一个指标。这可表现为本企业销售新车或旧车的数量,或销售额与同期市场总销量或销售额的比值关系;或者可能表现为本企业汽车维修台次或维修收入占同期市场总维修台次或维修收入的比例;也可能表现为本企业承揽的汽车保险费收入与同期市场的汽车保险费收入之比;还有可能表现为汽车俱乐部拥有的会员数量占同期该区域汽车驾驶员数量的百分比等。以销售量表示的基本计算公式为:

绝对市场占有率＝该产品本企业销售量/同期该产品市场总销售量

相对市场占有率＝该产品本企业销售量/同期该产品最大竞争对手销售量

在产品同质化趋势日益明显的市场中,市场占有率的提高很大程度上取决于顾客的满意度。所以,所有汽车服务企业都将提高顾客满意度作为企业最重要的任务之一。从某种意义上说,汽车服务企业管理的任务就是充分利用企业的内部、外部各种可利用的资源,对生产(服务)经营活动进行计划、组织、指挥、协调和控制,努力提高顾客满意度,提高顾客忠诚度,不断提高本企业产品市场占有率,从而达到实现企业最佳经济效益的目的。

2. 汽车服务企业管理的内容

根据企业生产经营的内容和特点,汽车服务企业管理包含如下几个方面的内容:

(1)经营管理。汽车服务企业的经营管理是针对汽车服务企业的经营活动进行的管理活动,是为实现企业经营目标对外部环境和内部条件的分析和研究,从企业全局发展出发而作出

的总体性规划。

（2）服务管理。服务管理是指对服务的全过程进行管理，它包括以下几个方面：

① 服务质量管理。通过建立质量保障体系，设计与推行标准服务流程，完善服务补救程序等来提高服务质量，从而提高顾客满意度，使顾客由满意而生感动，直至成为企业的忠诚顾客。

② 设备管理。合理设计企业的服务能力，如销售能力、维修能力等，对服务设施定期计量检定，维护保养，适时更新和报废。

③ 定额管理。制定、执行、修改和管理各类技术经济定额，如工时定额、物资消耗定额、费用定额等。

④ 配件管理。保障配件供应率是提高服务质量的重要内容。要提高配件供应率必须确定适当的配件经营机制，做好配件的计划、采购和库存管理工作。

（3）财务管理。财务管理是企业再生产过程中对资金运作的管理，是对企业再生产过程以价值形态表现的全部活动，包括物质基础配置、产销经营过程、经营活动成果以及最后处理的全过程在账面上的正确反映和分析。所以现代财务管理的主要内容包括资金的筹集、运用、资产的管理、收入、成本、利润管理、分配管理等。

（4）人力资源管理。人力资源管理是现代企业管理的重要方面。因为寻找到优秀的雇员，并创造有利条件，充分调动发挥雇员的主观能动性及其优势，对企业的市场竞争力有巨大的影响，人力资源管理包括：人员的招募与选聘，岗位设计和职能划分，人员薪酬和考核评估设计，人员的培训等。

（5）信息管理。现代企业的竞争，在占有信息以及充分控制信息价值方面显得非常激烈。因此，信息管理是汽车服务企业管理的重要内容之一。信息管理的主要内容包括：产品质量与保修信息管理、客户信息管理（其理论上的发展是客户关系管理 CRM）和外部环境信息管理（包括国家政策、法规、行业发展动态、市场竞争情报等）。

本任务回顾

1. 知道管理的职能和任务在汽车服务企业中的体现和应用。

2. 能够根据所学习的知识进行生活案例的分析和体会，并把这种体会进一步扩展到汽车服务企业管理工作中。

3. 熟悉目标管理的概念以及这种理论在工作和生活中的应用。

任务实施步骤

1. 任务要求

根据日常生活中的管理案例来体会管理职能，深入分析并理解管理的职能任务理论在汽车服务企业中的应用，并把这种认识在将来的工作环境中加以认识和升华。

2. 任务实施的步骤

（1）引入案例来学习汽车服务企业的职能。

（2）应用哈佛大学的研究成果案例教学法来进行管理者素质和职能的学习。

（3）每位学员举一个对应的合适的例子来理解管理的职能。

思考与训练

1. 简答题

汽车服务企业管理的职能和任务是什么？

2. 讨论题

管理者应该具备哪些素质？

拓展提高

收集各大成功管理者在企业管理中的有关职能和任务领域的案例，进行有关本章所学知识点的体会。

⫸ 项目二

现代企业制度与汽车服务企业
组织结构的设计

任务一 现代企业制度的特点和构建
任务二 汽车服务企业组织结构的设置和职责范围

❓ 学习目标

1. 理解现代企业制度的特点。
2. 了解现代企业制度的构建。
3. 熟悉汽车服务企业组织机构的设置方法。

☆ **期待效果**：

能够对任何一个企业的组织结构进行准确判断,并对自己将来所处的企业的组织结构变革有个清晰的预见和认识。

📖 项目理解

组织结构明确了企业内部上下级之间的纵向领导关系和同级单位之间的横向协作关系,是企业管理基础中的基础,与企业工作流程、人员配备、工作分工等密切相关,是企业战略得以实现的制度性保障。

在企业发展的各个阶段,组织结构的形态都需要相应地调整和设计,以适应企业发展的需要。本项目从结构类型的基础学习出发,进而进行具体汽车服务企业的组织结构的学习,经过这个训练,为将来进行组织结构分析积累扎实的知识功底。

任务一 现代企业制度的特点和构建

知识目标

1. 理解现代企业制度的特点。
2. 了解现代企业制度的构建方法。

能力目标

知道现代企业制度发展的历史渊源,能够分析其在现代企业中的贯彻和应用。

情境描述

这部分情境的设计主要是通过对企业管理领域很知名的现代企业制度创建理论的学习，进而由宏观到微观理解汽车服务企业管理的这部分理论。

任务剖析

对企业管理的特点和创建等一系列的理论仅仅通过课堂的学习是难以体会深刻的，必须要借助一些案例分析来扩大思维领域，所以在案例分析之后的讨论显得异常重要。

任务载体

故事是这样发生的：从前，庙里有 7 个和尚，大家对每天吃饭分粥很是苦恼，他们商量了好长时间，共经过了 5 个分粥过程，才找到了最终人人都满意的分粥方法：

第一次：一个人分粥，但这个人老为自己多分，于是换了一个人，结果亦然。

第二次：大家轮流分粥，每人一天。这样看似公平，但结果是轮值的人总利用权力为自己多分，其他人有意见。

第三次：大家公平选举一个品德高尚的人主持分粥，刚开始不错，过不了多长时间，这人又开始给自己和溜须拍马的人多分了。

第四次：成立分粥委员会和监督委员会，监督分粥行为，但委员间意见不一，争吵不休，粥都凉了还喝不上，效率太低。

第五次：大家商定，每个人轮流分粥，但分粥人要选最后 1 碗粥，结果 7 只碗里的粥终于一样多了，因为谁不认真公平去分，总会剩最少的给自己，所以每个人都认真去分，力求公平，果然大家都满意了。

从上面的故事中体会企业管理，特别是制度管理的重要性。

任务：根据案例，体会为什么要让管理制度化？

相关知识

现代汽车服务企业制度

一、现代企业制度的概念与特点

现代企业制度是指能够适应社会化大生产和市场经济运行要求的各种企业财产组织形式和经营方式的总和。在我国现阶段主要是指产权清晰、权责明确、政企分开、管理科学的现代公司制度。

现代企业制度具有如下基本特点：

（1）有清晰的产权关系。所谓产权，是指社会经济主体对财产的所有、占有、使用、处分和收益的权利。

（2）企业能独立自主经营。企业只有在经营上具有完全的独立性，才能根据市场需要对生产经营活动所需要的各种物质手段、物质条件以及所作用的物质对象进行调整，以保证劳动力与生产资料之间的优化比例，自主地按照企业发展、职工消费和储备等方面的需求，支配和使用收入资金和其他资金，才能及时抓住各种市场运行的机遇，避开市场运行的风险。

（3）企业以利润为经营目标。企业要以利润最大化为首要目标。

（4）规范的政企关系。有效率的市场经济之所以能够实现资源的最优配置，主要不是因为它有一套"价格"或市场供求关系来传递经济信息，而在于它规范了政府与企业的关系，并明确界定了相应的权利和责任，从而使它们能充分发挥各自的功能。可以说，让政府真正成为宏观调控的主体，让企业真正成为微观经济的运行主体，这既是现代企业制度的一个基本特征，也是现代企业制度确立的基本标志。

（5）科学的管理制度。建立科学的企业领导体制和管理制度，调节所有者、经营者和职工之间的关系并形成激励与约束相结合的经营机制。

（6）采用公司制组织形式。采用公司制形式组建企业，如独资公司、有限责任公司、股份公司等。

二、现代企业制度的构建

1. 现代企业制度体系

现代企业制度是一种制度体系，这个体系主要包括三部分内容，即现代企业的法人制度、财产组织形式和治理结构。

（1）现代企业的法人制度。法人制度就是通过赋予企业或有关组织法律上独立的人格，使其独立承担民事责任、享有民事权利，包括赋予企业法人地位的各项法律及规定。法人制度规定：出资人构造出企业法人后，企业就依法获得了出资人投资所形成的全部法人财产权，成为以其全部法人财产进行自主经营、自负盈亏的经济实体。

（2）现代企业的财产组织形式。按照财产的组织形式和所承担的法律责任不同，企业通常分为三类：

① 独资企业。它是由业主个人投资、自己经营、收入归己、风险也由自己承担的企业。一旦有债务偿还的情况则以全部家产抵债。独资企业又称为单个业主制企业。

② 合伙企业。它是由两个以上的个人或业主对企业出资，通过签订合伙协议联合经营的企业。经营所得归全体合伙人分享，经营亏损也由全体合伙人共同承担。一旦有债务偿还的情况则以全部家产抵债，同时合伙人负无限连带责任。

③ 公司制企业。公司制企业的财产组织形式不同于独资企业和合伙企业，它具有合资和有限责任的特点。公司制企业是由两个以上的股东出资所组成的，能够独立自主经营、自负盈亏、对自己经营的财产享有民事权利、承担民事责任的经济实体。公司制企业有以下特征：以盈利为目的，按照市场经济的要求，公司的目标是利润最大化；公司制企业实行股东所有权与法人财产权分离；公司法人财产具有整体性、稳定性和连续性。公司法人财产是不可分割的，投资者投入公司的资本不可抽回，职能转让。公司实行有限责任制度，对股东而言，以其出资额为限对公司的债务负有限责任；对公司法人而言，他以其全部法人财产为限对公司的债务负有限责任。

（3）现代企业的治理结构。现代企业的治理结构即公司治理结构,包括公司的组织机构设置和这些机构的运作规则。公司的治理机构分股东会、董事会、经理和监事会。

① 股东会是公司的权利机构,负责制定和修改公司章程,选拔和罢免董事会与监事会成员,审核和批准公司的财产预决算、投资及收益分配等重大事项。

② 董事会是公司的决策机构,负责选择董事长,执行股东会的决议,制定公司的生产经营决策和任免公司经理等。董事长一般为公司法定代表人,并可以兼任总经理职务。

③ 监事会是公司的监督机构,对股东大会负责,依照法律和公司章程对董事会和经理行使职权的活动进行监督,防止其滥用职权。

④ 经理班子负责公司的日常经营活动,依照公司章程和董事会授权行使职权,接受监督。各部门经理向总经理负责,总经理向董事会负责。

2. 现代企业制度的构建

（1）实现所有者主体多元化。即出资人的多元化,或曰狭义所有权的多元化。为了真正建立起现代企业制度,使企业在企业家的治理下尽可能大地增加出资人的所有者权益,产权结构的多元化是最基本的产权制度安排。当然,将产权结构多元化极端化也是不科学的。国有企业的产权改革应当分类进行而不能一刀切,强调多元产权结构,但不等于所有的国有企业都改成多元产权结构,一定数量的一元产权结构的国有独资企业的存在对于政府的宏观经济管理是必要的。

（2）正确确定国有资产的代表。解决好两个问题:一是理顺产权关系;二是产权代表不能由政府机构来代表,应由经济组织代表。

（3）构建科学规范的公司领导体制。国有企业原来采用厂长(经理)负责制的主要缺陷是非常明显的,表现为:所有者或所有者代表没有进入企业,缺乏行使所有权职能的机构;实行横向分权制,决策与执行决策的机构、人员及职能不清,缺乏相互间的制约和监督机制,不能适应多种企业组织形式的需要。进行公司化改造,必须设立股东会、董事会、监事会和经理班子等分层次的组织结构和权力机构,并明确规定它们各自的权责和相互之间的关系,不同的权力机构,各司其职,各负其责,相互制约,形成层次分明、逐级负责的纵向授权的领导体系。建立、健全上述机构,还必须处理好它们与党委会和职代会的关系。根据一些企业的经验,党委会和职代会主要成员可根据法定程序,分别进入董事会和监事会,参与企业重大问题的决策及其他有关方面的监督。

（4）改革劳动制度和分配制度。在市场经济体制下,企业必须拥有用工自主权,劳动者必须拥有择业自主权,这是建立现代企业制度的一项重要内容。消除干部与工人、不同所有制职工之间的身份界限,实行统一的"企业职工"制度。企业根据自己的情况自主选用用工形式,实行正式工、合同工、临时工、计时工等相互结合的用工形式。

企业分配制度的基本特点表现为:企业是完全自负盈亏的,企业从事各种生产经营活动,都必须依法向国家缴纳各种税款,税后利润由企业股东会、董事会依照国家有关法规和公司章程确定分配办法,除用于企业生产发展和职工集体福利部分外,其余部分按股份分配红利。职工的报酬全部进入产品成本,工资形式、资金分配办法由企业自主确定,职工之间通过落实内部经济责任制等办法实行按劳分配,拉开职工之间的收入差距;职工向企业投资,应像其他股东一样,取得相应的资产收益。这样的分配制度有利于充分发挥各方面的积极性,促进社会资金的合理运用和企业经济效益的提高。

（5）改革企业内部组织机构。改革企业内部组织结构不合理状况，将为职工生活服务的设施及人员独立出来，组成服务性经济实体，面向社会、自主经营，逐步做到自负盈亏。服务经济实体与企业实行挂钩后，企业可将生活补贴中的暗补部分转为明补，成为工资性支出，发给职工。

除此之外，还必须积极推进配套改革，包括进行宏观经济管理、市场体系、社会保障体系等方面的综合性的配套改革。配套改革主要有政企职责分开、大力培育市场，建立完备的市场体系、建立与完善社会保障体系，为企业深化改革和劳动力自主流动创造条件。

本任务回顾

1. 根据案例引出对现代企业制度的理解。
2. 通过知识的学习，再次回顾总结案例的内容，形成结论性的报告。

任务实施步骤

1. 任务要求
通过案例问题的完成，认识到现代企业制度在企业发展过程中的重要性。
2. 任务实施的步骤
（1）引入案例，提出问题。
（2）分析案例，同时进行知识的学习。
（3）根据所学的知识再次思考并分析案例，得出结论性的内容。

思考与训练

1. 简答题
现代企业制度的概念和特点是什么？
2. 论述题
构建现代企业制度需要采取哪些策略？
3. 讨论题
有限责任公司和股份有限公司的区别是什么？

拓展提高

怎么理解现代企业制度的体系。

任务二　汽车服务企业组织结构的设置和职责范围

知识目标

1. 了解组织结构的类型。

2. 熟悉汽车服务企业组织结构的设置方法。

能力目标

能够对各种汽车服务企业的组织结构类型进行分析。

情境描述

这部分情境的设计主要是通过组织结构类型的理论学习,进而实现对不同汽车服务企业组织结构的延续或者改良提出看法。

任务剖析

任何企业的组织结构必须与企业发展的阶段相适应,这样才能为企业的长足发展服务。本任务在学习组织结构知识的基础上借助案例分析来加深理解。

任务载体

阅读案例并完成任务。

飞达汽车工业公司经重组成立于 1999 年,为飞达集团下属的一个分公司,下辖四个分厂和一个实业公司;主营业务为汽车改装和修理,另外公司还生产一些机械设备、钢结构件,并经营汽车租赁业务。飞达工业公司自新一届领导班子上任以来,经营情况有了很大的改观,首先资金压力得到了一定的缓解;其次是职工收入得到较大的增长;第三个方面是市场业务有了较大发展。而且为配合公司的下一步发展,公司对总部及各分厂的组织结构作了进一步的调整。但是公司目前的组织管理存在着一些问题,主要表现在机构设置较多、管理幅度太宽、多头指挥、职责分工不清、科室机构设置重叠等方面。

一、飞达公司的组织结构形式

飞达工业公司现有的组织结构是一种典型的直线职能制模式。从飞达工业公司现有规模和技术力量分析,作为一个中等规模的企业,其产品品种可以说相对较简单,工艺也并不是很复杂,因此适宜采取这种直线职能制的组织结构模式。在企业规模较小、产品品种简单、工艺比较稳定、市场销售情况比较容易掌握的情况下,尤其能显示其直观、灵活、有效性强的优点。

二、组织结构的主要问题

1. 机构设置较多

飞达工业公司作为总公司,下设 5 个分公司。由于历史原因,这 5 个分公司地处 5 个不同的位置,彼此之间,甚至与总部之间相隔较远,这就使得公司的资产、资源的分布较为分散,不便于进行统一生产、统一管理,发挥规模优势;同时各个分厂的业务存在重叠与交叉的现象;而且,为了便于安排生产,每个分公司都设有相应的职能部门,这就使得非生产人员增加,管理费用开支较大。

2. 管理幅度偏大

公司目前实行的是三级管理的模式。即总公司一级、各分厂一级、各分厂项目部一级（但因公司项目制实行情况不理想而停止），实际上公司相当于二级管理。在企业规模一定的情况下，管理层次多，管理幅度相应较小。但飞达工业公司有的领导者管理幅度较大，如总经理，直接领导的下级人员多达 11 个以上。

3. 集权与分权的矛盾

飞达工业公司实行"一集中、三统一"的管理，即市场经营集中，统一资金管理，统一物流管理，统一人力资源管理。这一政策从实施以来，使企业的状况得到了很大的改善。但正是由于上层领导统得过死，管得太宽，从而挫伤了各分厂自主经营的积极性。这也是造成公司市场开发与生产脱节的一个原因。

4. 分公司业务存在重叠交叉现象

各分公司都试图"全面"发展，而没有着力形成自己的核心主业。比如华达汽修厂，既造又修，而且还承接一定量的钢结构业务。英达机械厂既生产污水处理设备，又搞玻璃钢制品，另外还从事一些机械加工的业务。

任务：

1. 你认为应该怎样解决飞达工业公司组织结构的主要问题？
2. 进行组织再设计时应该考虑哪些因素？
3. 请你为飞达工业公司设计新的组织结构，并说明其优越性。

📖 相关知识

汽车服务企业的组织结构

企业管理组织是指企业中从事生产经营活动的部门和人员所组成的组织系统。现代汽车服务企业的管理活动越来越复杂，既要搞好企业内部管理，比如销售、服务、人员、设备、资金等，又要搞好外部关系管理，比如供应商、顾客、行业及管理者、媒体及宣传机构等。为使管理人员内部工作分工与协作关系得以明确，管理组织的合理设计就显得十分重要，它是提高管理效能和效率的保证。

一、汽车服务企业管理组织设计的原则

管理组织设计主要是选择合理的管理组织结构，确定相应的组织系统，规定各部门及管理人员的职责和权限等，它以协调组织中人与事、人与人的关系，最大限度地发挥人的积极性，提高工作绩效，更好地实现组织目标为基本目的。在进行组织设计时应遵循以下几项基本原则：

1. 系统整体性原则

系统整体性原则体现在两个方面：首先企业应有一个完整的、健全的运作系统，它由决策中心、执行系统、操作系统、监督系统和反馈系统构成；其次组织中人员、岗位的设置，权力和责任的规定，应该做到"事事有人管、人人有事做"，不仅如此，各职责、各职权之间要避免出现重叠和空缺，以防止在工作中产生不必要的矛盾、摩擦以及相互推诿、无人负责的问题。

2. 权责一致原则

各级机构、各个部门的职位是根据各项业务工作设立的，为此，要明确每个职位应完成的工作，应承担的责任，并赋予相应的权力，建立相应的奖惩制度。尤其要强调的是权责一致。权责一致就是强调有多大责任，就要有多大权力，必须防止两种偏差：一种是有责无权或责大权小；另一种是有权无责或权大责小。

一个管理者如果没有必要的决策权、指挥权和赏罚权，就无法对他所管理的部门负责；一个工人如果没有拒绝使用不合格工具、配件的权力，就无法对他所维修的汽车质量负责。有责无权或责大权小会束缚和压制员工承担任务的积极性；权大责小或有权无责就必然会导致瞎指挥滥用权力的官僚主义。

3. 有效管理幅度原则

管理幅度是管理者能够直接有效地指挥监督其直接下级员工的数目。有效管理幅度是一个变量，受多种因素影响，如工作性质、人员素质、授权程度以及组织机构健全程度等。一般认为高层管理幅度为5~8人，中层8~15人，基层15人以上。为避免管理效率下降，在管理幅度超过限度时，应增加管理层次。管理层次与管理幅度的关系是：在企业规范已定时，管理幅度大则管理层次少，管理幅度小，则管理层次多。

4. 集权与分权相结合原则

权力是指企业经营与管理的决策权力。集权与分权指的是决策权的集中化与分散化。集权化就是趋向把较多和较大的决策权集中到企业高层组织，中下层组织只负责日常业务；分散化就是高层组织只保留对项目的选择和控制等重大决策权，而给予中下层组织较多和较大的决策授权。集权与分权各有利弊，任何企业都必须根据本企业的具体情况，处理好集权与分权的关系，掌握好两者的平衡。影响集权与分权程度的主要因素有：

(1) 企业规模。规模越大，则分权应较多；反之集权应多些。

(2) 生产经营特点。企业各生产环节之间协作和联系比较紧密，则应集权多些；反之，则应分权多些。

(3) 市场状况。市场面小，且稳定少变，宜于集权；市场复杂多变，且市场面大的，则宜分权多些。

(4) 管理人员素质。管理人员素质高，宜分权多些；反之，应集权多些。

(5) 控制手段的完善程度。控制手段强的，宜于分权；相反，则应集权。

二、汽车服务企业组织结构的基本形式

按照管理组织理论，企业组织结构的基本形式主要有以下几种：直线制、职能制、直线职能制、事业部制、矩阵结构。

1. 直线制

直线制是最古老、最简单的一种组织形式。这种组织结构中各级职位按垂直方向依次排列，命令传递和信息沟通只有一条直线通道，任何下级都只受各自唯一上级的领导。企业的管理工作均由企业的厂长(或公司经理)直接指挥和管理，不设专门的职能机构，至多有几名助手协助厂长(或经理)工作。要求企业领导者精明能干，具有多种管理专业知识和生产技能知识。直线制组织结构的具体形式如图2-1所示。

直线制组织结构的优点有：管理机构简单，管理费用低；指挥命令系统单纯，命令统一；决

策迅速,责任明确,指挥灵活;直接上级和下级关系十分清楚,维护纪律和秩序比较容易。

直线制组织结构的缺点有:一个人的精力有限,管理工作简单粗放;成员之间和组织之间横向联系差;难以找到继任者。

2. 职能制

职能制结构起源于本世纪初法约尔在其经营的煤矿公司担任总经理时所建立的组织结构形式,故又称"法约尔模型"。

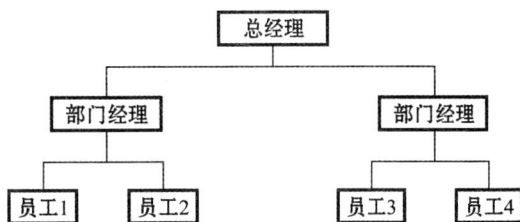

图 2-1　直线制组织结构

职能制组织结构是指按不同管理职能设立职能部门,负责各自职能范围内的业务管理。例如,把所有同销售有关的业务工作和人员都集中起来,成立销售部门,由分管市场营销的副经理领导全部销售工作。研究开发、生产制造、工程技术等部门同样如此。下级除接受直线上级管理者的领导外,还必须接受其他职能部门的领导。这种组织结构由于客观形成了"多头领导"的结果,因而未在实际中广泛应用。职能制组织结构的具体形式如图 2-2 所示。

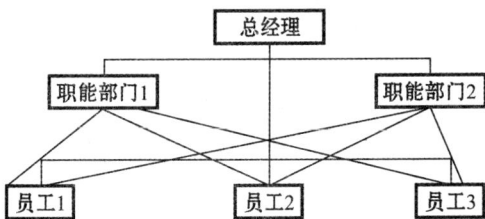

图 2-2　职能制组织结构

(1) 职能制组织结构的优点主要有:

① 由于按职能划分部门,其职责明确。

② 每一个管理人员都固定的归属于一个职能结构,专门从事某一项职能工作,在此基础上建立起来的部门间联系能够长期不变,这就使整个组织系统有较高的稳定性。

③ 各部门和各类人员实行专业化分工,有利于管理人员注重并熟练掌握本职工作的技能,有利于强化专业管理,提高工作效率。

④ 管理权力高度集中,便于最高领导层对整个企业实施严格的控制。

(2) 职能制组织结构的缺点主要有:

① 横向协调差。高度的专业化分工及稳定性使各职能部门的眼界比较狭窄,他们往往片面强调本部门工作的重要性,希望提高本部门在组织中的地位,十分重视维护本部门的利益,特别致力于提高本部门的工作效率。因此,容易产生本位主义、分散主义,造成许多摩擦和内耗,使职能部门之间的横向协调比较困难。

② 适应性差。由于人们主要关心自己狭窄的专业工作,这不仅使部门之间的横向协调困难,而且妨碍相互间的信息沟通;高层决策在执行中也往往被狭窄的部门观点和利益所曲解,或者受阻于部门隔阂而难以贯彻。这样,整个组织系统就不能对外部环境的变化及时做出反应。

③ 企业领导负担重。在职能制结构条件下,部门之间的横向协调只有企业高层领导才能解决,加之经营决策权又集中在他们手中,企业高层领导的工作负担就十分繁重,容易陷入行政事务之中,无暇深入研究和妥善解决生产经营的重大问题。

④ 不利于培养素质全面的、能够经营整个企业的管理人才。由于各部门的主管人员属于专业职能人员,工作本身限制着他们扩展自己的知识、技能和经验,而且养成了注重部门工作与目标的思维方式和行为习惯,使得他们难以胜任也不适合担任对企业全面负责的高层领导

笔记　工作。

3. 直线职能制

以直线制为基础,对职能制进行改进。只有各级行政负责人才具有对下级进行指挥和下达命令的权力,各级职能机构只是作为行政负责人的参谋发挥作用。有些职能机构只有当行政负责人授予他们直接向下级发布指示的权力时,才拥有一定程度的指挥权。

直线职能制组织结构也称为生产区域制或直线参谋制,是在直线制和职能制的基础上取长补短,吸取这两种形式的优点而建立起来的。目前,我国绝大多数企业都采用这种组织结构形式。这种组织结构形式把企业管理机构和人员分为两类:一类是直线领导机构和人员,按命令统一原则对各级组织行使指挥权;另一类是职能机构和人员,按专业化原则从事组织的各项职能管理工作。直线领导机构和人员在自己的职责范围内有一定的决定权和对所属下级的指挥权,并对自己部门的工作负全部责任。而职能机构和人员则是直线指挥人员的参谋,不能对直接部门发号施令,只能进行业务指导。直线职能制组织结构适用于中小规模企业,其具体形式如图 2-3 所示。

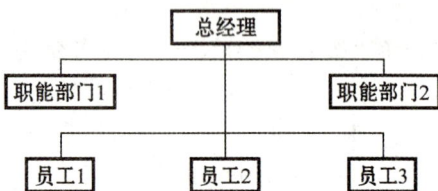

图 2-3　直线职能制组织结构

直线职能制组织结构既保证了集中统一指挥,又能发挥各种专家业务管理的作用。但也存在不足:各职能单位自成体系,不重视信息的横向沟通;若授权职能部门过大,易干扰直线指挥命令系统;职能部门缺乏弹性,对环境变化反应迟钝;管理费用增加。

4. 事业部制

事业部制结构最早起源于美国的通用汽车公司。20 世纪 20 年代初,通用汽车公司合并收购了许多小公司,企业规模急剧扩大,产品种类和经营项目增多,而内部管理却很难理顺。当时担任通用汽车公司常务副总经理的 P·斯隆参考杜邦化学公司的经验,以事业部制的形式于 1924 年完成了对原有组织的改组,使通用汽车公司的整顿和发展获得了很大的成功,成为实行事业部制的典型,因而事业部制又称"斯隆模型"。

事业部制就是按照企业所经营的事业,包括按产品、按地区、按顾客(市场)等来划分部门,设立若干事业部。事业部是在企业宏观领导下,拥有完全的经营自主权,实行独立经营、独立核算的部门,既是受公司控制的利润中心,具有利润生产和经营管理的职能,同时也是产品责任单位或市场责任单位,对产品设计、生产制造及销售活动负有统一领导的职能。

事业部制组织结构的主要特点表现为:把企业划分为若干相对独立的事业部,各事业部拥有各自独立的产品和市场,是独立核算、自负盈亏的利润中心;在最高管理层设计的统一发展战略框架中,可运用自主经营权、财务独立性,谋求自我发展,使企业实现"集中决策,分散经营"。事业部制组织结构的具体形式如图 2-4 所示。

事业部制组织结构的主要优点有:

① 每个事业部都有自己的产品和市场,能够规

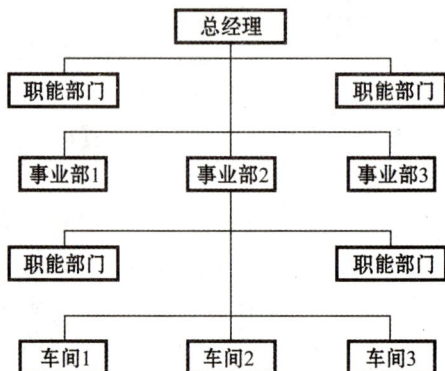

图 2-4　事业部制组织结构

划其未来发展,也能灵活自主地适应市场出现的新情况,迅速作出反应。所以,这种组织结构既有高度的稳定性,又有良好的适应性。

② 有利于最高领导层摆脱日常行政事务和直接管理具体经营工作的繁杂事务,而成为坚强有力的决策机构,同时又能使各事业部发挥经营管理的积极性和创造性,从而提高企业的整体效益。

③ 事业部经理虽然只是负责领导一个比所属企业小得多的单位,但是由于事业部自成系统,独立经营,相当于一个完整的企业,所以他能经受企业高层管理者面临的各种考验,这有利于培养全面管理人才,为企业的未来发展储备干部。

④ 事业部作为利润中心,既便于建立衡量事业部及其经理工作效率的标准,进行严格的考核,又易于评价每种产品对公司总利润的贡献大小,用以指导企业发展的战略决策。

⑤ 按产品划分事业部,便于组织专业化生产,形成经济规模,采用专用设备,并能使个人的技术和专业知识在生产和销售领域得到最大限度地发挥,因而有利于提高劳动生产率和企业经济效益。

⑥ 各事业部门之间可以有比较、有竞争。由此而增强企业活力,促进企业的全面发展。

⑦ 各事业部自主经营,责任明确,使得目标管理和自我控制能有效地进行,在这样的条件下,高层领导的管理幅度便可以适当扩大。

事业部制组织结构的主要缺点有:由于各事业部利益的独立性,容易滋长本位主义;在一定程度上增加了费用开支;对公司总部的管理工作要求较高,否则容易发生失控。

5. 矩阵式结构

在组织结构上,把既有按职能划分的垂直领导系统,又有按产品(项目)划分的横向领导关系的结构称为矩阵组织结构,其组织结构图如图2-5所示。

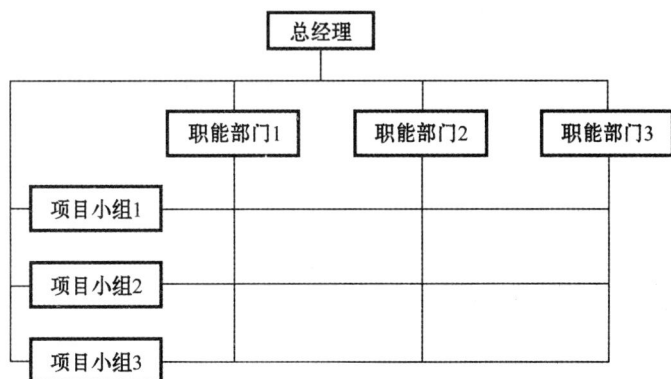

图2-5　矩阵式组织结构

矩阵制组织是为了改进直线职能制横向联系差、缺乏弹性的缺点而形成的一种组织形式,它的特点表现在围绕某项专门任务成立跨职能部门的专门机构上。例如,组成一个专门的产品(项目)小组去从事新产品开发工作,在研究、设计、试验、制造各个不同阶段,由有关部门派人参加,力图做到条块结合,以协调有关部门的活动,保证任务的完成。这种组织结构形式是固定的,人员却是变动的,需要谁,谁就来,任务完成后就可以离开。项目小组和负责人也是临时组织和委任的,任务完成后就解散,有关人员回原单位工作。因此,这种组织结构非常适用于横向协作和攻关项目。

　　矩阵结构的优点是：机动灵活，可随项目的开发与结束进行组织或解散。由于这种结构是根据项目组织的，任务清楚，目的明确，各方面有专长的人都是有备而来，因此在新的工作小组里，能沟通、融合，能把自己的工作与整体工作联系在一起，为攻克难关、解决问题而献计献策。由于从各方面抽调来的人员有信任感、荣誉感，使他们增加了责任感，激发了工作热情，促进了项目的实现；它还加强了不同部门之间的配合和信息交流，克服了直线职能结构中各部门互相脱节的现象。

　　矩阵结构的缺点是：项目负责人的责任大于权力，因为参加项目的人员都来自不同部门，隶属关系仍在原单位，只是为"会战"而来，所以项目负责人对他们管理困难，没有足够的激励手段与惩治手段，这种人员上的双重管理是矩阵结构的先天缺陷；由于项目组成人员来自各个职能部门，当任务完成以后，仍要回原单位，因而容易产生临时观念，对工作有一定影响。

　　矩阵结构适用于一些重大攻关项目，企业可用来完成涉及面广的、临时性的、复杂的重大工程项目或管理改革任务。特别适用于以开发与实验为主的单位，例如科学研究，尤其是应用性研究单位等。

三、汽车服务企业组织机构的设置与职能规划

　　不同的企业规模采用不同的组织结构形式。对小型汽车服务企业，如汽车快修店、汽车配件经销店等多采用直线制组织结构；对中小型汽车服务企业，如汽车品牌专营店、汽车特约维修站等多采用直线职能制组织结构；对大型汽车服务企业，如汽车服务集团、汽车配件连锁经营企业等多采用事业部制组织结构。

　　1. 汽车品牌专营店的组织结构

　　我国汽车品牌专营店一般采用董事会领导下的总经理负责制，具体的组织结构形式如图2-6所示。有的企业将市场部从销售部分离出来成为一个独立的部门，有的将备件部从汽车服务部分离出来，有的拓展新的服务业务如旧车置换、会员服务等从而成立以旧车置换中心、车友俱乐部等部门组成的特殊事业部。每个部门具体的职责任务安排如下：

　　(1) 销售部：主要负责与整车销售活动有关的业务。如开发潜在客户、接受客户咨询、市场营销策划、制定购车计划、实现整车销售等。

　　(2) 技术服务部：主要负责与整车维修、保养活动有关的业务。如服务接待、建立客户档案、汽车质量保修、备件供应、服务促销等。

　　(3) 财务部：主要负责与企业对资金运作的管理活动有关的工作。如资金筹措、结算、成本核算、资金管理等。

　　(4) 行政部：主要负责企业人事管理、日常事务和劳动保险与福利等工作。

　　2. 汽车品牌专营店主要职位的职责说明

　　(1) 总经理：总经理是汽车品牌专营店所有经营活动的首脑，对企业经营成败起决定性作用。他应该富有激情、思维敏捷、具创新精神，有远见及洞察力，敢于正视困难，承受压力能力强；并且熟悉4S店的管理模式及工作流程，具备丰富的汽车产品知识，较强的管理能力、营销能力，具备一定的财务知识和良好的交流能力。他全面负责企业的经营战略制定与执行；全面负责企业组织机构的设定与人力资源管理；全面负责企业经营管理工作；全面负责企业的公共关系处理，为企业建立良好的外部环境。

　　总经理是顾客满意度的第一负责人，其职责范围有：分析企业目前形势(企业的市场定位、

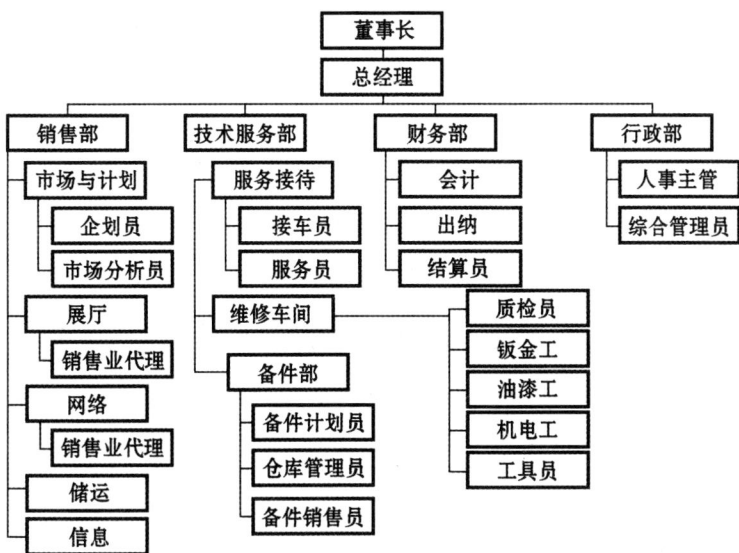

图 2-6　汽车品牌专营店的组织结构

竞争形势和客户组成等),明确优势与不足;制定企业的指导思想与远景规划(如客户定位、员工定位与利润定位),制定实施措施;企业组织结构及人员编制初审;规划人员要求,明确工作要求与岗位职责;以员工为导向管理并激励员工,使员工认同企业目标;对主管、骨干、部门经理及以上人员的面试、录用、考评、薪酬、任免的决策;明确说明与贯彻公司目标、定价方针,以及厂家所规定的销售、服务与零配件的标准,制定年度、月度经营目标,并负责监督实施;制定销售、服务与零配件销售的市场营销战略;根据市场配置、模式、价格与宣传政策以及销售、服务和零配件的销售,组织积极的营销活动;确保企业各部门的协调与合作;进行预算与成本核查;对经销商间的比较结果进行评估;出席月度经营计划会,并负责汇报;审核企业各项管理制度及业务流程,并在其实施过程中给予监督及控制;与银行、税务、工商、公安等部门建立良好的关系。

(2)销售部经理:销售部经理是整车销售业务的核心。他必须有很强的责任心和进取心;有较强的组织和沟通能力、团队建设和领导管理能力;应变能力强,能适应较强的工作压力;具有极强的服务意识和创新精神;清廉诚信,公正务实。同时,他应熟悉汽车销售工作流程和销售技能,了解汽车市场动态,具备丰富的汽车产品知识,还必须具备一定的培训技能。

销售部经理的职责范围有:管理销售业务代表,分解销售任务,保证企业经营目标的实现;分析市场潜力并确保其潜力得到挖掘;实施新车销售的标准和指南;监督新车销售和二手车销售标准、指南的执行;监督销售量和销售额(每天/每月报告);监督销售领域的经销商业绩对比数据,并实施经常性的反馈/检查讨论;负责汽车展厅与展示车的管理;创建和更新销售队伍的组织结构和岗位描述;制定销售人员需求计划,参与人员甄选;建立保质保量的销售调查、销售和客户关怀目标;负责处理客户投诉,协助达到客户满意度和忠诚度;销售人员的培训、激励。

(3)市场部经理:市场部经理是总经理或销售部经理的智囊,负责对市场环境进行观察与分析,管理企业客户数据库,评价竞争对手竞争行为的影响与效果,为企业制定适应市场需求的商务政策,提供咨询建议,评价本企业销售推广活动的效果。他必须有较强的责任心和进取心;有较强的组织和沟通能力、团队建设和领导管理能力;应变能力强,能适应较强的工作压力;具备极强的服务意识和创新精神;具有较强的市场洞察能力及市场分析、预测能力;熟悉汽车销售工作流程和销售技能,掌握汽车市场动态,具备扎实的汽车产品和丰富的汽车市场营销理论知识与实践经验。

市场部经理的职责范围有:负责观察汽车市场,进行市场分析并对市场发展趋势和市场变化进行评估;观察竞争对手的市场活动;负责广告活动策划、客户联络和客户关系的衡量等;实施广告活动;实施生产商市场部策划的销售推广计划和本企业内部的销售推广措施;从相应的客户资料中选择并建立客户档案,检查客户数据库的质量,确保客户数据库清晰完整;确保沟通销售部和技术服务部对客户联络的信息,并使双方信息充分共享;根据生产商的标准框架创建本企业网站,并更新和维护本企业的网站;处理收到的电子邮件并将信息转到相关部门或人员;分析广告实施的有效性并对比投入与产出。

(4)技术服务部经理:技术服务部经理是售后服务的责任人,必须致力于使技术服务部门通过优质的保养维修服务,为提高顾客满意度和挖掘市场潜力做贡献。其中,必须使全体员工树立顾客至上的理念,并在工作中贯彻执行。他必须有很强的责任心和进取心;有较强的组织和沟通能力、团队建设和领导管理能力;应变能力强,能适应较强的工作压力;具有极强的服务意识和创新精神;清廉诚信,公正务实;具备重大事件的判断力和处理能力,有丰富的汽车故障诊断与维修经验,熟悉技术服务工作流程,熟悉汽车的构造、备件管理知识,还必须具备一定的培训技能。

(5)备件部经理:备件部经理负责在一定的库存成本基础上,维持适当的备件库存,确保合理的备件供应率,确保顾客满意度的实现。他必须有很强的责任心和进取心;有较强的组织和沟通能力、团队建设和领导管理能力;应变能力强,能适应较强的工作压力;具备极强的服务意识和创新精神;文字功底强;熟悉汽车专营店备件经营实际运作,了解汽车的维修、保养工作及其相关知识。其职责范围有:全面负责备件经营(含精品)计划的制定与实施;负责执行本企业及生产商各类备件管理的标准、规范、政策;确保维修用备件供应及时、合乎要求;全面负责备件部安全、有序的工作;负责订货发票的审核、订货资料的存档,制定备件储存定额及最低库存量;收集、反馈各种备件市场及技术信息;填写备件检验表,对备件市场进行预测和分析,并将相关信息及时反馈生产商备件科;负责组识备件人员的技术交流,不断提高相关技能。

3. 其他汽车服务企业的组织结构

汽车配件连锁经营企业组织结构如图 2-7 所示;汽车维修企业组织结构如图 2-8 所示;旧机动车交易企业组织结构如图 2-9 所示;汽车租赁企业组织结构如图 2-10 所示;汽车俱乐部组织结构如图 2-11 所示。

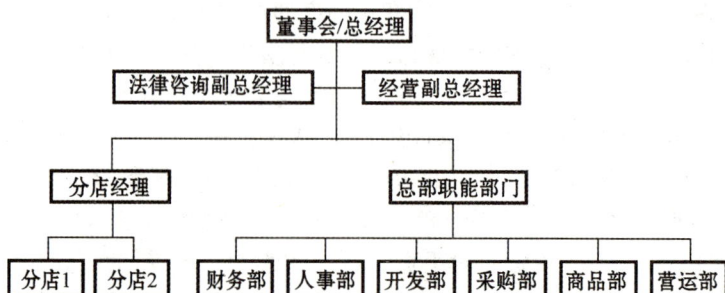

图 2-7　汽车配件连销经营企业的组织结构

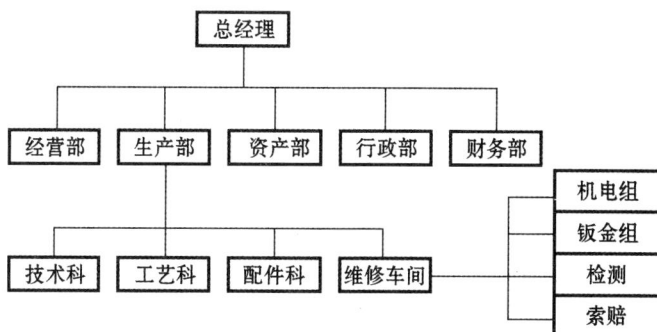

图 2-8 汽车维修企业的组织结构

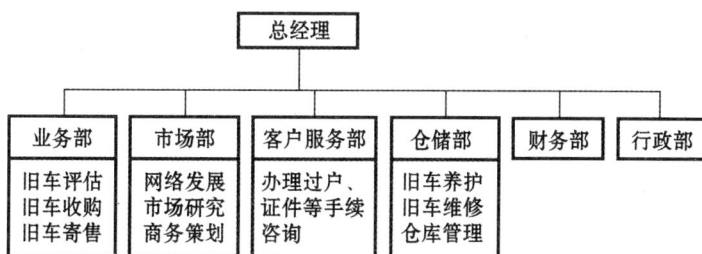

图 2-9 旧机动车交易企业的组织结构

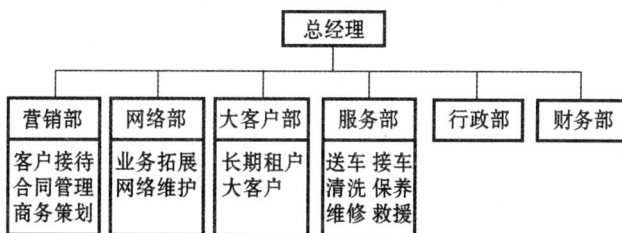

图 2-10 汽车租赁企业的组织结构

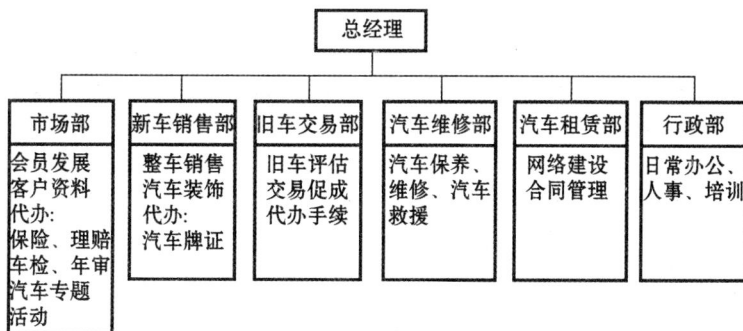

图 2-11 汽车俱乐部的组织结构

🔍 本任务回顾

1. 组织结构是了解这个组织的第一种途径。

2. 每一种组织结构的优缺点是主要应该掌握的知识点,这样就为进行组织结构变革分析奠定了理论基础。

3. 利用所学习的知识来分析现实问题。

⬇ 任务实施步骤

1. **任务要求**

仔细阅读案例内容,完成课后分析题。

2. **任务实施的步骤**

(1) 熟悉案例内容和要求。

(2) 学习所需要的相关知识。

(3) 根据所学知识进行案例分析。

思考与训练

1. **简答题**

(1) 汽车服务企业的组织结构类型有哪些?

(2) 举例分析一般的汽车服务企业的组织结构,它是怎样设置的?

2. **论述题**

(1) 分析各种汽车服务企业的组织结构的优缺点。

(2) 汽车服务企业组织结构设计原则是什么?

拓展提高

了解某个汽车服务企业的组织结构情况,并进行分析。他们为什么选择了这种组织结构形式?

⫸ 项目三

汽车服务企业的经营管理

任务一 汽车服务企业的经营管理概述
任务二 汽车服务企业的市场调研
任务三 汽车服务企业的市场预测与分析
任务四 汽车服务企业的经营决策

❓ 学习目标

1. 了解市场调研与预测和决策的相关内容。
2. 熟悉经营计划的制订及经营评价的方法。
3. 掌握汽车服务企业的经营环境分析方法。

☆ **期待效果**：

通过有关企业经营管理方法的学习，能够对企业经营过程中面对的问题进行分析，并得出最优的决策。

📖 项目理解

汽车服务企业的经营管理是针对汽车服务企业的经营活动进行的管理活动，是为实现企业经营目标对外部环境和内部条件的分析和研究，是从企业全局发展出发而作出的总体性规划。

企业的经营管理主要从市场调研、市场预测与分析及经营决策三方面来学习。其中有收集资料、文字撰写的工作，也有需要通过计算分析的方法。本章主要是在学习理论和方法的基础上，为将来的有关企业经营管理工作做准备。

任务一 汽车服务企业的经营管理概述

知识目标

1. 掌握经营思想的类型。
2. 掌握企业经营管理的内容。
3. 了解经营和管理的区别。

能力目标

能够运用所学内容对企业的经营管理活动进行宏观的理解。

情境描述

企业的经营活动是企业的根本,也是管理活动的重要延伸。了解汽车服务企业经营管理活动的框架,为后续进行相关方法学习奠定基础。

任务剖析

能够在理解企业经营管理活动的基础上对企业很重要的经营管理活动进行体会和分析,得出自己的结论性的内容。

任务载体

仔细阅读并分析下述案例,相互交流体会:

丰田生产方式是丰田汽车公司积累多年经验而形成的思想体系,目的在于降低成本,生产高质量的产品,它现在已经成为丰田"制造产品"的根基。由于该方式不仅能使企业不断提高生产效率、增加效益,而且还能满足消费者对质量和快速交货的要求,所以在世界上所有的丰田工厂,包括天津的丰田集团的各个合资公司,都无一例外地采用了这一生产方式。

透视丰田生产方式,会发现三位杰出的人物:丰田佐吉、其子丰田喜一郎和一名生产工程师大野耐一。

一、丰田佐吉:降低不良品比例

丰田汽车集团的创始人丰田佐吉是自动纺织机的发明者。1902 年,他发明了一种纺织机:无论是经线还是纬线,只要有一根断线,织机就会自动停下来。他的发明打开了自动纺织业的大门,使得一名操作者可以同时看管几十台纺织机。直到 100 年后的今天,这种装置仍然被大型织机所延用,足以看出佐吉这项发明的影响及深远程度。而正是这种"一旦发生次品,机器立即停止运转,以确保百分之百的品质"的思考方式,形成了今天丰田的生产思想的根基。20 世纪 30 年代,丰田汽车集团建立了汽车厂,佐吉的儿子喜一郎进行了新的探索。

二、丰田喜一郎:生产国产车减少浪费

当丰田喜一郎开始研制汽车时,美国的通用汽车公司和福特汽车公司早已成为举世闻名的大企业了。在大量生产技术和市场运作方面,两家公司的实力足以让世界上其他的所有汽车生产厂家望尘莫及,并且分别将各自的汽车组装厂打进了日本。

战后头几年,日本经济处于一片混乱之中,对于原本就相当落后的日本汽车工业,公司员工无不对其发展前景深感担忧。为了将汽车工业作为和平时期发展经济的支柱产业,完成它的重建,丰田于 1945 年 9 月决定在原有的卡车批量生产体制的基础上组建新的小型轿车工厂。做出这项决定主要是考虑到美国的汽车厂家不生产小型轿车,指望因此而避开与美国汽车厂家的直接竞争。丰田喜一郎将战后的日本经济与英国的情况进行对比后,曾讲过这样一番话:

"英国的汽车产业也同样面临着许多困难。英国汽车工业的命运完全取决于美国汽车厂家对小型汽车感兴趣的程度。我坚信只要我们的全体职工和设计人员以高质量的原材料和零部件为起点设计出高品位的小型轿车并将其商品化,就肯定能闯出一条自己的发展之路。今后,集结全体员工的能力和智慧,研制不亚于外国名牌甚至可以名扬世界的汽车是我们义无反顾的选择。"

1937年,汽车部宣告从丰田自动织机制作所独立出来,作为一家拥有1 200万日元资本金的新公司,"丰田自动车工业株式会社"从此踏上了自己崭新的历程。1947年1月,第一辆小型轿车的样车终于试制成功。1949年,丰田的事业终于驶上了稳定发展的轨道。喜一郎远赴美国学习了亨利福特的生产系统。归国时他已经完全掌握了福特的传送带思想并下定决心在日本的小规模产量汽车生产中加以改造应用。喜一郎的办法是,在装配生产线的各工序,只在必要的时候,提供必要数量的必要零件。因此,每一道工序只是在下一道工序需要的时候,才生产所需种类和数量的零部件。生产和输送在整条生产线上,同时协调进行,在每一工序中和不同工序间都是如此。喜一郎就这样奠定了"just in time"(零部件应在正好的时间到达正好的位置的准时生产)的基础。

除此之外,丰田于1954年在管理方面引进了一系列的全新生产方式,并在其后的发展过程中将其逐步演变成今天众所周知的"看板方式"。这一方式实际上就是丰田喜一郎率先倡导的"Just in time"这一理念的具体体现。

三、大野耐一:把超市开进车间

在将丰田生产方式化为完整框架的过程中,大野耐一是最大的功臣。在20世纪40年代末,后来成为丰田执行副总裁的大野还只是一名车间的负责人,他尝试了不同的方法,以使设备按时生产所需的工件。但在1956年访问美国时,他才得到了关于准时生产的全新观念。

大野到美国是为了参观汽车厂,但他在美国的最大发现却是超级市场。当时日本还没有什么自选商店,因此大野感触很深,他惊异于消费者能够按他们的需求量选择他们需要的商品,大野非常羡慕超级市场这种简单有效和有节奏的供货方式。

后来大野经常用美国的超市形容他的生产系统。每条生产线根据下一条线的选择来安排自己的不同生产,正像超市货架上的商品一样,每一条线都成为前一条线的顾客,每一条线又都作为后一条线的超市。这种模式,即"牵引系组",是由后一条线的需求驱动的,它与传统的"推进系统",即由前一条线的产出来驱动的模式形成鲜明对比。

经过一代代的改进,丰田生产方式基本上有效地消除了企业在人力、设备和材料使用中的浪费。管理者和雇员不但学会了对生产中的每一个工序的动作、每一件物品的堆放及对人员、材料或设备的等待时间的必要性进行精确的计算,从而消除了这些和其他一些方面的浪费。

在丰田生产方式中写着这么一段话:管理者通常将成本作为常量,认为那是他们远不能控制的;同时将价格作为变量,认为他们可以调整价格来适应成本的波动。但在全球的竞争市场中,买方——并非卖方——才是价格的主导者。使企业生存并保证利润的唯一途径,就是使成本始终低于消费者情愿为商品和服务所付出的价格。

四、亨利福特：功不可没

丰田生产方式来源于亨利福特建立的颇具历史性的制造系统。在福特系统的突出要点之中，仍可见于丰田生产线的有：

传送带传送需要组装的车辆：换言之是将移动着的作业传向固定位置的工人，每个工人只负责一道工序。早期的汽车厂类似手工作坊，每个工人都必须完全靠自己将发动机等总成装配起来。福特提高生产效率的手段，正是将装配工序分解成一系列简单的重复性操作，并将它们排列在一条生产线上。

零部件和原材料的完整供应体制：福特保证了生产工序中的每一环节随时得到所需的全部零部件和原材料。同时，他还是统一零件规格以保证装配时良好的互换性方面的先驱。

应该说亨利福特的制造系统为丰田生产方式提供了历史前提并奠定了技术基础，而日本的实际情况又给福特系统的改进创造了条件。

任务：根据案例内容体会三个优秀的管理人员的企业经营思想的精华之处。

相关知识

汽车服务企业的经营管理概述

一、经营与经营思想

1. 经营

经营即筹划营谋，从经济管理角度，是指商品生产者为了企业的生存、发展和实现其战略目标，以市场为对象，以商品生产和商品交换为手段，使企业的生产技术经济活动与企业外部环境达成动态均衡的一系列有组织的活动。企业适应市场能力的高低反映了企业的经营水平。

2. 经营的功能

(1) 预测市场的变化。随着我国市场经济的不断发展和完善，市场竞争也日趋激烈，各大公司都把预测看作本公司成功兴衰的关键，市场预测能为决策者提供可行性决策依据，使决策者制定出科学的经营战略。企业应把市场预测做好，从战略上为企业的发展提供决策依据。

(2) 协调整个企业的内部和外部活动，适应市场的变化。企业的活动可以分为两个部分：一是企业内部的生产运营组织活动，包括按照自然规律和经济规律，对汽车服务运营活动进行组织、指挥、监督、控制等；二是与市场打交道，处理好各种外部关系的各种活动。只有把这两部分活动有机地结合起来，使企业顺应市场的变化和要求，才能达到企业预定的经营目标。

(3) 发现和利用能使自己发展成长的机会。从市场的不断变化中发现有利于自己发展成长的机会，并善于利用这种机会发展壮大自己。

3. 经营思想

企业的经营思想，就是指企业根据市场需求及其变化，协调企业的内部和外部活动，决定和实现企业的方针和目标，以求得到企业生存和发展的思想。

正确的经营思想应具备以下 6 种思想观念：

(1) 市场观念。牢固树立"以市场为导向、为市场提供服务、向市场要效益"的观点,以创造性经营,去创造顾客需求,适应市场变化。

(2) 竞争观念。有市场就有竞争,竞争是自然界的普遍规律,是促进事物发展的外部压力。竞争是市场经济的基本特征之一,是市场经济贯彻优胜劣汰法则的主要手段。

(3) 创新观念。企业的生命力在于它的创新能力。创新既包括创造新的产品和服务,也包括创造新的经营方式。创新能为企业增添新的活力,是企业在激烈的市场竞争中取胜的法宝。

(4) 效益观念。企业的生产经营活动必须以提高经济效益为目的,经营管理的最终目的就是要保证企业的生产经营活动能够取得良好的经济效益。企业经济效益并不是单纯的企业的盈利,还要看它是否有助于提高社会综合效益,以其产品和服务能给社会和消费者带来直接和间接利益为宗旨。

(5) 全局观念。这是由社会制度和基本经济规律所决定的。汽车服务企业必须把国家和人民的利益放在第一位,认真执行国家的方针政策,接受宏观经济的指导。从系统的观点来看,汽车服务企业仅是国民经济的子系统,其生产经营活动不能离开国家经济发展的总目标和总要求。要正确处理企业与国家的关系,做到局部利益服从全局利益,才能提出正确的经营思想,最终实现企业的经营目标。

(6) 时间观念。树立时间观念对于企业的经营活动具有重要意义。市场需求瞬息万变。一种产品,昨天畅销,今天平销,明天可能变为滞销。企业具有时间观念便可以提高决策速度和办事效率,及时开发新产品,企业就不会被市场抛弃。市场竞争复杂激烈,一种市场机会的把握既靠机遇,又靠敏捷。企业具有时间观念便可以不失时机地抓住机会,迅速作出决策,这种决策也可能会使企业兴于一朝,或起死回生,否则企业只能业绩平平,迫于维持生存,甚至毁于一旦。科学技术的迅速发展使产品更新换代加快,企业具有时间观念便可以跟上时代步伐,走在时间前头,在市场竞争中立于不败之地。在日常决策和营销活动中,企业具有时间观念便可以以快取胜,直接为企业带来经济效益。

4. 汽车服务业的特许经营

商业特许经营译自英文 Franchising,是指拥有注册商标、企业标志、专利、专有技术等经营资源的企业(即特许人),通过订立合同,将其拥有的上述范围内的经营资源许可其他经营者(即被特许人使用),被特许人按照合同约定在统一的经营模式下开展经营,并向特许人支付相应费用的经营活动。商业特许经营是一种极具发展潜力的商业模式,它能够使企业实现低成本扩张,进而达到规模经营的目标,并能使企业快速建立起自己强大的终端销售网络,同时也可以使企业迅速做大资产,为企业上市融资奠定基础。由于商业特许经营模式的优点突出,为商业领域各个行业中的企业快速接受并迅速实施,但由于商业特许经营模式的采用需要专业知识作为支撑,并且在我国尚属新鲜事务,没有更多的经验积累,有很多企业采用这种模式时出现偏差,给企业和加盟商都带来了损失。因此,企业在采用商业特许经营模式开展经营活动的过程中,需要有具备商业特许经营专业知识的,尤其是商业特许经营法律知识的专业人士加以指导,才能保证商业特许经营的成功开展,保证经营目标的实现,也才能有效预防风险的发生,避免企业产生大的损失。

20 世纪初,汽车生产厂家开始以商业特许经营的方式建立分销网络,此后商业特许经营成为汽车领域最为重要的营销方式之一。

1) 汽车领域商业特许经营企业的现状

我国汽车领域商业特许经营企业主要集中在汽车专业零售企业和汽车服务企业。汽车专业零售企业属于零售业,经营方式以汽车4S店为主。汽车服务企业属于其他服务业,服务范围主要为:二手车买卖、汽车保养和美容、汽车维修、汽车用品销售、汽车改装等。

(1) 汽车4S店。汽车4S店在信誉度、专业技术、售后服务、管理制度方面具有其他营销方式难以比拟的优势。4S店是一种以"四位一体"为核心的汽车特许经营模式,包括整车销售(Sale)、零配件(Sparepart)、售后服务(Service)、信息反馈(Survey)等。它拥有统一的外观形象,统一的标识,统一的管理标准,只经营单一的品牌的特点。它是一种个性突出的有形市场,具有渠道一致性和统一的文化理念,4S店在提升汽车品牌、汽车生产企业形象上的优势是显而易见的。

现在也有6S店一说,除了包括整车销售、零配件、售后服务、信息反馈以外,还包括个性化售车(Selfhold)、集拍(Sale by amount:集体竞拍,购车者越多价格越便宜)。6S店的兴起得益于网络的发达。是一种利用互联网发展起来的销售模式,整车销售、零配件、售后、信息反馈与普通4S店完全一样,所不同的是个性化售车和集拍。

(2) 汽车后市场。汽车后市场的服务内容包括:二手车买卖、汽车美容、汽车保养、汽车维修、汽车保险、汽车用品销售、汽车改装(如四驱改装、音响改装等)、汽车俱乐部(如紧急医务救护、紧急汽车救援、特惠汽车保险、汽车修理、汽车养护、汽车租赁及汽车信息咨询等服务等)等。

2) 汽车领域商业特许经营企业从事商业特许经营活动时应当注意的法律问题

(1) 抓紧企业的备案工作。从事商业特许经营活动的企业应当进行备案,未经备案从事商业特许经营活动的,企业将被依法追究行政责任。依据《商业特许经营备案管理办法》第六条的规定,"特许人应当在与中国境内的被特许人首次订立特许经营合同之日起的15天内向备案机关申请备案。在2007年5月1日前已经从事特许经营活动的特许人,应当自《商业特许经营管理条例》施行之日起1年内,依照本办法的规定向有关商务主管部门申请备案。"《商业特许经营备案管理办法》第十五条规定,"特许人未按照《商业特许经营管理条例》和本办法的规定办理备案的,由国务院商务主管部门及特许人所在地省、自治区、直辖市人民政府商务主管部门责令限期备案,处1万元以上5万元以下罚款;逾期仍不备案的,处5万元以上10万元以下罚款,并予以公告。"

(2) 做好合同的草拟和管理工作。尤其要注意下述内容:

① 被特许人的单方解除权。《商业特许经营管理条例》第十二条规定,"特许人和被特许人应当在特许经营合同中约定,被特许人在特许经营合同订立后一定期限内,可以单方解除合同。"本条款是特许经营"冷静期"的规定。由于本条款没有明确规定"冷静期"的具体期限,这给被特许人行使这项权利时如何掌握以及特许人在招商过程中如何规范留下了一个很大的问题。有可能存在被被特许人滥用,损害特许人合法权益的问题。

② 特许经营期限。《商业特许经营管理条例》第十三条规定,"特许经营合同约定的特许经营期限应当不少于3年。但是,被特许人同意的除外。"

③ 特许人提供经营指导、技术支持、业务培训等服务的义务。《商业特许经营管理条例》第十四条规定,"特许人应当向被特许人提供特许经营操作手册,并按照约定的内容和方式为被特许人持续提供经营指导、技术支持、业务培训等服务。"

④ 禁止被特许人擅自转让特许经营权。《商业特许经营管理条例》第十八条第一款规定，"未经特许人同意，被特许人不得向他人转让特许经营权。"

（3）信息披露中应当注意的问题。如果特许人隐瞒有关信息或者提供虚假信息，被特许人可以解除特许经营合同。《商业特许经营管理条例》第九条规定，"特许人隐瞒应当披露而没有披露的信息或者披露虚假信息的，被特许人可以解除特许经营合同。"

（4）特许人商业秘密的保护问题。《商业特许经营管理条例》第十八条第二款规定，"被特许人不得向他人泄露或者允许他人使用其所掌握的特许人的商业秘密。"《商业特许经营信息披露管理办法》第七条规定，"特许人向被特许人披露信息前，有权要求被特许人签署保密协议。"

① 强化保密意识。商业秘密是以自然人为载体并由自然人来管理的，所以保密意识的主体只能是自然人。特许企业在对外信息披露中，其法定代表人及实际控制人应该是商业秘密保护的第一责任人，必须具备强烈的保密意识；其次是管理层其他成员，尽管管理层的其他成员可能不直接接触信息披露工作，但其可能对信息披露和保密制度产生重要影响，或者也有可能在无意间泄露秘密，因此管理层其他成员的保密意识也必须强化；再次是直接接触信息披露工作的招商人员和签约代表，其工作的性质决定了其必须具有高度的保密意识和强烈的责任感。

② 健全保密制度。商业秘密的保护制度不仅是防止泄密的手段，也是认定商业秘密能否构成的法律要件。保密制度的内容很多，一般应包括保密知识的培训、秘密的等级划分及知悉范围、保密协议制度、泄密后的措施等，特许人应根据自己的情况合理设定，并应用到企业的相关管理制度中去。

③ 完善保密协议。保密协议是保护商业秘密最重要的手段。通过保密协议，将保密义务和责任直接以书面形式明确约定，一旦发生泄密，也有利于索赔。鉴于信息披露是在双方签订合同之前，特许人在对潜在客户进行信息披露之前，就应该与其签订单独的保密协议。这里签订的时间尤为重要，可有效预防潜在客户在知悉商业秘密后既未签订特许经营合同也不另外签订保密协议，从而给秘密泄露带来威胁。《商业特许经营信息披露管理办法》第七条赋予了特许人在签订合同前有要求被特许人签订保密协议的权利。

协议的内容应做到尽可能完善，潜在客户的保密义务和违约责任必不可少。潜在客户成为被特许人后，被特许人也应该与其员工签订保密协议。协议中的违约责任尽可能用具体的违约金数额来明确。因为《中华人民共和国反不正当竞争法》规定的侵犯商业秘密的法律责任是"损害赔偿责任"，即赔偿权利人所受到的实际损失或侵权人在侵权期间所获得的利润，而无论是"损失"还是"利润"，举证都较困难。保密协议中约定具体的违约金数额，从合同法的角度讲是有效的，而且容易举证证明。

二、企业经营管理

1. 经营管理的概念

关于经营与管理的关系各个国家的研究者都有不同的看法。法国的法约尔认为经营比管理大得多。日本的管理学者认为经营与管理互相联系与并列。美国的管理学者认为经营是管理的组成部分。

经营和管理既有区别又有联系。两者的联系主要表现在：第一，两者的目标是一致的，都是为了确保企业能生存和发展下去,充分发挥企业各要素的潜力,以取得良好的经济效益。没有正确的经营指导,管理会失去方向。没有科学的管理,经营则会落空。第二,经营是管理发展到一定阶段的必然结果。管理是共同劳动的产物,而当共同劳动发展到商品生产阶段,企业与外界的联系越来越多时,就要求不仅要进行管理,而且要求开展经营。经营的产生标志着企业管理发展到一个新的阶段。第三,经营活动与管理活动虽然有区别,但两者的区别不是绝对的而是相对的。经营中需进行管理,管理中仍要开展经营。

经营管理就是对经营活动进行管理,具体就是对经营活动进行计划、组织、指挥、控制和激励等。

2. 企业经营管理的内容

企业的经营管理就是对企业经营活动的管理。包括以下四方面内容:

(1)预测。包括进行市场调查,在进行调查研究的基础上,对市场需求和供给的现状和变化、技术的进步、资源的变化、竞争的发展、经营方式和经营战略的变化等作出科学的预测,以掌握未来市场。

(2)决策。即在预测的基础上,对企业的发展方向、目标以及达到目标的重大方针政策等作出正确的决定和策划。

(3)把企业的发展方向、目标具体化。把企业的发展方向、目标变为企业成长发展的各种计划,如市场目标、企业规模、基本建设、技术改造、新技术的采用、职工的招聘和培训等计划,以及实现这些计划的具体步骤和重要措施等。

(4)为实现企业的发展目标而开展与市场活动有关的各种工作。资金的筹集、原材料的采购、市场的开拓、生产组织形式和管理机构的改革、资本运营、发展同其他企业的协作关系等都属于经营者为实现企业的发展目标而开展的与市场活动有关的工作。

三、汽车服务企业的经营管理

1. 汽车服务企业经营管理的内容

(1)市场调查与预测。通过市场调查与预测,及时掌握市场的变化,把握其发展方向,为正确地规划经营战略、制订经营方针、确定企业的经营目标提供坚实可靠的依据。

(2)正确决策。对企业经营管理过程中涉及企业发展方向、发展目标、经营策略等的重大问题进行正确决策。

(3)建立企业经营体系。建立行之有效的企业经营体系,为企业的一切经营活动能全面实施和开展提供可靠的保证。

2. 汽车服务企业经营管理的意义和作用

汽车服务企业由生产型—生产经营型—经营开拓型转变,企业经营管理也必须实现这种转变。主要原因有以下几点:

(1)企业作为一个相对独立的经济实体具有决策权,企业的这种独立性和决策权是搞活企业、提高企业经济效益所必需的。

(2)企业有与它对国家承担经济责任相适应的经济利益,这种责任和利益构成了企业发挥经营积极性的外部压力和内在动力,使企业经营活动成果与其物质利益发生了直接联系,这就要求企业要千方百计地学会经营,提高企业经济效益。

(3)国家为企业规定的指令性计划与指导性计划必须建立在市场需求的准确预测和企业

生产能力的精确计算的基础上,每个企业的生产活动都要同市场发生直接的关系。目前,我国市场竞争激烈,要求企业及时准确地掌握市场动态,根据用户需要提供适当的服务,提高企业的竞争能力。

(4) 在社会主义制度下,企业作为一个商品生产者,只有制定正确的经营战略和经营策略,扬长避短,发挥优势,才能立于不败之地,才能为国家多做贡献,这样经营管理的地位和作用就更重要了。

本任务回顾

1. 企业的经营管理思想没有固定的格式。
2. 结合企业的形势和发展阶段思考并决策。
3. 案例中不同的管理者结合不同的企业发展阶段开展了不同的经营管理过程。

任务实施步骤

1. 任务要求

对案例中经营思想的运用进行初始阶段的分析。

2. 任务实施的步骤

(1) 认真阅读案例的内容。

(2) 学习知识,并认真体会知识中关于经营理念内容的精髓。

(3) 完成案例作业,并在作业完成之后谈出自己的其他看法。

思考与训练

1. 简答题

(1) 经营管理的概念是什么?

(2) 经营活动过程中需要具有哪些思想观念?

(3) 汽车服务企业经营管理的内容有哪些?

2. 讨论题

怎么理解汽车服务企业经营管理活动的意义?

拓展提高

对一些可以接触到的企业或者小的经营单位的经营理念加以分析和评论。

任务二　汽车服务企业的市场调研

知识目标

1. 掌握汽车服务企业市场调研的方法。

笔记

2. 了解市场调研的内容。

3. 掌握调研问卷设计的方法。

能力目标

能够运用所学理论,对企业经营过程中进行的市场调研活动进行问卷设计。

情境描述

在汽车服务企业经营管理活动中,市场调研活动的重要性是显而易见的,市场调研活动的最关键一环是有关调研活动的安排和有关问卷的设计。

任务剖析

在分析任务载体中给出的调研问卷的基础上,分析调研问卷的撰写方法。

任务载体

阅读下面的调研问卷:

奇瑞汽车项目市场调研问卷

尊敬的顾客朋友:

　　您好,我们正在进行一项关于奇瑞汽车转型和影响汽车消费因素的市场调研,非常希望能得到您的支持! 此次调研所获得的信息只作为本次调研的研究分析之用,我们承诺保守秘密,并不将所获信息用作其他用途。谢谢您的支持!

　　为使调研顺利进行,请您关注下面的填表说明:

　　(1) 本问卷已经将所有需要回答的问题编号,您只需按照卷面上表明的要求回答即可,请在您选择的答案对应的符号前划√,不论单选还是多选。

　　(2) 有些题目如果没有您想选择的项目或题目注明需要您填写,请直接填在_____上。

1. 您拥有汽车的时间_____。

　　A. 暂时没有　　B. 1 年及 1 年以内　　C. 1~3 年　　D. 3~5 年　　E. 5 年以上

(若选择 A,请跳答第 6 题)

2. 您的汽车的品牌 _____。

3. 您买车的主要用途 _____。

　　A. 家庭使用　　　B. 公司或单位用车　　C. 长途运输用车

　　D. 快运等业务用车　　　　　　　　　　E. 其他

4. 您买车时考虑最多的因素是 _____(可多选)。

　　A. 经济省油　　B. 价格高低　　　C. 容量大小　　D. 驾乘舒适度

　　E. 技术参数　　F. 安全性能　　　G. 售后服务　　H. 品牌　　　I. 其他

5. 您对目前汽车使用状况的满意程度 _____。

　　A. 非常满意　　B. 满意　　　　C. 不满意　　D. 非常不满意　　E. 无意见

6. 您考虑换车或者新购置车辆的时间是 _____。

    A. 暂时不考虑　　B. 半年内　　　　C. 0.5～1 年内

    D. 1～3 年内　　E. 其他

7. 您考虑购车能承受的价格是 _____。

    A. 5 万元以下　　B. 5～8 万元　　　C. 8～10 万元　　D. 10 万元以上

8. 您怎样看待贷款购车 _____。

    A. 很好,准备尝试一下　　　　　　B. 一般,没什么兴趣

    C. 无所谓,与我没关系

9. 请注明您可能要选择的品牌 _____。

10. 您对奇瑞汽车的了解程度 _____。

    A. 很了解　　　　B. 了解一点　　　C. 不了解

    (选择 C 者请跳答第 12 题)

11. 您了解奇瑞汽车的渠道是 _____。

    A. 电视广告　　　B. 报纸广告　　　C. 网站介绍　　　　D. 朋友推荐 E. 其他

12. 您认为汽车使用者是否有必要了解其产品的性能、技术、维护知识 _____。

    A. 有必要,由厂商提供培训　　　　B. 没必要,出问题找厂商

    C. 无所谓　　　　　　　　　　　　D. 其他

13. 您认为奇瑞在提高品牌知名度方面可以从以下哪些方面着手 _____(可多选)。

    A. 加强自身建设,练好内功　　　　B. 加大宣传力度

    C. 改换标志　　　　　　　　　　　D. 其他(请注明)_____

14. 如果您准备买车或者再次买车,您准备购买的车型是 _____。

    A. 轿车　　　　　B. 轻客　　　　　C. SUV(运动型多功能车)

    D. MPV(多功能乘用车)　　　　　E. 卡车(含皮卡)

15. 如果您准备买车或者再次买车,您更倾向于 _____。

    A. 柴油车　　　　B. 汽油车

16. 您准备选择的汽车品牌是 _____。

    A. 进口品牌　　　B. 国产自主品牌　C. 合资品牌

17. 如果您考虑买车或者再次买车,您最信赖的购车地点是 _____。

    A. 专卖店　　　　B. 大卖场　　　　C. 汽车商城　　　　D. 其他(请注明)_____

18. 您选择购车地点的标准是 _____。

    A. 硬件设施　　　B. 服务专业　　　C. 维修实力　　　　D. 售后服务

    E. 车价　　　　　F. 其他

19. 您是否奇瑞的老用户 _____。

    A. 是　　　　　　B. 不是(选 B 请跳答第 21 题)

20. 作为我们的老用户,您觉得我们还需要改进的地方主要是_____。

21. 您的个人及家庭情况_____。

(1) 性别:A. 男　　　B. 女

(2) 年龄:A. 20 岁及以下　　　B. 21～30 岁　　　C. 31～40 岁　　　D. 41～50 岁

    E. 51～60 岁　　　F. 60 岁以上

　　(3) 婚姻:A. 已婚　　　　B. 未婚　　　　C. 其他

　　(4) 职业:A. 公务员　　　B. 个体企业老板 C. 教师　　　　D. 企业工人
　　　　　　E. 其他

　　(5) 学历:A. 高中及以下　 B. 大专　　　　C. 本科　　　　D. 研究生及以上

　　(6) 家庭人数:A. 2 人　　　B. 3 人　　　　C. 4 人　　　　D. 4 人以上

　　(7) 家庭平均月收入:A. 1 000 元以下　　　　B. 1 000～2 000 元
　　　　　　　　　　　C. 2 000～3 000 元　　　D. 3 000～4 000 元
　　　　　　　　　　　E. 4 000～5 000 元　　　F. 5 000 元以上

　　(8) 为保证调研质量,公司将对问卷进行复查,如果方便的话,请您留下姓名和联系电话_____。

　　再次感谢您的支持!

　　任务:体会我们即将学习的调研问卷的设计方法在这份问卷中的体现,并进行总结。

相关知识

汽车服务企业的市场调研

一、市场调研的含义和作用

1. 市场调研的含义

　　从广义上讲,市场调研是指企业有计划地、系统地收集和分析有关市场经营活动各方面情报或资料的一项活动;从狭义上讲,市场调研是指企业为了销售产品,扩大市场份额而对顾客的需求、购买动机和购买行为等的调查;从经营管理的角度讲,市场调查就是运用科学的方法,有目的、有计划、系统而客观地搜集、记录、整理和分析有关市场的信息资料,从而了解市场的现状和发展变化趋势,为做好企业决策提供科学依据的过程。

　　对于汽车服务企业而言,市场调研的主体是汽车服务企业,调研的对象是接受企业服务的消费者或潜在的消费者、汽车服务市场及相关市场,调研的目的是为了掌握市场信息,分析市场动态,探索经济运行规律,为企业进行科学的经营决策提供可靠的依据。

2. 市场调研的意义

　　(1) 确定、调整企业发展方向。通过市场调研,了解市场总供求情况,据以确定或调整企业的发展方向。

　　(2) 及时进行经营决策。通过市场调研,可以使企业经营者敏锐地察觉到市场的变化,作出及时的经营决策。

　　(3) 促进开发新产品。通过市场调研,了解市场动态和消费潜力,促进企业开发新产品。新产品的成功推出日益成为企业在竞争激励的市场中争取主动、取得优势的最有力的武器。虽然汽车服务企业不像一般的商品生产企业那样,需不断地开发出适应市场需求并领先于其他企业的新的有形产品,但适应市场需要,提供新的服务项目,则是其培育和开拓企业新的利润增长点的重要途径。例如,有些地区居民的经济水平不高,但其用车的意愿强烈,一些汽车服务企业通过调查得到这一信息,迅速开展了旧车交易服务,取得了较好的经营成果。

(4) 确定企业的经营策略。通过市场调研，了解相关企业的经营态势，据以选择本企业的经营策略。市场就是企业全方位竞争、比较优势的场所，企业必须提供更优良的产品、更低廉的价格、更优质的服务、更快捷的销售途径来满足消费者的需要，从而占领市场，获得利润。这就要求企业除了了解自身的经营管理之外，还必须了解竞争者，了解竞争者的优缺点、经营策略及其发展变化，做到"知彼知己，百战不殆"。

(5) 修改和完善企业策略。通过市场调研，了解本企业的经营策略效果，据以修改和完善企业策略。企业只有通过市场调查，得到对各种各样的战略、策略、具体方法的检验结果并进行分析，并及时地修正和完善，才能最有效地实现企业目标。

总之，市场调研是汽车服务企业经营管理的基础工作，对于企业掌握市场，正确决策并赢得经营管理主动权，具有十分重要的意义。

二、市场调研的方法

1. 市场调研的具体方法

市场调研的方法归纳起来有直接法和间接法两大类。间接调查法主要是通过广告、宣传的反映，间接掌握市场情况。直接调查法有询问法、观察法、试验法和抽样调查法。

(1) 询问法：将所要调查的项目向被调查者提出询问而获得所需资料的一种调查方法。该方法方便、直接。具体调查途径有：当面调查、会议调查、发函调查、电话调查以及问卷调查等。

(2) 观察法：调查人员直接到现场进行实地观察的一种搜集资料的方法。这一方法对调查者要求较高，劳动量较大。

(3) 试验法：向市场投放一部分产品，进行销售试验，收集顾客反映。该法成本较高、适用范围较小。

(4) 抽样调查法：从全部的调查对象中选择一部分具有代表性的对象加以调查，从而推断出调查对象的总体情况。其关键在于如何正确地选择具有代表性的对象。

抽样调查可分为随机抽样和非随机抽样两种方法。随机抽样又分为简单随机抽样、分层随机抽样、分群随机抽样三种具体方法。

2. 调查方法的选用与实施

在选择设计调查方法和实施时，应注意考虑以下因素：

(1) 收集信息的能力。一般来讲，实验调查方法和观察调查方法受费用及范围所限，收集信息资料的能力相对较弱；在询问调查方法中，访员访问法具有较强的信息收集能力，而且资料质量也较高。

(2) 调查研究的成本。文案调查、询问调查中的电话调查等较为省力，费用支出较少；而访员访问、实验调查法的成本较高。

(3) 调研时间的长短。时间要求较紧时，可选用电话调查法；时间适中，可用问卷调查和观察调查法等；要是时间允许的话，可考虑采用访员访问和实验调查法，取得的调研结果也较为准确。

(4) 样本控制的程度。对样本的控制程度较高，往往能及时、快速地获得所需信息资料，而且有利于调查人员灵活、有效地调整调研进度，取得较好的调查结果。有些调查方法，如访员访问、实验调查等在这方面有一定的优势；相反，文案调查、问卷调查等却有明显不足。

（5）控制人为因素。慎重选择调查方法,有效排除调查人员对被调查人员的影响以及调查人员自身因素的影响,将人为因素控制在最小的范围内。

各种调查方法有各自的特点和适应性,我们应根据调查项目的要求和侧重,结合调查方法的特点来设计选择具体的调查方法。在实践中,通常是先初步选出多个符合项目要求的调查方法,随后对各种方法进行对比、综合评定和选择。

三、市场调查的过程与要求

1. 准备阶段

准备阶段的重点是确定问题,进行初步调查,得出调查的目的,即回答为什么要进行调查或经调查后应取得哪些资料等问题。

2. 实施阶段

（1）决定搜集资料的方式,选择调查方法。

（2）设计调查表格。设计的原则有:尽量减轻被调查者的负担;问题宜具体,用语要准确,力戒模棱两可;调查题目的备选答案力求完备,不应让被调查者感到无答案可选;调查问题不应具有诱导性;问题应简单明了,注意逻辑关系;回答问题的方式多样,尽量利于用现代信息处理工具处理。

（3）抽样设计。在调查方法确定后,在现场调查前应该设计并确定对象、采用的抽样方法以及样本的大小。

（4）现场实地调查。这个阶段主要是到现场搜集资料,发现问题和分析问题,找出产生问题的根本原因。

3. 总结阶段

（1）整理分析资料。首先要检查和评定所搜集到的资料,然后运用调查所得的资料、数据和事实,分析情况,得出结论,进而提出相应建议。具体包括:编辑整理、分析编号和统计分析等工作。

（2）写出调查报告并追踪。调查报告的内容一般包括调查过程的简单介绍,调查目标和调查结论的比较,对调查课题的建议等。要求调查报告的内容扼要、重点突出、分析客观具体,便于对调查报告进行追踪调查。对调查报告的追踪,其目的在于积累经验,改进调查方法,提高调查质量。

四、汽车服务企业市场调查的内容

1. 市场需求情况调查

主要调查本企业产品或服务在总体市场(国内外)和各种细分市场(各地区)的需求量及其影响因素。对需求因素的调查应重视:

（1）需求量的调查。影响市场需求量的主要因素有用户收入水平、汽车的保有数量、车型的构成和国家的有关政策。

（2）消费行为的调查。消费行为分为建立在客观需要基础上的理智动机和建立在主观需要(心理、精神需要)基础上的感情动机两种。消费者动机的不同往往表现出不同的行为特征和服务要求。

（3）潜在需求的调查。调查潜在需要是为了有针对性地发展新产品,开辟新市场,将它转化为现实需求。

2．竞争情况调查

竞争情况调查主要包括：

（1）竞争对手的基本情况：包括对手厂家的数量、分布、生产的总规模、可提供服务总量、满足需要的总程度等。

（2）竞争对手的竞争力：包括资金拥有情况、企业规模、技术水平、技术装备情况、维修服务质量、服务工作情况、市场占有率等。

（3）竞争对手发展新服务的动向：包括新服务的发展方向、特征、进程、所运用的技术、以及竞争对手开展新服务后的竞争形势。

（4）潜在的竞争对手：包括将要出现的新竞争对手和竞争能力迅速由弱变强的竞争对手。

3．本企业经营政策执行情况的调查

主要调查企业在产品、价格、市场定位、广告宣传等方面政策的执行情况，包括反映、实施效果、改进意见等。

五、汽车服务企业市场调查的方法

1．问题的主要类型及询问方式

（1）直接性问题：是指在问卷中能够通过直接提问方式得到答案的问题。直接性问题通常给调研对象一个明确的范围，所问的是个人基本情况或意见，比如，"您的年龄"、"您的职业"、"您最喜欢的汽车品牌"等，这些都可获得明确的答案。这种提问对统计分析比较方便，但遇到一些窘迫性问题时，采用这种提问方式可能无法得到所需要的答案。

（2）间接性问题：是指那些不宜于直接回答，而采用间接地提问方式得到所需答案的问题。通常是指那些调研对象因对所需回答的问题产生顾虑，不敢或不愿真实地表达意见的问题。调研人员不应为得到直接的结果而强迫调研对象，使他们感到不愉快或难堪。这时，如果采用间接回答方式，使调研对象认为很多意见已被其他调研人员提出来了，他所要做的只不过是对这些意见加以评价罢了；这样就能排除调研人员和调研对象之间的某些障碍，使调研对象有可能对已得到的结论提出自己不带掩饰的意见。

（3）假设性问题：是指通过假设某一情景或现象存在而向调研对象提出的问题。例如，"有人认为目前的汽车污染问题是由于人们的环保意识差造成的，您的看法如何？""如果在购买汽车和住宅中您只能选择一种，您可能会选择哪一种？"这些语句都属于假设性提问。

（4）开放性问题：是指对所提出的问题并不列出所有可能的答案，而是由调研对象自由做答的问题。开放性问题一般提问比较简单，回答比较真实，但结果难以作定量分析；在对其作定量分析时，通常是将回答进行分类。

（5）封闭性问题：是指已事先设计了各种可能的答案的问题，调研对象只要或只能从中选定一个或几个现成答案的提问方式。封闭性问题由于答案标准化，不仅回答方便，而且易于进行各种统计处理和分析；但缺点是调研对象只能在规定的范围内被迫回答，无法反映其他各种有目的的、真实的想法。

（6）事实性问题：是要求调研对象回答一些有关事实性的问题。设计这类问题的主要目的是为了获得有关事实性资料，因此提出的问题必须清楚，使调研对象容易理解并回答。

通常在一份问卷的开头和结尾都要求调研对象填写其个人资料，如职业、年龄、收入、家庭状况、教育程度、居住条件等,这些问题均为事实性问题,对此类问题进行调研可为分类统计和分析提供资料。

(7) 行为性问题:是对调研对象的行为特征进行调研。例如,"您是否拥有自己的爱车?""您是否去过 4S 店?"等。

(8) 动机性问题:用于了解调研对象行为的原因或动机。例如,"是什么原因让您购买这款轿车?""为什么选择这家 4S 店?"等。在提问动机性问题时,应注意人们的行为可以是有意识动机、也可以是半意识动机或无意识动机产生的。对于前者,有时会因种种原因不愿真实回答;对于后两者,因调研对象对自己的动机不十分清楚,也会造成回答的困难。

(9) 态度性问题:是关于调研对象的态度、评价、意见等相关信息的问题。例如,"您是否喜欢××牌子的轿车?"

2. 问卷的答案设计

(1) 二项选择法:也称真伪法或二分法,是指提出的问题仅有两种答案可以选择,"是"或"否","有"或"无"等。这两种答案是对立的、排斥的,调研对象的回答非此即彼,不能有更多的选择。例如,"您家里现在有汽车吗?"答案只能是"有"或"无"。"您是否打算在近 5 年内购买汽车?"回答也只有"是"或"否"。

(2) 多项选择法:是指所提出的问题事先预备好两个以上的答案,调研对象可任选其中的一项或几项。例如:

问题:"您喜欢下列哪一款轿车?"(在您喜欢的□内划√)

宝马□　　捷达□　　红旗□　　奇瑞 QQ□　　富康□　　雅阁□　　其他□

由于所设答案不一定能表达出填表人所有的看法,所以在问题的最后通常可设"其他"项目,以便使调研对象表达自己的看法。

(3) 顺位法:是列出若干项目,由调研对象按重要性决定先后顺序。顺位方法主要有两种:一种是对全部答案排序;另一种是只对其中的某些答案排序。采用何种方法应由调研人员来决定,具体排列顺序则由调研对象根据自己所喜欢的事物和认识事物的程度等进行排序。例如:

问题:"您选购汽车时主要考虑的因素是(请将所给答案按重要顺序 1,2,3,…填写在□中)

价格便宜□　　外型美观□　　维修方便□　　品牌知名度高□　　动力强劲□

噪音低□　　舒适性好□　　其他□

(4) 回忆法:是指通过回忆了解调研对象对不同商品质量、品牌等方面印象的强弱。例如:

问题:"请您举出最近在电视广告中出现的汽车品牌:

① _____、② _____、③ _____、④ _____。"

(5) 比较法:是采用对比提问方式,要求调研对象做出肯定回答的方法。例如:

问题:"请比较下列车型,哪种乘坐舒适性更好?"(在各项您认为舒适性好的方格□中划√)

本田雅阁□　　丰田花冠□　　大众帕萨特□　　现代索纳塔□

(6) 自由回答法:是指提问时可自由提出问题,调研对象可以自由发表意见,并无已经拟定好的答案。例如,"您觉得 4S 店有哪些优势和不足?""您认为应该如何设计汽车市场调研问卷?"等。

(7) 评判法:是指要求调研对象表示对某个问题的态度和认识程度。例如,"根据我们的销售记录,您购买×××轿车已经 4 年了,请问,经过多年使用,您认为其性能如何?"

很稳定□ 稳定□ 一般□ 不稳定□ 很不稳定□

(8) 赋值法:又称标尺法,是指事先设置好问题和肯定程度依次递减的几个答案,并将各答案赋予一定的分值,要求调研对象选答其一。例如:

问题:"您对×××轿车的满意程度是怎样的?"

非常满意□ 比较满意□ 一般□ 不太满意□ 不满意□

3. 问卷设计应注意的几个问题

(1) 避免提一般性的问题。一般性问题对实际调研工作并无指导意义。例如,"您对奇瑞汽车公司的印象如何?"这样的问题过于笼统,很难达到预期效果,可具体提问:"您认为奇瑞汽车公司生产的车型是否齐全、性价比如何、售后服务怎样?"等。

(2) 避免用不确切的词。如"普通"、"经常"、"一些"等,以及一些形容词,如"美丽"等不确切的词语,在问卷设计中应避免或减少使用,因为人们对这些词语的理解往往不同。例如,"您是否经常给您的爱车作保养维护?"调研对象不知"经常"是指一周、一个月还是一年,可以改问:"您一年为您的爱车保养几次?"

(3) 避免使用含糊不清的句子。例如,"您最近是出门旅游,还是休息?"出门旅游也是休息的一种形式,它和休息并不存在选择关系,正确的问法是:"您最近是出门旅游,还是在家休息?"

(4) 避免引导性提问。如果提出的问题不是"中性"的,而是暗示出调研人员的观点和见解,力求使调研对象跟着这种倾向回答,这种提问就是"引导性提问"。例如,"消费者普遍认为××品牌的汽车很受欢迎,您的印象如何?"

(5) 避免提断定性的问题。例如,"您每次修车需要支付的费用是多少?"这种问题即为断定性问题,调研对象如果根本没修过车,就会造成无法回答。正确的处理办法是对此问题可加一条"过滤"性问题。例如,"您修过车吗?"如果调研对象回答"是",可继续提问,否则就可终止提问。

(6) 避免提令调研对象难堪的问题。如果有些问题非问不可,也不能只顾自己的需要,穷追不舍,应考虑调研对象的自尊心。例如,"您是否离过婚? 离过几次? 谁的责任?"等。又如,直接询问女士年龄也是不太礼貌的,可列出年龄段:20 岁以下,20~30 岁,30~40 岁,40 岁以上等,由调研对象挑选。

(7) 问题要考虑到时间性。时间过久的问题易使人遗忘,如"您去年家庭的生活费支出是多少? 用于食品、衣服分别为多少?"除非调研对象连续记账,否则很难回答出来。一般可问:"您家上月生活费支出是多少?"显然,这样缩小时间范围,可使问题回忆起来较容易,答案也比较准确。

(8) 拟定问题要有明确的界限。对于年龄、家庭人口、经济收入等调研项目,通常会产生歧义的理解,如年龄有虚岁、实岁;家庭人口有常住人口和生活费开支在一起的人口;收入是仅指工资,还是包括奖金、补贴、其他收入、实物发放折款收入在内。如果调研人员对此没有很明确的界定,调研结果也很难达到预期要求。

(9) 问题要具体:一个问题最好只问一个要点,一个问题中如果包含过多询问内容,会使

笔记

调研对象无从答起,给统计处理也带来困难。

例如,"您为何不买轿车而买越野车?"这个问题包含了"您为何不买轿车?""您为何要买越野车?"和"什么原因使您改买越野车?"等。防止出现此类问题的办法是分离语句中的提问部分,使得一个语句只问一个要点。

(10)要避免问题与答案不一致。所提问题与所设答案应做到一致。例如,您经常看哪个栏目的电视? 请回答:①经济生活;②焦点访谈;③电视商场;④经常看;⑤偶尔看;⑥根本不看。在上述备选答案中,后三个备选答案与所提问题无关。

🔍 本任务回顾

1. 熟悉市场调研活动的开展形式。
2. 掌握市场调研问卷的设计方法和注意事项。

⬇ 任务实施步骤

1. 任务要求

分析载体,其市场调研问卷中的问题设计和答案设计体现了本部分相关知识中的哪些方法。

2. 任务实施的步骤

(1)先阅读调研问卷并进行体会。
(2)学习需要的知识。
(3)根据所学知识,完成对调研问卷的分析。

✏ 思考与训练

1. 简答题

(1)市场调研的含义是什么?
(2)如何理解汽车服务企业市场调研的含义?
(3)市场调查阶段的过程和要求是怎样的?
(4)汽车服务企业的市场调研的内容和方法有哪些?

2. 论述题

在市场调研问卷设计过程中,问题和答案设计的类型以及需要注意的问题有哪些?

📖 拓展提高

找到一个汽车服务企业,寻求一个企业经营过程中的切入点,进行调研问卷设计。

任务三 汽车服务企业的市场预测与分析

知识目标

1. 了解市场预测与分析的含义和作用。
2. 了解市场预测与分析的方法。
3. 掌握市场预测与分析的过程。

能力目标

知道市场预测与分析的重要性,在企业发展的过程中可以借助外界力量来完成这个工作。

情境描述

在进行一项重大经营决策的时候,汽车企业都需要进行全面的市场预测活动,在没有正式参与企业活动之前,先来利用案例熟悉企业的市场预测与分析活动。

任务剖析

丰田公司在企业运营过程中遇到发展瓶颈问题的时候,利用市场预测和分析为决策问题做了很好的前提铺垫。我们需要体会预测分析的重要性以及如何开展工作。

任务载体

阅读案例并回答问题。

在 20 世纪 60 年代以前,"日本制造"往往是"质量差的劣等货"的代名词,此间首次进军美国市场的丰田车同样难逃美国人的冷眼,丰田公司不得不卧薪尝胆,重新制定市场规划,投入大量的人力和资金,有组织地收集市场信息,然后通过市场细分和对消费者行为的深入研究,去捕捉打入市场的机会。其具体策略有二:一是钻对手的空子。要进入几乎是"通用"、"福特"独霸的美国汽车市场,对初出茅庐的丰田公司来说无疑是以卵击石。但通过调查,丰田公司发现美国的汽车市场并不是铁板一块。随着经济的发展和国民生活水平的提高,美国人的消费观念、消费方式正在发生变化,在汽车的消费上已经摆脱了那种把车作为身份象征的旧意识,而是逐渐把它视为一种纯交通工具;许多移居郊外的富裕家庭开始考虑购买第二辆车作为辅助。石油危机着实给千千万万个美国家庭上了一堂节能课,美国车的大马力并不能提高其本身的实用价值,再加上交通阻塞、停车困难,从而引发出对低价、节能车型的需求;而美国汽车业继续生产以往的高能耗、宽车体的豪华大型车,无形中给一些潜在的对手制造了机会。二是找对手的缺点。丰田汽车定位于美国小型车市场,即便小型车市场也并非是没有对手的赛场,德国的大众牌小型车在美国就很畅销。丰田公司雇用美国的调查公司对大众牌汽车的用户进行了详细的调查,充分掌握了大众牌汽车的长处与缺点。除了车型满足消费者需求之外,大众牌高效、优质的服务网打消了美国人对外国车维修困难的疑虑;而暖气设备不好、后座空间小、内部装饰差是众多用户对大众车的抱怨。对手的"空子"就是自己的机会,对手的缺点就是自己的目标。于是丰田把市场定位于生产适合美国人需要的小型车,以国民化汽车为目标,吸收其长处而克服其缺点,如按"美国车"进行改良的"光冠"小型车,性能比大众牌高两倍,车内装饰也高出一截,连美国人个子高、手臂长、需要的驾驶室大等因素都考虑进去了。

任务:丰田汽车进入美国市场的切入点是什么?他们是怎么发现的?你在将来的工作中会这么做吗?

相关知识

汽车服务企业的市场预测与分析

一、市场预测的含义和作用

市场预测就是在市场调查基础上,运用科学的方法和手段把握事物发展的内在规律,从而对于预测对象的未来状态作出判断。只有通过市场预测,掌握市场发展变化的规律,才能正确地进行经营管理,使企业立于不败之地。市场预测对经营管理的作用有:

(1)为经营决策提供依据。企业的发展和经营决策总是着眼于未来而非现在,只有预见了未来,企业才能知道现在应该做什么,如何做,并作出正确的决策。

(2)掌握消费趋势。通过市场预测可探明消费行为的变化,便于企业更好地开拓新的市场。消费行为和趋势的变化,往往会带来新的市场需求,形成新的细分市场。

(3)摸清竞争对手状况。通过市场预测,便于制定相应的竞争策略,克"敌"制胜。

(4)掌握市场各种变化引起企业经营管理的变化。如依据同行业在管理内容、管理方法、管理手段等方面的变化,基于自身条件,制定改革方案,以适应这一变化。

二、市场预测的原理和市场预测方法

1. 预测原理

(1)可知性原理。认识论认为,世界上的一切事物都是可认知的,都是按照固有的规律不断运动发展的,因此,对未来的预测是可能的。

(2)惯性原理。任何事物的发展变化都有一定的延续性,可根据事物变化的过去和现在来外推到未来。

(3)类推原理。各种事物相互之间在发展变化上常存在着相似性或类同性,因此,可将以前事物的某种表现形式类推到以后出现的事物上去,达到对该类事物做出预测的目的。

(4)相关原理。客观世界是相互联系的,因素与结果之间是存在某种因果联系的,人们可根据因素的变化推断出结果,达到预测事物未来的目的。

2. 市场预测方法

市场预测的方法归纳起来有定性预测法和定量预测法。实际市场预测常用定性预测法、定量预测法和综合预测法。

(1)定性预测法。由预测者根据少量的数据和资料,依据经验和综合分析判断能力对未来事物的发展趋势作出判断,并以此为依据对预测对象作出预测。具体方法有专家会议法、德尔菲法等。

（2）定量预测法。根据必要的统计资料,借用一定的数学模型,对预测对象的未来状态和性质进行定量测算等方法的总称。具体的方法有指数平滑法、回归平滑法、回归分析法等。

（3）综合预测法。即采用定性与定量相结合的方法。如果运用恰当,它可发挥两类方法的优点,提高预测精度。

3. 市场预测的过程

（1）确定预测目标。预测目标是预测工作的起点,它关系到预测的其他步骤;同时又是预测工作的归属,即达到的预测目的。预测目标往往指明了预测对象、时间与范围等。

（2）收集分析历史资料。预测的根据来自于现有的及历史的资料,充分的资料是正确预测的根本保证。因此,针对预测目标有选择地收集资料,并对其进行科学的分析,找出事物的变化规律,是预测工作十分重要的一环。

（3）选择预测技术并建立预测模型。应根据预测对象的性质及各种预测方法的适应条件,选择合理实用的预测方法。对于能定量描述的事物,可建立数学模型。

（4）评价预测模型,找出合适的预测方法。通过对预测模型的合理性分析、比较,选出合适的预测方法。

（5）进行预测。运用所选定的预测方法和建立的预测模型进行预测。

（6）分析总结预测结果,写出预测报告。通过对初步预测结果的可靠性和准确性进行校验,分析误差原因及范围,经误差修正后,形成最终的预测结果,提出预测报告。

本任务回顾

1. 企业经营管理中的预测和分析是一项比较复杂的工作,需要借助很多力量才能达到较好的最终目的。

2. 在预测的过程中要有计划和步骤。

任务实施步骤

1. 任务要求
了解案例中进行市场预测和分析的必要性,掌握预测分析的方法。

2. 任务实施的步骤
（1）认真熟悉案例内容。
（2）带着案例的问题,进行知识的学习。
（3）根据所学知识进行案例的深入分析,并结合自己的职业构想完成案例的问题。

思考与训练

1. 简答题
（1）市场预测的含义是什么?
（2）市场预测的作用有哪些?
（3）市场预测的方法有哪些?

2. 论述题

试收集案例,分析市场预测过程。

拓展提高

接触大量案例,收集各种预测方法的资料,并熟悉其应用过程。

任务四 汽车服务企业的经营决策

知识目标

1. 掌握企业经营决策的概念和特点。
2. 掌握企业经营决策的常用方法。
3. 了解企业经营决策的程序。
4. 了解 4S 店服务环境设计的思想。

能力目标

能够在需要经营决策分析的时候熟练运用经营决策分析方法。

情境描述

在企业经营过程中面临众多选择的时候,能找到最优的决策是很重要的,我们主要来学习每一种方法具体使用过程中应用的步骤。

任务剖析

任务的设置主要是有关企业运营过程中涉及到定量分析时常用的计算方法的应用,掌握这些方法的应用过程即可,不需要掌握深入推导的过程。

任务载体

阅读案例,完成课后任务。

美国福特汽车公司"野马"汽车的广告创意

1962 年,美国福特汽车公司在"野马"汽车广告创意中运用了定性决策法。

当雅科卡担任福特汽车公司总经理后,发现该公司原来生产的"红雀"牌汽车车体太小,没有行李箱,外形也不如人意。同时发现第二次世界大战后,生育率激增,几千万婴儿已长大成人。20~24 岁的人将增加 50% 以上,他预计今后的 10 年中,汽车的销售量必将大幅度增加,对象就是这些青年人。此外,一些年纪较大的买主也从满足于经济实惠的车,开始转向追求样式新颖的豪华车了。由此得出结论:"红雀牌车可能是一部找不到市场的车,而外面又有一个找不到车的饥饿的大市场!"

经过调查以后,雅科卡把未来的新型车设想为:款式新,性能好,能坐4个人,车子不能太重(最多2 500磅),价钱不能太贵(不超过2 500美元)。

个人智慧毕竟有限,雅科卡就把这产品的定位原则交给策划小组讨论。经过讨论,大家又补充了不少新内容,如车型要独树一帜,车身要易于辨认,要容易操纵(便于一些妇女和新学驾驶车的人购买),要有行李箱(便于外出旅游),既像跑车(吸引年轻人),又胜过跑车。这种车要"一石数鸟",使多数人喜欢。经过集思广益,雅科卡的设想越来越完善和更臻科学化。新车很快设计出图样,制作模型,组织试生产了。

新车叫什么名字?又得集思广益一番。他们从沃尔特·汤姆森广告公司代理人约翰康利搜集到的上千个新型车的名字中,最后集中到6个车名:西部野马、美洲狮、猎豹、小马、美洲豹和野马。最后大家倾向于野马,因为第二次世界大战中野马式战斗机的名字已如雷贯耳,野马有辽阔原野任我驰骋的味道。最后,雅科卡拍板定案,把野马作为新型车的名字。

在新型车尚未问世之前,雅科卡又把定性决策法用之于车主。他邀请了底特律的54对夫妇到汽车公司作客,征求他们对新车的意见。会上,收入高的表示满意,收入低的担心买不起。雅科卡请他们估估车价,几乎所有的人认为,这么好的车至少要10 000美元。当雅科卡告诉说只要2 500美元时,都说:"这么便宜呀!我一定要买一台!"最后野马车的售价只定为2 368美元。

随后,雅科卡委托汤姆森广告公司为野马车作广告策划,经过讨论,定为6个步骤:

(1) 邀请各大报纸的编辑到迪尔伯思汽车公司,借给每人一部新型野马车,组织他们参加从迪尔伯思到纽约的野马车大赛。并邀请100家报社的记者作现场报道。

(2) 新型野马车上市前一天,让2 600家报纸用整版篇幅刊登野马汽车的广告。广告标题:"真想不到!"副标题:"售价2 368美元"。画面是一部白色的野马车在奔驰。

(3) 上市开始,各大电视台不断播送电视广告。画面是一个渴望成为赛车手或喷气式飞机驾驶员的年轻人,正驾驶野马汽车在尽情奔驰!

(4) 选择最显眼的停车场,竖起巨型广告牌,上书:"野马栏"引起人们的普遍注意。

(5) 在美国15个飞机场,200个度假酒店前展览野马新车。

(6) 向全国几百万个小汽车车主寄送野马汽车的宣传品。

上述广告以铺天盖地、排山倒海之势进行,一周之内轰动全国。上市第一天,便有400万人涌到各处购买。1963年,野马汽车的年销售量由原计划7 500部增加到20万部。1964年,销售36万部,创纯利11亿美元。不到一年时间,野马汽车就风靡全美!野马汽车的顺利策划很好地体现了定性决策法的作用。

任务:根据所学习的定性决策的方法,指出案例中这些具体方法的体现。

相关知识

汽车服务企业的经营决策

市场调查和预测的根本目的就是为企业经营决策提供科学依据。经营决策是根本,是现代企业经营管理的核心工作。

一、企业经营决策的原则

1. 经营决策的概念和特点

决策就是选择,是在多种可供选择中做出决定。企业经营决策是指在企业经营范围内,为实现某一特定目标,在占有企业和市场信息的基础上,根据客观条件拟定几种备选方案,从中选出一个经济上最优(或最满意)的方案加以实施,并控制实施的过程。

经营决策的特点有:

(1)决策的目标性。任何企业的决策都与实现经营管理活动的目标一致。

(2)决策的风险性。决策是一种选择,是用以应对某些事件,做出某些反应,以趋利避害的。然而,所有决策所依据的信息资料都是有限的,存在着不确定因素,有利也有弊。因而决策总是存在着风险。应该认识到,企业经营决策的能力对决策产生的结果有着重大的影响,即使在同样的条件下,决策水平不同会得到不同的结果;在有利条件下,决策错误使有利的条件没能充分发挥作用,不利的条件得以实现,造成经营决策失败;在不利条件下,正确的决策会变不利为有利,从而获得成功。

(3)决策的过程性。诺贝尔奖获得者西蒙指出:"决策制定包括四个主要阶段,即找出制定决策的理由;找出可能的行动方案;在诸行动方案中进行抉择;对已进行抉择进行评价。"所以决策是一个不断解决问题的过程。

(4)决策的系统性。对决策问题的分析,其内容和方法都是系统化的。在分析决策问题时,主要把握的内容和要素包括:决策的目标,即企业决策所需达到的目的;决策的依据,即企业内部和外部的信息、经验和客观条件;决策的标准,即最优化或满意化,决策方案的执行与控制;以及决策分析的程序等。决策分析的方法则主要分为两大类,即定性分析(软方法)和定量分析(硬方法),它们使决策越来越科学。

2. 经营决策的原则

(1)目标明确性原则。目标和方案是构成决策活动不可缺少的两个基本因素,没有目标的决策只能是盲目的,甚至是无用的,只有明确了决策目标,才能做到有的放矢,事半功倍。

(2)全局性原则。汽车服务企业是国民经济生产部门的一分子,它的经营决策必须贯彻国家的政策,遵守国家法令和规定,兼顾国家、集体、个人三方面的利益,在此基础上做出最佳的选择。

(3)系统性原则。汽车服务企业管理是由若干相互联系、相互制约的子系统构成的复杂系统,同时也是整个社会大系统的子系统。决策必须按照系统性原则的要求,既要以社会系统优化为目标,又要以企业经济系统的优化为前提。

(4)经济性原则。汽车服务企业的一切经营活动都是以提高经济效益为中心的,这就意味着要选择一个相对最优的经营方案,做到低投入高产出。

(5)可行性原则。经营决策是企业面向用户、面向市场、面向社会、面对自身、目标明确的决策活动,必须从实际出发,认真进行可行性分析,做到决策方案技术先进和可靠、经济合理和高效,任何不切实际的"最佳决策",都不会给企业带来成功。

(6)时效性原则。由于市场和企业的内外环境是千变万化的,市场机会稍纵即逝,致使任何决策都存在一定的时间范围,在这一范围内的决策是正确的,在该范围以外,同样的决策就有可能带来相反的结果。因此,经营决策应捕捉时机,迅速反应,当机立断,不失时机地进行决策。

（7）灵活性原则。实现经营目标有多种方法，经营决策方案要采纳各种方案的优点，对突然出现的危机和变故应及时处理，恰当地调整原方案，以便减少偶然因素造成的影响和损失。

二、企业经营决策的分类和方法

1. 企业经营决策的分类

1）按企业经营决策的工作任务划分

（1）战略决策：这是关系到企业发展方向或全局性、长远性的决策，如经营方针、服务方向、产品开发等。它往往由企业高层领导作出，关系到企业的经营成败，具有影响时间长、涉及范围广、作用力度大的特点，是其他决策的中心目标。

（2）管理决策：这是依据企业战略决策的要求，在管理和组织工作中解决阶段性重大问题的决策，是涉及合理组织和选择生产过程的决策，合理选择和使用能源及物资的决策，劳动力素质的提高和平衡各方面等的决策。

（3）业务决策：也称为作业决策，是指在日常作业中为提高业务效率以及更好地执行管理决策所实行的具体决策，如经营计划的编制、原材料和外购件的库存管理、生产控制、销售工作以及劳动组织调配等方面的日常性决策。业务决策是管理决策的具体化及其延伸，具有深入性、具体性、量化性、局部性、短期性的特点。

2）按决策条件的可靠程度划分

（1）确定型决策：是指未来影响决策方案的所有因素是非常明确的，多种可行方案的决策条件是已知的，而且一个方案只有一个确定的结果。

（2）风险型决策：是指各种方案未来的影响因素较多，各种自然状态不能预先肯定，是随机的，造成一个方案会出现几个不同的结果，既可能成功，也可能失败，使决策具有一定的风险性。

（3）不确定型决策：是指对未来事件的自然状态发生与否不能肯定，各种可行方案出现的结果也未知，只能靠决策者主观判断来决策。针对这类决策，由于其决策的结构条件复杂且不稳定，决策不能以程序化或定型化来表示，只能针对具体问题进行具体分析和决策。

3）按决策主体地位高低划分

（1）高层决策：是指企业领导层负责的决策，目的是解决企业发展的全局性、战略性、长期性问题。

（2）中层决策：是由企业中层负责的决策，目的是解决企业生产经营活动中所出现的短期性、战术性问题。

（3）基层决策：是由企业基层作出的作业性决策，目的是解决生产现场的某些具体的技术性和执行性问题。

4）按决策问题出现的重复程度划分

（1）程序化决策：是对经营中重复出现的问题的决策。由于问题经常出现，有必要和可能预先把决策过程标准化、程序化，如生产方案决策、库存决策等。

（2）非程序化决策：是指所要解决的问题是非例行的、过去没有遇过的新问题，因而要靠决策者的判断和信念来进行决策，如扩大企业规模的决策，引进技术的决策，开拓新市场的决策等。

5）按决策目标数目划分

（1）单目标决策：是指判断一项经营决策的优劣性指标只有一项的决策。

（2）多目标决策：是指判断一项经营决策的优劣需要考查多项指标才能得出结论的决策。

2．企业经营决策的方法

1）定性决策

定性决策主要通过人在决策中的主观作用来分析决策和影响决策。

（1）专家意见法：是将决策问题交给专家分析谈论，并进行综合、归纳、整理，再反馈给专家，再进行研究、讨论，提出意见，由此反复数次，最后求得一致意见。

（2）畅谈法：即召集有关人员进行集体讨论，发挥集体智慧，然后由决策人作出判断。

（3）淘汰法：它是根据决策的选择标准和条件，把达不到要求的方案加以淘汰，最后找出一个满意的方案。

（4）排队法：它是对提供的决策方案进行综合判断，按优劣顺序排队后，选出最优方案。

（5）归类法：它是将决策的备选方案相类似的归为一类，从而分为几大类，从各类中选出优良方案，再对这几大类的优良方案进行分析比较，选出一个最满意的方案。

2）定量决策

（1）确定型决策：就是在事件的各种自然状态完全肯定和明确的条件下，经过分析计算得到各方案明确的结果。

① 单纯选优法：根据已掌握的每一方案的每一确切结果进行结果比较，并直接选出最优方案的方法。

例1：例如某汽车服务企业准备为他们的新服务项目开拓市场，可采用三种形式来打广告。据专家测算，要达到同样的宣传效果，三种广告形式的费用如表3-1所示。

表3-1　广告费用对比表

广告形式	电 视	报 纸	网 络
费用/万元	15	8	10

通过比较很容易判断，采用在报纸上打广告费用最低，故选择在报纸上打广告来宣传。

② 盈亏平衡分析法：该方法的基本原理是通过研究产销量、成本、利润三者的关系，找出使盈亏平衡的产销量水平，从而得到盈利区间和亏损区间。

企业的总收入 S（元）、服务价格 P（元/单位业务量）、业务量 Q、企业成本 C（元）等存在如下关系：

因为，$S = PQ$ 　$C = C_1 + C_2 Q$（C_1 为企业的固定成本，C_2 为单位业务量的变动成本）

盈亏平衡点 $S = C$

则，$PQ_0 = C_1 + C_2 Q_0$

故企业的保本业务量为

$$Q_0 = C_1 / (P - C_2)$$

例2：某汽车服务企业准备开展一项活动，在为期一个月的时间里进行一新的车辆检测项目，预计需投资设备及其他固定费用40 000元，每辆车检测变动成本为4元，检测收费为10元，试确定应该检测多少辆车才能收回成本？

解：

根据盈亏平衡分析的业务量计算公式,得保本的平衡点业务量为:
$$Q_0 = 40\,000/(10-4) \approx 6\,667（辆）$$

通过计算得知,在一个月内必须检测 6 667 辆车才能收回成本。决策时,可根据市场预测这项服务的需求是否大于 6 667 辆,结合企业的检测能力,从而作出是否开展这项活动的决策。

（2）风险型决策:也称随机性决策或概率型决策,它需要具备下列条件:

① 存在着决策者企图达到的一个明确目标,如最大利润,最低成本,最短投资回收期。

② 存在着决策者可以选择的两个以上的行动方案。

③ 存在着决策者无法控制的两种以上的自然状态。

④ 每种自然状态出现的概率大体可以估计出来。

⑤ 不同方案在不同自然状态条件下的损益值可以计算出来。

风险型决策的具体方法有决策树法和敏感性分析法。决策树法是以图解方式分别计算各方案在不同自然状态下的损益值,通过综合期望值的比较,作出方案选择。决策树的构成有 5 个要素:决策结点;方案枝;状态结点;概率枝;损益值。具体表示,如图 3-1 所示。

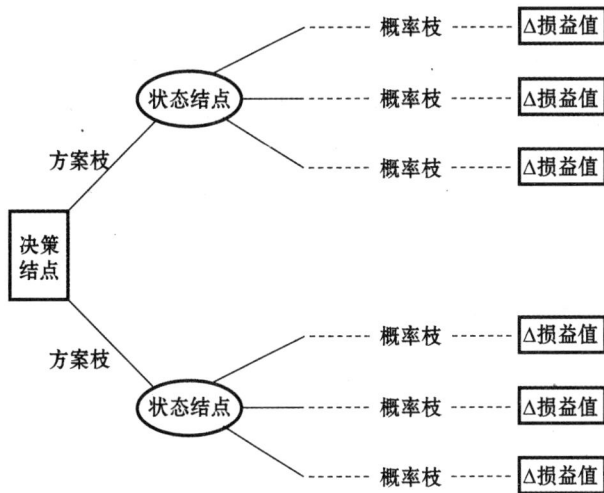

图 3-1　决策树构成要素

决策树的分析程序分三个步骤:

第一步,绘制树形图。绘图程序自左向右分层展开,必须在对决策条件进行细致分析的基础上,确定所有可供决策选择的方案,以及这些方案在实施中会发生的所有自然状态。

第二步,计算期望值。期望值的计算要由右向左依次进行,先将每种自然状态的收益值分别乘以各自概率枝上的概率,求和之后乘以有效期,最后将各概率枝的值相加,标于状态结点上。

第三步,剪枝决策,比较各方案的期望值。如方案实施有费用发生,则应将状态结点值减去方案费用再进行比较。凡是期望值小的方案枝一律剪掉,最终剩下一条贯穿始终的方案枝,其期望值最大。将此标在决策点上,即为最佳方案。

例 3:某汽车服务企业修理车间的改造方案有两个:一是对现有车间进行改造扩建,二是建设新的车间。改建车间需投资 200 万元,新建车间需投资 380 万元,两种方案的使用期限都是 10 年。根据资料预测,在此期间内能满负荷生产的可能性是 0.7,不能满负荷生产的可能性为 0.3,两个方案的年度损益,如表 3-2 所示。

表 3-2 车间改造方案年度损益

自然状态	概率	改建车间损益值	新建车间损益值
满负荷	0.7	56 万元	130 万元
不满负荷	0.3	40 万元	−30 万元

计算损益期望值。若改造车间:

损益期望值=∑(损益值×概率)×使用年限−投资

=(0.7×56 万元+0.3×40 万元)×10−200 万元=312 万元

若新建车间:

损益期望值=∑(损益值×概率)×使用年限−投资

=[0.7×130 万元+(−30 万元)×0.3]×10−380 万元=440 万元

通过两种方案的损益期望值比较,说明新建车间能带来更大的收益,故决策投资新建修理车间。

敏感性分析法:敏感性分析也称为灵敏度分析,它研究决策方案受概率变动影响的程度。由于决策所依据的方案期望效用值的大小受各种方案的条件结果值和自然状态的概率影响,决策时这些概率往往是估计或预测得出的,实际的概率如有变动,就会影响决策的期望效用值,甚至可能会导致改变决策方案的选择。一般来说,如果这些概率稍有改变,就会改变决策的结果,则认为方案是敏感的,否则就是不敏感的。决策者希望最佳方案是不敏感的,这就意味着决策的稳定性大,风险性就小。

灵敏度分析常常采用敏感性系数为评判指标,敏感性系数的计算方法为:

敏感性系数=转折概率/预测概率

这里,转折概率是指导致最满意方案的期望效用值发生根本性转变的自然状态概率值,此时该方案已不再是最佳方案。

灵敏度分析认为,方案敏感性系数小,则其敏感性就小;反之,则敏感性就大,方案不稳定。

例 4:某汽车品牌 4S 店,经过市场调查,准备库存一批变速器总成,如经营成功,可能获利 100 万元,如失败则将损失 40 万元,不存储则无盈亏,问能否进行这项经营活动?

解:

假设成功的概率为 P,则不成功的概率就是 $1−P$。

期望效用值 $c = \sum$(损益值×概率)

$= 100P + (−40) × (1−P)$

$= 140P − 40$

显然,要进行这项活动,必须使 $c > 0$,即 $140P − 40 > 0$

则 $P > 0.29$

分析:若 P 大于 0.29,就可以进行这项经营活动,反之,则不能进行。同时,说明该方案的转折概率就是 0.29。当实际预测成功的概率是 0.8 时,可以算出该方案的敏感性系数是 0.36,说明进行该经营活动敏感性小,成功的稳定性大。当预测成功概率为 0.4 时,其敏感性系数为 0.725,敏感性系数大。通过分析可知,当实际成功概率为 0.8 或 0.4 时,这项经营活动都能获得效益,但前者的稳定性好,后者的稳定性差。

(3)不确定型决策:是指决策者不知道影响决策的因素(自然状态)将来会出现何种情况,只能根据决策者对事物所持的态度、知识和经验来进行决策。一般可采取四种不同的准则,即乐观准则、悲观准则、最大最小后悔准则和机会均等准则。

① 乐观决策准则:也称为大中取大法,是指决策者对未来的情况持比较乐观的态度,同时决策时也考虑到不利形势发生的影响。按此准则,决策者根据市场情况和个人经验,预先确定一个乐观系数 a 作为主观概率,然后选出每个方案的最大和最小损益值,用 a 乘以方案的最大损益值,再加上 $1-a$ 乘方案的最小损盈值,作为该方案的期望值。比较各方案的期望值大小,大者为最佳方案。

② 悲观决策准则:也称小中取大法,决策时谨慎小心,从最坏的结果着想,并从最坏的结果中选一个较好的结果。其程序是:首先从每个方案中选择一个最小的收益值,然后从最小值中选一个最大值,与此相对应的方案为中选方案。

③ 最大最小后悔准则:决策中,如能肯定地知道某一自然状态会发生,决策者必然选择收益最大的方案。如果因决策失误未选取收益最大值的方案,而选了其他收益低的方案,这样就会因失去获得最大利益的机会而会感到后悔。这两个方案的收益之差叫做后悔值。后悔准则就是要在决策中避免后悔,或以后悔值最小为准则。

其决策程序为:首先用每种自然状态下的最大收益值减去其他方案的收益值,即为在 S 状态下各方案的后悔值;然后找出每个方案的最大后悔值;最后选择所有各方案最大后悔值中的极小值所对应的方案,作为优选方案。

④ 机会均等准则:既然不知道各种自然状态可能出现的概率,就认为各种状态都有同样发生的可能,即机会均等。

设有几种状态,每一种状态出现的平均概率为 $1/n$。决策程序为:首先将每个方案的每一种状态的损益值乘平均概率 $1/n$,然后相加得该方案的期望值;最后选择期望值最大的方案为最优方案。

例5:某企业有项投资计划制订了三个方案,每一方案又有四种不同的状态。已知各方案在各种状态下的损益值,但不知其发生的概率。其决策收益,如表3-3所示。

表3-3 企业投资方案损益表

损益值 收益 状态方案	S_1	S_2	S_3	S_4
A	8	7	8	5
B	7	5	4	9
C	6	8	10	5

(1)乐观决策准则:设 $a=0.7$,计算结果如下:

A 方案期望值 $=0.7\times8+(1-0.7)\times5=7.1$

B 方案期望值 $=0.7\times9+(1-0.7)\times4=7.5$

C 方案期望值 $=0.7\times10+(1-0.7)\times5=8.5$

结论:C方案为最佳方案。

(2)悲观决策准则:本例中,A方案最小的收益值是5,B方案最小的收益值为4,C方案最小的收益值是5,因此A和C方案为中选方案。

(3)最大最小后悔准则:后悔值见表3-4

表3-4　方案后悔值

方案＼自然状态	S_1	S_2	S_3	S_4	最大后悔值
A	8	7	8	5	4
B	7	5	4	9	6
C	6	8	10	5	4

结论:A,C两个方案为最佳方案。

(4)机会均等准则:在本例中:

A方案期望值＝8×1/4+7×1/4+8×1/4+5×1/4＝7

B方案期望值＝7×1/4+5×1/4+4×1/4+9×1/4＝6.25

C方案期望值＝6×1/4+8×1/4+10×1/4+5×1/4＝7.25

结论:C方案为最优方案。

三、企业经营决策的程序

1. 确定目标

决策目标的确定是经营决策的起点。准确的目标是科学决策的重要前提,确定目标要达到以下要求:

(1)分析企业内外条件,提出恰当目标,做到有的放矢。

(2)目标应具体,应尽量用计量值或计算值表达。

(3)目标应系统性强,能体现出目标体系的层次。

(4)目标是符合规范、切实可行的。

2. 收集资料

收集资料是决策程序中很重要的过程。没有一定的数据就不可能完全反映事物的本质,不能涉及事物的方方面面,使得方案设计者可能遗漏最佳方案,同时也会给定性分析、决策带来困难,因而必须尽可能地大量收集数据和资料。

3. 拟定备选方案

这一阶段的基本任务可以表述为:列出别选方案;确定备选方案的执行后果;对备选方案可能的后果进行对比性评价。这种设计活动是基于人类的创造性思维,按照综合、整体、效用、动态的原则,选择最优或者是次优的过程。

4. 评价选择最优方案

在备选方案拟定之后,就进入选定方案的关键阶段,因为它直接关系到行动方向以及达到什么目标的问题。方案的价值标准一般是方案实施后的作用、效果、利益等。满意决策方案一共有5项要求,然而在实际中,任何决策方案,至多只能达到可以得到满意的有限目标。

5. 实施方案

贯彻实施方案包括以下几方面工作：

（1）要把决策的目标和实现目标的最优方案明确地向企业全体职工交底,动员企业职工为实现目标多做贡献。

（2）围绕目标和实现目标的最优方案制订具体的实施方案,明确企业各级领导和部门应完成的任务、进度和负责人,并由各执行人或部门再据此层层作出更具体的执行方案,使总目标层层保证,落实到基层单位、小组以及个人。

（3）各部门执行人按照预定计划认真贯彻执行。

6. 追踪调查

追踪检查就是按照实施方案,在执行过程中与实际情况层层进行对比。其目的在于及时检查其执行情况,研究没有达到预定效果的原因,及时进行方案的调整和修改。在追踪检查中,实施方案没有能预期完成时一般有三种情况:一是执行人没有努力;二是在执行中遇到困难;三是已经按方案执行,但没有达到预定效果,因而还要作出具体分析并采取相应对策。

四、汽车服务企业服务系统设计

企业服务系统设计是指为了满足顾客需求,企业在工作环境、工作设施、工作组织与流程、作业标准等方面做出的系统安排。设计服务系统是一项富有创造性的工作,它需要从能够在将来提供一种与竞争对手有所不同的服务概念和战略开始,具体解决以下几个方面的问题:汽车服务企业的地点选择、使顾客服务和工作流程更加有效的设施设计和布局、服务生产能力规划与设备选择、服务人员的工作程序和工作内容以及质量保证措施等。

（一）汽车服务企业的选址

汽车服务企业的厂点选择的要求是达到最高的投资回报。厂点的选择将直接影响到服务半径地区内潜在的客户群主体,同时市场需求的变化也会关系到整个企业的规模及特征。厂址的选择和布局规划是一项重大的、长期性的投资,关系到企业的长期发展。受服务半径的影响,汽车服务企业的选址直接左右着其目标市场的选择,同时市场的需求也会影响机构的数量、规模和特征。原则上汽车服务企业的选址追求的是利润最大化,所以汽车服务企业选址决策的重点在于确定销售量和收入的多少。

1. 汽车服务企业的选址流程

汽车服务企业的选址流程主要包含市场调研的开展、商圈调查、确定营业网点的位置类型、选择大体位置的备选方案、评价可供选择的店址方案和最终确定店址6个步骤。

1）市场调研的开展

（1）汽车服务企业选址中市场调研的含义。汽车服务企业选址中的调研活动是指通过合适的市场调研方法的选择,针对具体汽车服务企业的产品或者服务在具体地区的投资立项,对不同地区的优劣势进行详尽的论证,为企业选址决策降低风险提供有力的参考。

（2）汽车服务企业选址中市场调研的作用。市场调研对于汽车服务企业的选址流程有着重要的作用。市场调研是一种通过信息将消费者、顾客和公众与汽车服务企业连接起来的职能。这些信息用于识别和确定汽车服务企业将来面临的机会及问题,产生、提炼和评估选址活动,监督选址绩效,改进人们对选址过程的理解。根据所要进行的汽车服务企业的类型,提炼市场调研活动中需要解决的问题所对应的信息,设计收集信息的方法,管理并实施信息收集过程,分析结果,最后要了解沟通所得的结论及其意义。

① 全面比较不同地区的政策层面的优惠条件。如税收、金融、土地等方面的政策优惠,有利于企业负责人权衡不同地区的系统性的有利条件,并在未来的投资选址中增加谈判砝码。

② 全面比较不同地区的软硬件保障程度。硬件如供水、电、气、暖、交通运输设施以及网络通信等方面的差异,软件如政府效率、治安环境、对人才的吸引力等方面的差异。软硬件方面的详细信息能够使企业负责人在做选址决策前系统地权衡不同开发区的优劣势,降低决策的风险。

③ 对具体产品所在地的同行业竞争格局进行全面的分析。对所在地的同行业的竞争对手以及区域经济带中的竞争格局以及这种竞争格局对未来投资项目所产生的影响等进行全面的分析,有利于企业认清自己的项目在当地的竞争地位,并制定针对性的竞争策略。

④ 系统地比较不同地区的优劣势,并提出原创建议。在综合调研活动的各种要素后,需要系统地罗列出不同地区针对具体投资项目的优劣势,在调研资料的基础上,调研人员提出具体的、原创的、有论据的倾向性建议,从而为企业选址决策降低风险提供有力的参考。

2) 商圈调查

商圈是指经营某种产品或服务的某家或某类企业的顾客分布的地理区域,是汽车服务企业的服务辐射范围。商圈是商业企业吸引顾客的空间范围,是指以企业厂址为中心向外延伸一定距离而形成的一个方圆范围,是店铺吸引顾客的地理区域。进行商圈调查和分析可帮助投资者了解该位置的市场概况、计算该区域内经营网点的饱和程度和竞争状况,为投资者的营销活动和经营重点确定方向。商圈一般由主要商圈、次级商圈和边缘商圈构成。主要商圈容纳经销商 50%～80%的顾客,它是离经销商最近、顾客密度最大、平均销售额最高的区域;次级商圈包含另外 15%～25%的顾客,它位于主要商圈之外,顾客分布较分散;边缘商圈包含剩下的顾客,分布更加分散。商圈按功能分为传统商圈和主题、概念商圈,北京王府井商圈等属于传统商圈,而像数码城、汽车城等属于主题商圈。

商圈的要素主要包括 6 点:消费人群、有效经营者、有效的商业管理、商业发展前景、商圈未来的形象和概念、商业形象。商圈必须有自己的形象和特色,消费环境、对外宣传等都是商圈树立形象的重要环节。

商圈调查主要是了解拟设立汽车服务企业地域的一般经营形式、竞争者的分布、竞争者的经营特点、汽车保有量、行程所需时间和交通状况(如过桥费和路况)等方面的情况,根据这些实际情况描绘汽车服务企业未来客户的分布状况。具体的商圈分析内容包括:

(1) 人口规模及特征:包括人口总量和密度、相关的汽车保有量等。

(2) 劳动力保障:包括管理层居民学历工资水平、普通员工学历工资水平等。

(3) 供货来源:包括运输成本、运输与供货时间、可获得性与可靠性等。

(4) 促销:包括促销手段以及可传播性、成本与经费情况等。

(5) 经济情况:包括主导产业、季节性经济性波动、经济增长点等。

(6) 竞争情况:包括现有竞争者的商业形式、位置、数量、规模、营业方针、经营风格经营商品、服务对象,所有竞争者的优势与弱点分析,长期和短期的企业变动等。

(7) 法规:包括税收、执照和环境保护制度方面的法规等。

其他还有租金、投资的最高金额和周边交通情况等。

3) 确定营业点的位置类型

一般说来,汽车服务企业的位置可简单分为三种类型:孤立的汽车销售服务经营区域、无规划的汽车销售服务经营区域和规划的汽车销售服务经营区域。

(1) 孤立的汽车销售服务经营区域单独坐落在公路或街道旁,这类企业附近没有其他服务商与之分享顾客。这一类零售网点类型的长处和缺点都很明显,其优点体现在:无竞争对手,一般情况下经营场所的租金相对较便宜;经营上比较灵活,在地点选择、场地规划、经营规范上相对自由;一般道路和交通的可见度较高,且停车较为方便。而其缺点也是显而易见的:难以吸引新顾客,难以与同行形成经营业务的互补,经营品种受限;广告费用可能较高,且公共设施的运行费用不能分担,成本较高。

(2) 无规划的汽车销售服务经营区域是指该地区存在多家汽车销售服务商,但区域的总体布局或商店的组合方式未经长期规划。我国汽车服务市场发展早期形成的汽车销售大市场或汽车维修服务一条街就是这类经营场所的典型代表,这一类经营区域客流量比较大,但相应的仓储、物流、交通、停车等配套设施由于缺乏统一规划,一般条件有限,整体形象也较差。但由于较多经营者在一地集中经营,在经营品种、库存数量上相互补充,适合于顾客一站式的购物需求,但同行之间的竞争也相对要激烈许多。

(3) 规划的汽车服务经营区域是指经由统一规划、统一建设在一起的汽车销售服务经营区域。如北京亚运村汽车市场和各地在政府统一规划下建设的汽车销售服务区域,其产权和管理相对集中,配套设施齐备,集中了众多经营不同品牌、不同类别汽车销售服务商,其在经营上也具有鲜明的特点。这种位置具有的优点有:

① 由于集中经营,统一规划协调,公共设施的运行费用共同分摊,成本较低。

② 在统一规划下,各汽车服务企业能够建立和分享相对良好的共有品牌和形象。

③ 各汽车服务企业的客流在集中经营区域中最大。

④ 租金和税收通常较低。

⑤ 经销商的经营品种和库存相互补充,更适合从事专业化经营的汽车服务商的发展。

同样,这种位置也存在某些缺点和不足:

① 由于经营场所统一规划,单个汽车服务企业经营的灵活性受到一定的影响。

② 同行之间竞争激烈。

③ 同一区域不同地段客流分布对经营绩效影响大。

④ 公共设施使用强度大,易于造成设备老化。

各种不同类型的经营地点具有不同的优势和不足,汽车服务企业可根据自身的经营战略规划,对每一类地点做出慎重评价,选择适合自己业务发展的类型。

4) 选择汽车服务企业位置的备选方案

投资者在根据自身的业务规划综合考虑了众多备选地点的商圈状况后,可初步列出基本满足设立汽车服务企业条件的地点进行仔细的评估。

5) 评价可供选择的店址方案

投资者在确定了汽车服务企业位置的备选方案后,应根据每一个方案涉及的具体商业环境因素和市场环境因素对其进行仔细评估。评估时主要考虑的因素有:所选地区的消费者购买力、地区人口情况、竞争情况、店址的独特性及竞争对手的选址、地区的物质水平和相邻产业情况。

人口调查的内容包括该区域的人口数量、人口结构、购买习惯、经济收入、人流量的大小等。人口数量与人口结构这两个要点主要是调查该地的消费容量。

　　竞争调查主要以竞争品牌的数量、品牌结构、潜在竞争品牌等要素来进行分析。竞争品牌数量、品牌结构的要素调查主要是调查当地市场是否饱和、竞争是否激烈；如果是同一个行业品牌数量极多、品牌结构比较丰富，那么就很容易吸引顾客的高度聚集，增加整个区域的市场容量，当然这就是选择的重要场所。潜在的竞争品牌的分析，也将预示着未来的市场提升。

　　经营者在选择经营地点时要详细了解在该地点附近有多少类似的商店；这些商店的规模、装修、商品品种、价格及待客态度如何；自己的加入将是增加竞争、分薄利润，还是互相有利；等等。还要要详细了解该区的街道、治安、卫生、交通、市政、绿化、公共设施、住宅及其他建设和改造项目的规划，使选定的店址既符合近期环境特点，又符合长期发展规划，以避免造成损失。有些地点从近期来看，可能是店址的最佳选择，但可能随着城市改造和发展出现新的变化而不适合设店；相反，有些地点近期看可能并不理想，但从规划前景看又可能很有发展前途。

　　6）最终确定店址

　　经过了前面所述的几个阶段的具体的工作，就可以在最优比较的思路下进行最终店址的确定工作。店址一旦选定，一般就不会轻易迁移，迁移要付出极大代价，经营者也希望能做得长久一些，这就要求在选址时，一开始就应从长远、发展的角度着眼。

　　2. 企业经营环境布置

　　汽车服务企业的厂区规划直接影响着企业的品牌形象，作为给客户留下第一印象的厂区布局，必须周密规划。厂区规划的原则要求有：方便顾客、方便工作，人车路线分开，工作区与非工作区分开，通风照明符合要求，各个区间标识清楚。厂区设施应包括：业务大厅、维修车间、顾客休息区、办公区、配件库、停车区等。

　　（1）设施应始终保持清洁整齐，墙壁、栏杆不可残缺、陈旧、锈蚀，厂房墙壁、玻璃整洁，厂区应绿化完整。

　　（2）所有的通道都应设立入口、箭头、出入道路等标识并且无障碍，以方便人、车出入。

　　（3）业务部门和相应业务岗位均应设置相应指示牌以方便顾客。

　　（4）环境中应保持充足的照明，有必要时还应对招牌、入口指示、接待区域指示等标识进行补充照明。

　　（5）着装统一整齐并佩戴胸卡以方便客户识别。

　　（6）服务项目、服务内容和服务流程等信息应公开展示。

　　（7）区域办公用品摆放整齐，客户休息区提供适量休息、娱乐设施和茶水。

　　（8）区域必须合理规划以保证作业安全、环保和作业效率。

　　（9）钣喷车间应相互独立分割。

　　（10）要提供适当的休息场所。

　　（11）每个工位都应配备一个独立的压缩空气和电气接口。

　　（12）配置废气、废水、废油的集中排放设备。

　　3. 仓库布置

　　仓库布置总的原则就是寻找一种布置方案，使得总搬运量最小。对于汽车服务企业而言，其仓库主要分为两类，一类是商品车仓库，一类是备品备件仓库。根据业务量的大小，配件仓库应设计足够的仓储面积和高度，保证多层货架的安装及进货、发货通道的畅通。地面强度应能承受 $0.5t/m^2$ 的重压，地面最好涂上树脂漆以防灰尘。库房内应设立独立的危险品放置区和索赔件存放区,配备相应的通风防盗设施并保证光线明亮、充足、分布均匀。通道宽度的设计不仅要满足人员通过的要求,还必须方便配件存取。库位的设定应根据拣货、搬运的方便性与零件的出货频次及每次出货量的关系来综合考虑。

在货架中应专门设立一排库位作为缺料预约零件的存放,并有可插信息卡的地方。信息卡上应包含零件号、中文名称、车牌号、维修工单号和预计使用日期,以便于跟踪并及时为客户修理。

(二) 审批与开业

1. 汽车维修企业和经营业户的筹建、立项程序

(1) 申请从事汽车维修企业经营的,应向所在地县级以上道路运输管理机构提出筹建立项申请。

(2) 在受理筹建立项申请时,申请人应提交的文件:

① 经营项目、经营场所、经营规模、法人代表、职工人数等书面材料。

② 有效的资金担保书和信誉证明。

③ 申请具有法人资格的企业应有可行性报告以及主管部门的立项批准书,没有主管部门的,提交所在地乡镇级人民政府的许可证明。

④ 法律、法规规定及应提交的其他资料。

(3) 道路运输管理机构自受理日起 30 日内审查完毕,按审批权限作出审批决定。批准筹建的,向申请者发出立项批准书,规定筹建时限,不批准的给予书面答复申请人。

(4) 审批筹建立项的原则是该申请是否符合本地区的汽车维修行业发展规划要求,是否符合开业条件。

2. 汽车维修企业和经营业户的经营许可申请程序

(1) 对申请从事汽车维修经营许可的,筹建就绪后,即可在规定时间内填写《开业申请表》,提出开业申请,同时向道路运输管理机构提交法人身份证、质检员证等有效证件复印件,厂点布置分布图、车间工艺布置图,相关设备清单、资产清单等,特约经销维修的需提交正式的签约合同。

(2) 道路运输管理机构应在受理日起 30 日内完成审查,作出许可或不予许可的决定。一类汽车维修企业由省级道路运输管理机构审批,二类汽车维修企业由市级道路运输管理机构审批,三类汽车维修企业由县级道路运输管理机构审批。

(3) 汽车维修经营许可证可由各省、自治区、直辖市道路运输管理机构统一印制并编号,由县级道路运输管理机构发放并管理。

(4) 获得经营许可证的申请人,由审批机构核发"汽车维修业技术合格证"及铜牌"汽车维修企业经营标志牌",还需持证依法向当地工商行政部门办理工商执照,向税务部门办理税务登记手续。

(5) 汽车维修经营许可证的有效期如下:一类汽车维修企业 6 年,二类汽车维修企业 4 年,三类汽车维修企业 3 年。

(6) 在有效期届满前 30 日,应向原许可的道路运输管理机构提出申请。

3. 汽车维修企业或经营业户变更申请、审批的程序

1) 名称变更

(1) 因合并、分立、联营或隶属关系改变时,由经营者提交上级主管部门的批文或有关协

议等。

（2）因营业场所变动时，由经营者说明变动原因，提交有关文件。

（3）因扩大或缩小经营范围时，应要求提交原经营状况和申请计划。

2）经营权变更

（1）转让或出售企业的汽车维修经营者，出让方按歇业程序办理，受让方持转让证明，根据具体情况分别按"名称变更"、"经营范围变更"等程序办理。

（2）向非经营者转让或出售企业的汽车维修经营者，出卖方按歇业、停业程序办理手续，受让方按开业程序办理手续。

3）租赁或承包经营权的变更

个人租赁或承包经营者若因财产等原因引发产权和经营权的变更，由个人租赁或承包经营者抵押协议到企业所在地道路运输管理机构备案。道路运输管理机构对于经营者的变更，应认真审查，重新核定其经营范围、经济性质和管理办法等。

4）经营范围的变更

汽车维修企业或经营业户因故变更其经营范围的，由原标准开业的道路运输管理机构受理。汽车维修经营范围的变更主要属于同类变更，属于扩大经营范围的企业按开业程序办理，属于缩小经营范围的企业应由经营者填报变更表，经审核同意的，换发经营证件，必要时向社会通告。

（三）市场开发部的建立及内容

1. 市场开发部建立的意义

随着社会的发展和市场经济的建立，新市场、新客户的开发是每个公司都必须面临和解决的现实问题。对于刚刚起步的企业来说，新市场开发的多少与质量的好坏更加影响着企业的发展。

2. 新市场开发的步骤

（1）事前准备。市场开发人员开发新市场，事前的准备非常重要。孙子曰："知己知彼，百战不殆"。准备充分的谈判才能有的放矢，才能立于不败之地，因此对自己公司和对目标市场的了解就显得尤为重要。市场开发人员正式上岗之前，应该进行一段时间的岗前培训，安排有关企业文化、技术、生产、财务、法律等专业人士对他们分别进行企业情况、产品技术与服务条款等基本知识培训。

（2）洽谈客户。市场调研结束后，就可以根据已经确定的潜在目标客户，依据服务商所须具备的条件及其优劣势，列出一个目标客户清单，进行筛选，接着进行电话预约，约定上门拜访的时间。

（3）跟进签约。通过洽谈，对于符合公司要求的目标客户要及时打电话进行沟通和跟进。在跟进过程中客户会存在一些异议，只要消除了客户的异议，目标客户基本就确定了下来。然后通过邀请其到公司参观考察等方式，进一步扫除客户心里的疑团和障碍，最后签订服务协议。一个新客户就这样诞生了。

（四）开业筹备工作

1. 基础管理工作

（1）各种规章制度的制定，包括综合管理制度、人员管理制度、安全生产制度等。

（2）完善健全组织构架，明确各部门的职责范围及从属关系。

（3）技术资料、业务资料、资产报表等准备完毕。

2．仪器及备件

（1）按汽车维修企业开业条件，对仪器设备、工具购置完毕，做好书面记录。

（2）仪器设备安装到位，并且需调试成功，将仪器性能操作方法等文件归类保存。

（3）整理仓库配件，做好记录，并保持配件的库存量满足日常服务需求。

3．基础设施

维修车间、办公室、接待室等基础设施准备完毕，消防、卫生、用电等要求达到规范标准。

4．员工

（1）罗列招聘列表，开展员工招聘工作，并确认员工工作职责要求。

（2）进行员工培训，使其掌握企业文化和明确的业务要求。

5．企业形象

设计企业标识，按标准制作厂牌、指示路标等。开发企业网页，同时开展多项宣传手段。

6．后勤及其他

统一制作工作服、工作证，设立厂区道路禁停区标识、仪器危险警示牌等，各类规章制度、工作说明上墙。

7．开业典礼

企业开业时都需要举行开业典礼，过去企业总是不重视开业典礼，把它作为形式举行。但是对于现代企业来说，尤其是汽车服务企业，开业典礼既是一个值得纪念的日子，也是一次向大众宣传企业形象和展示企业文化的好时机。

（1）邀请嘉宾。应当精心确定好庆典的出席人员名单。庆典的出席者不应当滥竽充数，或是让对方勉为其难。确定庆典出席者名单时，应当以庆典的宗旨为指导思想，一般来说，庆典的出席者通常应包括如下人士：

① 上级领导。地方党政领导、上级主管部门的领导大多对单位的发展给予过关心、指导，邀请他们参加，主要是为了表示感激之心。

② 社会名流。根据公共关系学中的"名人效应"原理，社会各界的名人对于公众最有吸引力，邀请到他们可以更好地提高本单位的知名度。

③ 大众传媒。在现代社会中，报纸、杂志、电视、广播等大众媒介被称为仅次于立法、行政、司法三权的社会"第四权力"。邀请他们并主动与之合作，将有助于他们公正地介绍本单位的成就，进而有助于加深社会对本单位的了解和认同。

④ 合作伙伴。在商务活动中，合作伙伴经常是彼此同呼吸、共命运的。请他们来与自己一起分享成功的喜悦是完全应该的，而且也是绝对必要的。

⑤ 社区关系。是指那些与本单位共居于同一区域、对本单位具有种种制约作用的社会实体。例如，本单位周围的居民委员会、街道办事处、医院、学校、幼儿园、养老院、商店以及其他单位，等等。请他们参加本单位的庆典，会使对方进一步了解本单位、尊重本单位、支持本单位，或是给予本单位更多的方便。

⑥ 单位员工。员工是本单位的主人，本单位每一项成就的取得都离不开他们的兢兢业业和努力奋斗。所以，在组织庆典时是不允许将他们完全"置之度外"的。

以上人员的具体名单一旦确定，就应尽量发出邀请或通知。鉴于庆典的出席人员甚多，牵涉面极广，故不到万不得已，均不许将庆典取消、改期或延期。

　　(2) 媒体宣传。在确定好参会人员名单之后,就需要通过街头广告、报纸、电视、网络等媒介进行宣传,这其中需要考虑成本、效果和时间要求来具体决定选用哪种媒体或者是哪几种媒体来进行宣传。

　　(3) 安排现场活动和优惠活动。精心安排好来宾的接待工作。与一般商务交往中来宾的接待相比,对出席庆祝仪式的来宾的接待更应突出礼仪性的特点,不但应当热心细致地照顾好全体来宾,而且还应当通过主办方的接待工作使来宾感受到主人真挚的尊重与敬意,并且想方设法使每位来宾都能心情舒畅。还可适当安排文艺演出,这项程序可有可无,如果准备安排,应当慎选内容,注意不要有悖于庆典的主旨。由于汽车服务企业经营的特殊性,还可以安排购车、保养等优惠活动。

　　(4) 开业庆典程序:

　　① 宣布开业庆典开始。

　　② 介绍到场嘉宾名单,宣读贺电、贺信,本单位主要负责人致辞(其内容是对来宾表示感谢、介绍此次庆典的缘由等等,重点应是报捷以及庆典的可"庆"之处)。

　　③ 邀请领导或者嘉宾讲话。一般情况下,此次出席的上级主要领导、协作单位及社区关系单位均应有代表讲话或致贺辞,不过应当提前约定好,不要当场当众推来推去。对外来的贺电、贺信等等可不必一一宣读,但对其署名单位或个人应当公布。在进行公布时,可依照其"先来后到"为序,或是按照其具体名称的汉字笔划的多少进行排列。

　　④ 宣布开业,邀请嘉宾参加剪彩、挂牌仪式,并鸣炮或舞狮加以庆祝。

　　⑤ 向在场人员介绍企业经营业务、先进技术和设备、优惠的价格等企业优势。

　　⑥ 带领嘉宾参观企业厂区,并且开展车主、业主的优惠活动。

　　(5) 开业庆典的后续工作。企业在开业庆典后,应该加强后续工作,其中主要包括:

　　① 马上对参会的重要客户和领导嘉宾进行回访,征询他们对于企业建设和发展的意见,以及对企业的想法。

　　② 对参加优惠活动的客户进行回访,询问活动的效果和服务的质量,表明希望继续为他们服务的意向。

　　③ 对于重点客户和潜在客户进一步跟进,要求技术和服务人员一同登门拜访,尽可能为他们解决实际困难。

　　(五) 开业标准

　　1. 汽车整车维修企业

　　汽车整车维修企业的开业标准严格按照中国国家标准化管理委员会制定的标准来实行,是交通行政主管部门对汽车整车维修企业开业审核和管理的依据。

　　1) 人员条件:

　　① 企业管理负责人、技术负责人及检验、业务、价格核算、维修(机修、电器、钣金、油漆)等关键岗位至少应配备 1 人,并应经过有关培训,取得行业主管部门颁发的从业资格证书,持证上岗。

　　② 企业管理负责人应熟悉汽车维修业务,具备企业经营、管理能力,并了解汽车维修及相关行业的法规及标准。

　　③ 技术负责人应具有汽车维修或相关专业的大专以上文化程度,或具有汽车维修或相关专业的中级以上专业技术职称。应熟悉汽车维修业务,并掌握汽车维修及相关行业的法规及

标准。

④ 检验人员数量应与其经营规模相适应,其中至少应有 1 名总检验员和 1 名进厂检验员。

⑤ 业务人员应熟悉各类汽车维修检测作业,从事汽车维修工作 3 年以上,具备丰富的汽车技术状况诊断经验,熟练掌握汽车维修服务收费标准及相关政策法规。

⑥ 企业工种设置应覆盖维修业务中涉及的各个专业,维修人员的专业知识和业务技能应达到行业主管部门规定的要求。

2）组织管理条件:

① 经营管理:应具有与汽车维修有关的法规等文件资料;应具有规范的业务工作流程,并明示业务受理程序、服务承诺、用户抱怨受理制度等;应具有健全的经营管理体系,设置技术负责、业务受理、质量检验、文件资料管理、材料管理、仪器设备管理、价格结算等岗位并落实责任人;应实行计算机管理。

② 质量管理:应具有汽车维修国家标准和行业标准以及相关技术标准;应具有所维修车型的维修技术资料及工艺文件,确保完整有效并及时更新;应具有汽车维修质量承诺、进出厂登记、检验、竣工出厂合格证管理、技术档案管理、标准和计量管理、设备管理及维护、人员技术培训等制度;应建立汽车维修档案和进出厂登记台账。汽车维修档案应包括维修合同,进厂、过程、竣工检验记录,出厂合格证副页,结算凭证和工时、材料清单等。

3）安全生产条件:

① 企业应具有与其维修作业内容相适应的安全管理制度和安全保护措施,建立并实施安全生产责任制。安全保护设施、消防设施等应符合有关规定。

② 企业应有各工种、各类机电设备的安全操作规程,并将安全操作规程明示在相应的工位或设备处。

③ 使用、存储有毒、易燃、易爆物品、腐蚀剂、压力容器等均应有相应的安全防护措施和设施。

④ 生产厂房和停车场应符合安全、环保和消防等各项要求。

4）环境保护条件:

① 企业应具有废油、废液、废气、废蓄电池、废轮胎及垃圾等有害物质集中收集、有效处理和保持环境整洁的环境保护管理制度。有害物质存储区域应界定清楚,必要时应有隔离、控制措施。

② 作业环境以及按生产工艺配置的处理"三废"(废油、废液、废气)、通风、吸尘、净化、消声等设施均应符合有关规定。

③ 涂漆车间应设有专用的废水排放及处理设施,采用干打磨工艺的应有粉尘收集装置和除尘设备,应设有通风设备。

④ 调试车间或调试工位应设置汽车尾气收集净化装置。

5）设施条件:

① 接待室(含客户休息室)。企业应设有接待室,一类企业的面积不少于 $40m^2$,二类企业的面积不少于 $20m^2$。接待室应整洁明亮,明示各类证、照、主修车型、作业项目、工时定额及单价等,并应有客户休息的设施。

② 停车场。企业应有与承修车型、经营规模相适应的合法停车场地,一类企业的面积不

少于 200m²，二类企业的面积不少于 150m²；企业租赁的停车场地，应具有合法的书面合同书。停车场地面平整坚实，区域界定标志明显。

③ 生产厂房。生产厂房地面应平整坚实，面积应能满足设备的工位布置、生产工艺和正常作业，一类企业的面积不少于 800m²，二类企业的面积不少于 200m²。租赁的生产厂房应具有合法的书面合同书。

6）设备条件：

① 企业应配备与其所承修车型相适应的量具、机工具及手工具。量具应定期进行检定。

② 企业应配备通用设备、专用设备及检测设备，其规格和数量应与其生产纲领和生产工艺相适应。

③ 各种设备应符合相应的产品技术条件等国家标准和行业标准的要求。

④ 各种设备应能满足加工、检测精度的要求和使用要求。

⑤ 允许外协的设备，应具有合法的合同书。

2. 单项维修企业

汽车单项维修企业的开业标准严格按照中国国家标准化管理委员制定的标准来实行，是交通行政主管部门对汽车整车维修企业开业审核和管理的依据。

1）通用条件

① 从事专项维修关键岗位的人员数量应能满足生产的需要，并取得行业主管部门颁发的从业资格证书，持证上岗。

② 应具有相关的法规、标准、规章等文件以及相关的维修技术资料和工艺文件等，并确保完整有效、及时更新。

③ 应具有规范的业务工作流程，并明示业务受理程序、服务承诺、用户抱怨受理制度等。

④ 生产厂房的面积、结构及设施应满足专项维修作业设备的工位布置、生产工艺和正常作业要求。

⑤ 配备的设备应与其生产作业规模及生产工艺相适应，其技术状况应完好，符合相应的产品技术条件等国家标准或行业标准的要求，并能满足加工、检测精度的要求和使用要求。检测设备及量具应按规定经有资质的计量检定机构检定合格。

⑥ 使用、存储有毒、易燃、易爆物品，粉尘、腐蚀剂、污染物、压力容器等均应有安全防护措施和设施。

2）专项维修经营范围、人员、设施、设备条件

（1）发动机修理企业条件：

① 人员条件：企业管理负责人、技术负责人及检验人员等均应经过有关培训，并取得行业主管部门颁发的从业资格证书，持证上岗；企业管理负责人应熟悉汽车维修业务，具备企业经营、管理能力，并了解发动机维修及相关行业的法规及标准；技术负责人应具有汽车维修或相关专业的大专以上文化程度，或具有汽车维修或相关专业的中级以上专业技术职称。应熟悉汽车维修业务，并掌握汽车维修相关行业的法规及标准；检验人员应不少于 2 名；发动机主修人员应不少于 2 名。

② 组织管理条件：应具有健全的经营管理体系，设置技术负责、业务受理、质量检验、文件资料管理、材料管理、仪器设备管理、价格结算等岗位并落实责任人；应具有汽车维修质量承诺、进出厂登记、检验记录及技术档案管理、标准和计量管理、设备管理及维护、人员技术培训

等制度并严格实施。

③ 设施条件:应设有接待室,其面积应不少于 20m²。接待室应整洁明亮,明示各类证、照、作业项目及计费工时定额等,并应有客户休息的设施;停车场面积应不少于 30m²;生产厂房应不少于 200m²。

④ 主要设备:压力机,空气压缩机,发动机解体清洗设备,发动机等总成吊装设备,发动机试验设备,废油收集机,数字式万用电表,气缸压力表,量缸表,正时仪,汽油喷油器清洗及流量测量仪,燃油压力表,喷油泵试验设备,喷油器试验设备,连杆校正器,排气分析仪,烟度计,无损探伤设备,立式精镗床,立式甬磨机,曲轴磨床,曲轴校正设备,凸轮轴磨床,激光淬火设备,曲轴、飞轮与离合器总成动平衡机。

(2) 车身维修企业条件:

① 人员条件:企业管理负责人、技术负责人及检验人员应符合的要求同发动机修理人员条件前三条;检验人员应不少于 1 名;车身主修及维修涂漆人员均不少于 2 名。

② 组织管理条件:同发动机修理组织管理条件。

③ 设施条件:应设有接待室,其面积应不少于 20m²。接待室应整洁明亮,明示各类证、照、作业项目及计费工时定额等,并应有客户休息的设施;停车场面积应不少于 30m²;生产厂房应不少于 120m²。

④ 主要设备:电焊及气体保护焊设备,气焊设备,压力机,空气压缩机,汽车外部清洗设备,打磨抛光设备,除尘除垢设备,型材切割机,车身整形设备,车身校正设备,车身尺寸测量设备,喷烤漆房及设备,调漆设备(允许外协)。

(3) 电气系统维修企业条件:

① 人员条件:企业管理负责人、技术负责人及检验人员应符合的要求同发动机修理人员条件前三条;检验人员应不少于 1 名;电子电器主修人员应不少于 2 名。

② 组织管理条件:同发动机修理组织管理条件。

③ 设施条件:应设有接待室,其面积应不少于 20m²。接待室应整洁明亮,明示各类证、照、作业项目及计费工时定额等,并应有客户休息的设施;停车场面积应不少于 30m²;生产厂房应不少于 120m²。

④ 主要设备:空气压缩机,故障诊断设备,数字式万用电表,充电机,电解液比重计,高频放电叉,汽车前照灯检测设备(允许外协),电路检测设备。

(4) 自动变速器修理企业条件:

① 人员条件:企业管理负责人、技术负责人及检验人员应符合的要求同发动机修理人员条件前三条;检验人员应不少于 1 名;自动变速器专业主修人员应不少于 2 名。

② 组织管理条件:同发动机修理组织管理条件。

③ 设施条件:应设有接待室,其面积应不少于 20m²。接待室应整洁明亮,明示各类证、照、作业项目及计费工时定额等,并应有客户休息的设施;停车场面积应不少于 30m²;生产厂房应不少于 200m²。

④ 主要设备:自动变速器翻转设备,自动变速器拆解设备,变扭器维修设备,变扭器切割设备,变扭器焊接设备,变扭器检测(漏)设备,零件高压清洗设备,电控变速器测试仪,油路总成测试机,液压油压力表,自动变速器总成测试机,自动变速器专用测量器具。

(5) 车身清洁维护企业条件:

① 人员条件:至少有 2 名经过专业培训的车身清洁人员。

② 设施条件:生产厂房面积不少于 $40m^2$;停车场面积不少于 $30m^2$。

③ 主要设备:举升设备或地沟,汽车外部清洗设备及污水处理设备,吸尘设备,除尘、除垢设备,打蜡设备,抛光设备。

④ 节水条件:取得节水管理部门的批准,符合当地节水及环保要求。

(6) 涂漆企业条件:

① 人员条件:至少有 1 名经过专业培训的汽车维修涂漆人员。

② 设施条件:生产厂房面积不少于 $120m^2$;停车场面积不少于 $40m^2$。

③ 主要设备:举升设备,除锈设备,砂轮机,空气压缩机,喷烤漆房(从事轿车喷漆必备)或喷漆设备,调漆设备(允许外协),吸尘、通风设备。

(7) 轮胎动平衡及修补企业条件:

① 人员条件:至少有 1 名经过专业培训的轮胎维修人员。

② 设施条件:生产厂房面积不少于 $30m^2$;停车场面积不少于 $30m^2$。

③ 主要设备:空气压缩机,漏气试验设备,轮胎气压表,千斤顶,轮胎螺母拆装机或专用拆装工具,轮胎轮铜拆装、除锈设备或专用工具,轮胎修补设备,车轮动平衡机。

(8) 四轮定位检测调整企业条件:

① 人员条件:至少有 1 名经过专业培训的汽车维修人员。

② 设施条件:生产厂房面积不少于 $40m^2$;停车场面积不少于 $30m^2$。

③ 主要设备:举升设备,四轮定位仪,空气压缩机,轮胎气压表。

(9) 供油系统维护及油品更换企业条件:

① 人员条件:至少有 1 名经过专业培训的汽车维修人员。

② 设施条件:生产厂房面积不少于 $40m^2$;停车场面积不少于 $30m^2$。

③ 主要设备:不解体油路清洗设备,换油设备,废油收集设备,举升设备或地沟,空气压缩机。

(10) 喷油泵、喷油器维修企业条件:

① 人员条件:至少有 1 名经过专业培训的汽车高压油泵维修人员。

② 设施条件:生产厂房面积不少于 $30m^2$;停车场面积不少于 $30m^2$。

③ 主要设备:喷油泵、喷油器清洗和试验设备,喷油泵—喷油器密封性试验设备(从事喷油泵、喷油器维修的业户),弹簧试验仪,千分尺,厚薄规。

(11) 曲轴修磨企业条件:

① 人员条件:至少有 1 名经过专业培训的曲轴修磨人员。

② 设施条件:生产厂房面积不少于 $60m^2$;停车场面积不少于 $30m^2$。

③ 主要设备:曲轴磨床,曲轴校正设备,曲轴动平衡设备,平板,V 形块,百分表及磁力表座,外径千分尺,无损探伤设备,吊装设备。

(12) 气缸镗磨企业条件:

① 人员条件:至少有 1 名经过专业培训的气缸镗磨人员。

② 设施条件:生产厂房面积不少于 $60m^2$;停车场面积不少于 $30m^2$。

③ 主要设备:立式精镗床,立式研磨机,压力机,吊装起重设备,气缸体水压试验设备,量缸表,外径千分尺,厚薄规,激光淬火设备(从事激光淬火必备),平板。

（13）散热器维修企业条件：

① 人员条件：至少有 1 名经过专业培训的专业维修人员。

② 设施条件：生产厂房面积不少于 30m²；停车场面积不少于 30m²。

③ 主要设备：清洗及管道疏通设备，气焊设备，钎焊设备，空气压缩机，喷漆设备，散热器密封试验设备。

（14）空调维修企业条件：

① 人员条件：至少有 1 名经过专业培训的汽车空调维修人员。

② 设施条件：生产厂房面积不少于 40m²；停车场面积不少于 30m²。

③ 主要设备：汽车空调冷媒加注回收设备，气焊设备，空调电器检测设备，用检测设备，数字式万用电表。

（15）汽车装潢企业条件（篷布、座垫及内装饰）：

① 人员条件：至少有 1 名经过专业培训的维修人员。

② 设施条件：生产厂房面积不少于 30m²；停车场面积不少于 30m²。

③ 主要设备：缝纫机，锁边机，工作台或工作案，台钻或手电钻，电熨斗具，烘干设备。

（16）汽车玻璃安装企业条件：

① 人员条件：至少有 1 名经过专业培训的维修人员。

② 设施条件：生产厂房面积不少于 30m²；停车场面积不少于 30m²。

③ 主要设备：工作台，玻璃切割工具，注胶工具，玻璃固定工具，直尺、弯尺，玻璃拆装工具，吸尘器。

🔍 本任务回顾

1. 掌握分析事件情况的各种方法。
2. 掌握每种方法的应用步骤。

⬇ 任务实施步骤

1. **任务要求**

利用案例中涉及的定性决策方法的应用，可以在企业遇到需要进行经营决策分析的问题时灵活借鉴，取得有效的结果。

2. **任务实施的步骤**

（1）看任务载体，体会本部分知识内容涉及的定性决策方法具体的应用情况。

（2）学习汽车服务企业的经营决策方法。

（3）回顾案例内容，结合所学知识，进行相关分析。

📔 思考与训练

1. **简答题**

（1）企业经营决策的原则有哪些？

(2) 企业经营决策的程序是怎样的?

2. 论述题

(1) 如何进行汽车服务企业选址?

(2) 简述企业经营决策中用到的方法、步骤以及应用情况。

(3) 汽车服务企业经营环境的布置要求有哪些?

(4) 简述汽车服务企业仓库的布置要求。

拓展提高

在有条件的情况下,接触现实中真实的企业经营决策的过程,并真实地体会其完整的过程。观察日常生活中见到的 4S 店的分布情况并分析服务布局设计的理念。

▶ 项目四

汽车服务企业人力资源管理

任务一　人力资源管理模式分析
任务二　绩效评估管理
任务三　薪酬体系设计
任务四　员工培训

？ 学习目标

1. 熟悉人力资源管理模式分析的方法。
2. 掌握绩效评估、薪酬与培训的基本方法。
3. 了解关于劳动合同、劳动协议与社会福利的知识,知道安全生产的注意事项。

☆ 期待效果:
通过本项目内容的学习,知道并掌握人力资源管理的相关事项。

项目理解

本项目的内容和项目设计是按照从总体到局部的情况来分布的,所有的内容和将来的切身利益息息相关,即使不从事人力资源的管理工作,这部分内容也是必须要熟悉和掌握的。

本项目先从总体上来了解人力资源管理,然后按照板块内容分类学习,非常明确而具体地来掌握这部分知识。

任务一　人力资源管理模式分析

知识目标

1. 掌握人力资源管理的定义和职能。
2. 了解并分析国外人力资源管理模式。
3. 了解国际化模式下汽车服务企业人力资源管理的特点。

能力目标

能够运用所学习的框架性知识,分析常见的汽车服务企业人力资源管理模式。

情境描述

在情境的设计中主要从最常见的汽车服务企业 4S 店的人力资源管理模式来进行切入和分析。

任务剖析

人力资源管理一直是我国 4S 店管理方面的瓶颈。本任务就是基于这个现状来设置的。通过这个任务的完成,对我国 4S 店在人力资源的管理和控制上提出自己的看法和认识。

任务载体

阅读下文,完成课后任务。

汽车 4S 店传入中国的时间虽然只有短短几年,但我国的 4S 店发展迅速,已由过去的暴利时代逐步进入微利的成熟趋势,4S 店的各项管理工作,也逐步趋向正规,向着科学化管理方面转变。4S 店的人力资源管理越来越受到人们的重视,很多 4S 店在实践中逐渐认识到人力资源管理的重要性。当然也有些 4S 店不注重人力资源管理,人力资源没有得到一定高度的认识,把人力资源当作成本对待,借口成本高舍不得对人力资源进行投入,不注意对人力资源的开发,其结果是人力资源流动大,效率低下,向心力小,执行力差。

一、当前汽车 4S 店人力资源管理存在的弊端

1. 人力资源整体素质普遍偏低

主要表现在:优秀业内销售人员经验缺乏,多是从其他行业转来的;优秀服务人员技术力量薄弱,有较高理论水平和实践经验的人员更少;复合型的管理人员更缺乏。

2. 人力资源激励缺乏科学性、系统性

在对销售人员的激励中,多是采取简单的较低基本工资加单车销售提成或者单车销售利润提成激励方法,没有把销售员工个人的成长与企业的发展目标结合起来,使员工在销售旺季积极性很高,在销售淡季积极性很低。

3. 人力资源管理的主体与客体存在短期思想

一个现代企业的长久健康发展,要有一个企业与员工共同追求的愿景,经营者应该与员工共同为了这个目标而努力奋斗。在很多 4S 店的投资者中,"短期高回报"心理非常重,捞一把是一把的投机心理使得投资者很难从长远角度考虑企业的发展问题及员工的个人发展问题。

4. 缺乏综合高级管理人才

懂管理、懂销售与市场、懂售后、懂财务的综合性高级管理人才的匮乏,成为 4S 店运营管理工作中最关键的问题之一。

5. 人力资源管理水平相对较低

当前 4S 店的人力资源管理基本处于传统的人事管理阶段,主要是人才的招聘、工资的发

放等事务性工作,所谓的人力资源部往往与办公室是一个部门,普遍缺乏挖掘和培养企业自己人才的中长期计划。

笔记

二、加强汽车4S店人力资源管理的对策

1. 建立企业真正的人力资源管理机制

4S店作为汽车销售服务的一种市场模式,其人力资源管理模式由其目标——出售"服务"赢得"服务利润"决定。要立足于这个管理模式,从战略高度重视人力资源的管理与开发,彻底从传统人事管理转向现代人力资源管理。从企业内部而言,应进一步改进内部管理制度,按照各品牌厂家的规定,结合本店的实际,把人力资源管理提高到关系企业命运的高度与位置。从企业外部而言,可与其他企业的4S店联合起来,优势互补,加速造就适应竞争的各层次经理人才和技术人才。

目前,许多4S店认为自己有一套厂家制定的完美、规范的人力资源管理规章、方案,以为这样就能摆脱人力资源管理的先天不足,其实不然,企业人力资源管理水平的提高,就如企业文化的塑造一样,是一个渐进的过程,不是一朝一夕就能完成的。各店必须根据自身实际,不断完善和发展适合各店自身实际的人力资源管理工作。其中最关键的是,要在企业成立完全意义上的人力资源管理部门,把其定位于战略发展部门,而不是后勤服务部门。

2. 通过有效培训实现员工素质的普遍提高

现在很多公司在选择职业经理人的时候侧重于挖人,甚至从海外引进人才。企业在引进人才的同时,也要重视对现有高级管理人员与其他人员的培训,只有自己培养起来的员工对自己的企业才有感情。如果企业管理得好,这些人对企业发挥的作用要比"空降员工"大得多,而且对企业表现得更为忠诚。

3. 整合企业品牌,建立良好的企业文化

很多经销商没有鲜明的、自身的品牌形象,有的只是代理产品的品牌形象。在这种情况下,消费者购车时只记得车的品牌而无法记得经销商是谁。要认真进行策划,在销售与服务的宣传中有意识宣传企业自身品牌的形象。在整合自身品牌形象的基础上,整合企业的文化。

4. 建立系统化、科学的薪酬制度

因为薪酬体系的调整直接关系到每名员工的切身利益,在人力资源薪酬体系的变革调整中,要注意整体的稳定性,注意工作的方式方法。建立科学有效的长期激励措施,使长期激励与短期激励紧密结合。

5. 企业有效战略与人力资源长期规划紧密结合

除了企业自身要加强以上几方面人力资源管理的工作外,政府职能部门、行业协会、咨询公司、各类人力资源管理专家等都要努力为加强4S店的人力资源管理创造良好的环境。虽然人力资源管理研究与实践在中国发展的时间不长,但就总体而言这几年发展迅速,在一些行业应用得很好,有很多成功的经验,这些经验完全可以移植到快速发展的汽车行业。政府、行业协会等要为经销企业创造一些人力资源管理交流的平台,咨询公司、专家学者都要努力为汽车经销企业出一些好的人力资源咨询方案,以此推动4S店人力资源管理的加强。

任务:结合以上分析,提出自己的看法和认识。

笔记

相关知识

汽车服务企业人力资源管理概述

一、汽车服务企业的人力资源管理

1. 人力资源管理的定义

人力资源管理就是指运用现代化的科学方法,对与一定物力相结合的人力进行合理的培训和调配,使人力、物力经常保持最佳比例,同时对人的思想、心理和行为进行恰当的诱导、控制和协调,充分发挥人的主观能动性,使人尽其才,事得其人,人事相宜,以实现企业的发展目标。

2. 汽车服务企业人力资源管理的主要职能

人力资源管理工作直接影响整个汽车服务企业的经营状况。汽车服务企业人力资源管理工作的任务是在汽车服务企业内部设计各种有关的制度,使之有利于充分发挥员工的才干,从而圆满地实现汽车服务企业的各种目标,通过改进员工的职责、技能和动机来调动员工的积极性和提高工作效率。

人力资源管理工作的主要职能包括:人力资源配置(包括规划、招聘、选拔、录用、调配、晋升、降职、转岗等)、绩效考核、薪酬体系(工资、奖金、福利等)、制度建设(汽车服务企业设计、工作分析、员工关系、员工参与、人事行政等)、培训与开发(包括技能培训、潜能培训、职业生涯管理、汽车服务企业学习)等。

3. 汽车服务企业人力资源开发与管理的特征

(1) 地位具有战略性。人力资源在现代汽车服务企业中的职能和作用至关重要,许多汽车服务企业的经营层把人力资源看作是"第一资源",把人力资源开发与管理工作放在企业战略的高度。由此可见,人力资源开发与管理部门的地位也随之日益提高,可以说已经处于汽车服务企业发展战略的高度,并能够在一定程度上参与汽车服务企业的决策。

(2) 主体具有多方性。现代汽车服务企业人力资源开发与管理活动中,管理主体由多方面的人员所组成。在这一格局下,各个管理主体的角色和职能是:

① 部门经理。他们从事着大量的日常人力资源开发与管理工作,甚至是汽车服务企业人力资源开发与管理的主要内容。

② 高层领导者。许多汽车服务企业的高层领导相当重视和大量参与人力资源开发与管理,在汽车服务企业的宏观和战略层面上把握人力资源开发与管理活动,甚至直接主持人力资源开发与管理的关键性工作,例如,参与人才招聘、进行人事调配、决定年终分配等。

③ 一般员工。在现代汽车服务企业中,广大员工不仅以主人翁的姿态搞好工作、管理自身,而且以主人翁的角色积极参与管理,并且在诸多场合发挥着管理者的作用,例如,在全面质量管理(TQM)中对其他人员错误的纠正、对自己的上级和同级人员的考核打分等。

④ 人力资源部门人员。汽车服务企业人力资源部门中的人员,不仅积极从事着自身的专职人力资源开发与管理工作,而且作为汽车服务企业高层决策的专业顾问和对其他部门进行人力资源管理与指导的技术专家,并对整个汽车服务企业的人力资源开发与管理活动进行协

调和整合。

（3）内容具有广泛性。随着时代的发展，人力资源开发与管理的范围日趋扩大，其内容在广泛化。现代汽车服务企业的人力资源范畴包括相当广泛的内容，除去以往的招聘、薪酬、考核、劳资关系等人事管理内容外，还把与"人"有关的内容大量纳入其范围。诸如机构的设计、职位的设置、人才的吸引、领导者的任用、员工激励、培训与发展、企业文化、团队建设、汽车服务企业发展等。

（4）对象具有目的性。现代汽车服务企业人力资源开发与管理，强调员工的业绩、把对人力资源的开发作为取得汽车服务企业效益的重要来源。同时，也把满足员工的需求、保证员工的个人发展作为汽车服务企业的重要目标，管理是以人为本。可以说，人力资源本身成为人力资源开发与管理工作的目的，是现代管理中人本主义哲学的反映，它有利于人力资源开发与管理工作产生质的飞跃，也有利于汽车服务企业在其他条件具备的情况下取得巨大的效益。

（5）手段具有人道性。在"人力资源"概念提出后，人们对"人力"这一生产要素增加了"人"的看法。与以往的"人事管理"相比，对人力资源的开发与管理是以人为中心的，其方法和手段有着诸多的人道主义色彩。

二、美国、日本汽车服务企业的人力资源管理模式

汽车服务企业的竞争说到底是人才的竞争，融技术密集型和资金密集型为一体的汽车服务企业，其人才的竞争则更为激烈。如大众汽车公司为了一名世界顶尖级管理人才的跳槽打官司，最终以支付给通用汽车公司1亿美元的赔偿金才平息了这场风波，可见当今世界汽车业人才争夺战的激烈。

人力资源管理的具体做法因国家而异、因行业而异，千变万化，但美国和日本汽车服务企业的模式是最具典型性的。在对其基本特点进行比较和分析，评价它们各自的优点和不足的同时，分析当今世界全球经济一体化环境条件下国际人力资源管理模式的发展新趋势，为我国汽车服务企业人力资源管理提供借鉴。

1. 美、日汽车服务企业人力资源管理模式与人才战略的特点

（1）美国模式的基本特点：注重市场调节和制度化管理，劳资之间的关系是对抗性的。

① 注重市场调节。美国劳动力市场非常发达，对分配社会的劳动力资源起着极为关键的作用。该国汽车服务企业的人力资源管理对市场的依赖性很强，企业所需任何人员均可通过规范的招聘程序在劳务市场聘用到；企业对不需要的人则毫不留情地予以解雇，由市场重新安排。企业雇主和雇员之间是直截了当的市场买卖关系，职工流动性很大，因此企业职工队伍的稳定性也较差。

② 注重制度化管理。美国汽车服务企业管理制度化的程度很高，在人力资源管理上具有分工明确、责任清楚，对常规问题处理的程序和政策都有明文规定等特点。在这种明确和精细的分工条件下，服务企业内部实行垂直领导，等级关系明确，下级对上级的指示必须执行。

③ 劳资关系是对抗性的。这种关系表现在管理者一方认为管理是自己的事，至于工人和一般技术人员的劳动贡献已经用工资给付了，员工应该不再有别的要求，不应该参加管理，也无权过问服务企业的经营情况。

（2）日本模式的基本特点：合作性劳资关系。日本注重服务企业内部劳资之间的合作关系，"重视素质、内部提拔、终身就业、年度弹性工资、合作性劳资关系"是日本汽车服务企业独

笔记

特的人力资源管理模式。

日本汽车服务企业聘用员工时,不看重个人的具体技能而是强调基本素质。雇主认为高素质的员工可以通过服务企业自己的培训而胜任各种岗位的工作。为了保证获得高素质的员工,日本非常注重与各类学校的合作,在招聘时重视个人素质而不是特殊技能。因此,日本服务企业培训新员工需要的投入很大。

日本汽车服务企业若有新的工作需求,首先想的是重新培训现有的员工,通过内部调节工作岗位来满足。之所以如此,一是由于日本劳动力市场资源匮乏;二是由于现有的员工显然具备了工作需要的软知识和软技能。服务企业认为,对已具备本服务企业工作所需的软知识和软技能的员工进行培训,让其学习某项硬技能,比让一个具备某项硬技能的外来人重新学习和掌握本服务企业的软知识和软技能,来得更快、更合算。

日本汽车服务企业"对内部员工重新培训,使其掌握新的技能,以满足服务企业内部新的需要,以及按部就班地提拔人才"的人力资源管理模式,致使日本二次劳动力市场非常不发达,同时,导致各服务企业对更换工作者也有相当的歧视,就是对中途更换工作者本身也会造成巨大的经济损失,这就形成了日本大型服务企业人事制度上著名的"终身就业制度"。

2. 美、日汽车服务企业人力资源管理模式的比较分析

(1) 美、日模式的主要历史经验:

① 汽车服务企业要想获得成功,必须选择适合自己自下而上的环境和特定历史条件下的管理模式,以适应不同环境和不同条件下提出的挑战。

② 成功的模式不是一成不变的,必须随时研究外部环境的新变化,对内部的人力资源管理及其他制度作出相应的调整。

(2) 美、日模式的弱点:

① 美国人力资源模式的内在弱点是:员工劳动积极性低下、对汽车服务企业无忠诚可言、为汽车服务企业主动做贡献的兴趣不大、劳动关系具有对抗性。这种模式导致汽车服务企业决策集权程度太高,对市场变化反应迟钝,竞争能力差。

② 日本人力资源模式的内在弱点是:市场在劳动力资源分配中的作用不能从更广的角度和更大的范围做到人尽其材,企业中的优秀人才不能被迅速地提拔到重要的岗位,充分发挥其潜力;过剩的劳动力不能有效重新流动,过剩人员通过"退休""自动减员";汽车服务企业在产品发生大的结构性变化、需要不同类型的劳动力资源时,反应速度相当缓慢。

3. 国际竞争条件下汽车服务企业的人力资源管理模式

(1) 特点。国际竞争条件下汽车服务企业的人力资源管理模式的发展趋势应该是美、日模式的有机结合,具体表现为以下几个方面:

① 合理调节劳动力资源。员工必须具有良好的知识和技术素质、高度的责任心和自觉性,当好汽车服务企业主人,积极认真地为汽车服务企业工作;同时做到汽车服务企业解聘员工或者员工"解聘"汽车服务企业正常化,劳动力资源通过市场调节,充分发挥劳动力的作用。

② 民主管理。汽车服务企业应保障员工的基本利益及政治地位,重大问题的决策要听取普通员工的意见,实行民主管理制度及建立合作性劳资关系。

③ 建立并不断完善员工的工作绩效考核评估体系与标准。员工工作绩效考核评估是指在认真考核的基础上,对企业员工的工作表现及效果进行的正式评价。汽车服务企业可以季度或年度为单位对员工的工作绩效进行考核评估,同时,建立一套有企业自身特点、客观公正

且可操作性强的员工工作绩效评估准则,这是构建并不断完善工作绩效评估系统的基础和核心内容。

④ 建立良好的薪酬分配制度。薪酬分配按岗位、凭绩效;改善薪酬结构,员工的一部分报酬用股票形式支付,使员工利益长期与汽车服务企业效益相关。员工的退休金、养老金和其他福利保存在汽车服务企业,属于汽车服务企业对职工的负债,员工服务一定年限后,即使离开汽车服务企业,仍然可享受这些福利;建立有效的激励机制和一个公平竞争、突出绩效的规范化、制度化的体系。

⑤ 不断丰富和完善激励手段。要针对员工的精神生活和物质要求不断丰富和完善激励的手段与方法,使其逐渐多元化。除提高工资,增发奖金、津贴和福利待遇等物质激励手段外,还应采取多种精神鼓励方法。要在汽车服务企业内部形成一种机制,尊重员工,充分调动他们的工作积极性和主动性,鼓励他们参与企业的管理和重大决策,使员工自觉地把自己的前途和命运与企业的兴衰紧密地联系起来,用团队精神把企业员工凝聚成一体。

⑥ 建立多层次教育培训体系。在21世纪新的国际竞争条件下,汽车服务企业人力资源管理没有现成的模式可套用,必须用科学的方法进行实际调查和研究。通过不断调查汽车服务企业的内外环境,制定并及时更新汽车服务企业的人力资源发展战略,并落实到招聘、选拔、培训、考核等各个环节,这样才能制定出真正适合自己汽车服务企业的管理模式。

(2) 国际竞争条件下汽车服务企业的人才应具备的素质:

① 创新能力和学习意识。创新就是要将一种想法的产生、演化、交流应用于产品或服务中,以促使汽车服务企业获得成功,其核心是科学技术的创新,是知识经济发展的基础。广义上说,创新是一种对新思想、新变化、新风险甚至失败都抱有积极态度的汽车服务企业行为方式。正是由于这种创新,美国汽车服务企业才能够保持多年来的领先地位。有创新意识、思维开阔的人才将在汽车服务企业的知识创新机制中大展才能,为汽车服务企业带来难以预料的生机和活力,因此最受青睐。

科技发展越来越快,知识经济一方面使知识价值倍增,另一方面也使知识贬值的速度加快。汽车服务企业的生存发展在相当程度上取决于对知识更新能否快速反应,这就需要汽车服务企业人才要有很强的学习意识,随时接受新的信息,跟上科技更新及市场变化,做到适时而变。只有这样的人才才会给汽车服务企业带来持久的生命力和旺盛的活力,从而使汽车服务企业在激烈的竞争中取胜。在知识经济和经济全球化的驱动下,创新能力和学习意识成为人才应具备的最基本素质。

② 外向型和复合型。随着世界各大汽车公司之间的合作、合资、控股、兼并或重组,各国汽车服务企业间的商务谈判和交往日趋频繁,这就需要大批的复合型和外向型的人才,发展中国家尤其如此。

外向型人才首先需要具备外语能力,在语言沟通方面能够与他国汽车服务企业机构交流;其次需要通晓国际经济事务运行的规则,具有处理国际事务的经验,在参与国际竞争的商务谈判和交往中,要熟知国际间的文化背景、理解差异,同时,对合同文本的制定、基本格式、语言规范等都要做到符合国际规范。

目前,我国高素质的商贸人才奇缺,汽车服务企业大多只是参与国内市场的竞争,还不具备适应国际外向型人才竞争的条件。

复合型人才要有管理、技术服务等多专业的较广阔的知识面,并非只是行政管理和纯技术

笔记

型的。复合型应是多学科的复合,是很多领域相互交叉的边缘学科,仅仅具有单一学科知识是远远不够的。

③ 团队协作精神。现代汽车是科学技术高度发展的结晶,汽车服务需要大批优秀人才的合作才能完成。每个人都有自己的专长,不同专长的人才在一起,各司其职,各善其长,才会促进汽车服务企业的健康发展。是否能与一个汽车服务企业团队合作、以团队利益为重并积极投身到团队的建设中去,是考验一个人综合素质的重要因素。

🔍 本任务回顾

1. 人力资源管理是任何企业管理的中心内容,汽车服务企业更是如此。

2. 关于4S店在人力资源管理方面存在的问题和改进的措施的研究将是一个不断发展的过程。

⬇ 任务实施步骤

1. 任务要求

结合案例的分析,提出自己的认识和建议。

2. 任务实施的步骤

(1) 了解案例内容,深入理解案例已经给出的分析建议。

(2) 学习相关联的知识。

(3) 根据所学知识,结合案例分析,提出自己的认识。

🖊 思考与训练

1. 简答题

(1) 人力资源管理的定义是什么?

(2) 汽车服务企业人力资源开发与管理的特征有哪些?

2. 论述题

(1) 分析比较美日两国企业的人力资源模式,提出自己的看法和认识。

(2) 在国际竞争条件下,汽车服务企业人力资源管理模式的特点和对人才的要求有哪些?

📖 拓展提高

收集多个知名汽车企业的人力资源管理模式,并进行比较分析。

任务二　绩效评估管理

知识目标

1. 了解绩效评估管理的定义、原则等基本内容。

2. 掌握绩效评估管理的方法。

能力目标

能够运用所学习的方法进行绩效评估管理工作。

情境描述

对于绩效考核制定的合理性,很多人在学习这部分理论时的认识不够全面。本情境就是基于这个原因在开始学习之前就先来体会这一点,其途径就是通过案例分析来体会绩效考核改革前后的变化。

任务剖析

任何改革都必须基于对现实情况的分析,绩效评估体系改革也是如此。本任务就是通过了解一个汽车服务企业绩效评估体系改革的过程来体会我们即将要学习的绩效评估管理的知识。

任务载体

阅读某汽车制造公司绩效考核案例并完成任务。

一、客户背景

某汽车股份有限公司成立于××年,公司是安徽省高新技术企业、国家火炬计划重点高新技术企业。公司主营业务是汽车底盘、齿轮箱、汽车零部件开发、制造、销售;汽车(包含小轿车)开发、制造、销售;汽车修理;新技术开发、新产品研制;本企业自产产品和技术进出口及生产所需的原辅材料、仪器仪表、机械设备、零配件及技术的进出口业务等。

近几年来,该企业在立足本土市场高速发展的情况下,在海外市场的发展空间也愈加广阔,一方面延续了"全向"的市场战略,积极参与并融入到国内国际经济、技术交流合作中;另一方面在公司董事长的带领下,通过多方合作实现了"区域突破,全面开花"的海外战略构想,标志着该企业汽车国际化战略的进一步成熟。为了更好地实现公司的战略发展目标,提升公司内部的人力资源管理水平,公司特聘请柏明顿管理咨询公司为其进行人力资源管理改革。

二、现状分析

通过深入调查,发现该公司在人力资源管理方面主要存在如下问题:

(1) 现有的绩效考核体系不健全,考核后只是进行简单的评估,没有进行绩效反馈面谈,被考核者并不清楚自己需要改进的地方,因此,公司的绩效考核体系并没有真正做到改善员工绩效,实现员工与企业共同发展之目的。

(2) 考核指标不够量化,以致于上级主管经常凭个人主观印象打分,很多时候考核结果并不能反映考核者的真实水平。

(3) 考核指标的设计主要从本部门角度出发,没有全局观,以致于出现部门之间横向沟通经常不畅,出了问题各部门谁都不愿意承担责任的现象。

（4）绩效考核没有与薪酬挂钩,员工对考核的意义认识不足,认为考核可有可无,考核没有发挥激励员工的作用。

三、解决方案

通过组织跨部门的讨论,在认真调研、分析的基础上,我们制定了如下绩效管理方案:

（1）在"8＋1绩效考核量化技术"（即量化考核的8个要素:归纳考核项目、列出计算方式、界定项目内涵、确定项目目标、权重项目配分、制定评分规则、定位数据来源、区分考核周期和1张表格:绩效计划表）的基础上,重新构建量化的绩效考核体系,完善绩效管理制度,建立科学的绩效评估和反馈面谈机制,使绩效考核真正发挥改善员工绩效的作用。

（2）基于公司的发展战略,完善各部门的绩效考核指标,使各部门的考核既能促进员工本人和部门内部发展,又能兼顾全局。

（3）把绩效考核和薪酬管理联系起来,考核结果与员工薪酬挂钩,奖优罚劣,使考核真正发挥激励员工的作用。

四、实施效果

新的绩效管理方案实施后,公司领导和各级员工都表示满意,员工工作积极性明显提高,企业销售收入不断上升。一年后,该公司汽车出口超过10 000辆,比上一年同期增长149％,销售收入同比上升201％,公司在国际市场上也取得了重大突破,在已经形成一定优势的东南亚、北非、中东等地之后顺利地进军南美、东欧市场。

任务:分析案例中绩效考核完善过程及改进的措施。

相关知识

绩效评估管理

绩效评估也叫业绩考评,是汽车服务企业人事管理的重要内容,更是汽车服务企业管理强有力的手段之一。绩效考评的目的是通过考核提高每个员工的工作效率,最终实现提高汽车服务企业核心竞争力的目标。

一、概述

1. 绩效的定义

绩效是相对一个人所担当的工作而言的,即按照其工作性质,员工完成工作的结果或履行职务的结果。换句话说,就是企业员工对企业的贡献,或对企业所具有的价值。在汽车服务企业中,职工工作绩效具体表现为完成工作的数量、质量、成本费用以及为本企业作出的其他贡献等。

2. 绩效的特征

（1）绩效是人们行为的后果,是目标的完成程度,是客观存在的,而不是观念中的东西。

（2）绩效必须具有实际的效果,无效劳动的结果不能称之为绩效。

（3）绩效是一定的主体作用于一定的客体所表现出来的效用，即它是在工作过程中产生的。

（4）绩效应当体现投入与产出的对比关系。比如，每天维修 100 件产品的工人和维修 90 件的工人，如果前者废品率为 10%，而后者废品率为零，那么，即使数量上前者高于后者，其绩效也要低于后者。

（5）绩效应当有一定的可度量性。对于实际成果的度量需要经过必要的转换方可取得，具有一定的难度，这正是评价过程必须解决的问题。

因此，绩效是工作过程中的有效成果，是员工达到汽车服务企业对其最终期望的程度。

3. 绩效评估

评估也称为考评，是考核和评价的总称。绩效评估的基本定义是：通过各种科学的定性和定量的方法来评定和测量员工在职务上的工作行为和工作成果。绩效评估是汽车服务企业管理者与员工之间的一项管理沟通活动，其结果可以直接影响到薪酬调整、奖金发放及职务升降等诸多员工的切身利益。

4. 绩效评估管理的目的

（1）对员工的晋升、降职、调职和离职提供依据。绩效评估在人力资源管理中特别重要，因为绩效评估给人力资源管理各个方面提供反馈信息，它是整个系统必不可少并与各个部分紧密联系在一起的，因此绩效评估一直被人们称为组织内人力资源管理强有力的重要方法之一。总之，绩效评估是"知人"的主要手段，而"知人"是用人的主要前提和依据，即绩效评估是人力资源管理与开发的手段、前提和依据。

（2）企业对员工的绩效考评的反馈。绩效管理的关键在于持续改进，包括对于绩效管理体系的持续改进。绩效考评也只有融入绩效管理体系中才能真正保证其公开、公平与公正。

（3）对员工和团队对企业的贡献进行评估。考核是为了不断提高员工的职业能力，改进工作绩效，提高员工在工作执行中的主动性和有效性，进而作为员工培训、职业发展规划的有效依据，为公司不断创造价值。绩效评估是人力资源管理中对员工工作行为的测量过程，即用过去制定的标准来比较工作绩效的记录以及将绩效评估结果反馈给员工的过程，主要涉及企业员工的工作能力、工作态度、工作成绩等方面。这个过程可起到检查及控制的作用。

（4）对员工的薪酬决策提供依据。考核的目的之一就是为了薪酬体系的规划设计，也是为得到一个奖惩的依据，奖惩是强化考核功能的手段。

（5）对招聘选择和工作分配的决策进行评估。在评价一个公司的人力资源时，必须要得到能够描述出所有员工，特别是重要管理人员提升可能和潜力的数据。管理的后续计划是所有公司都十分关心的问题，一个设计完善的评价系统能够提供出一种对组织中人力资源优劣的剖析来支持这项工作。

（6）了解员工和团队的培训和教育的需要。绩效评价应指出员工对培训和发展方面特定的需要。通过识别那些对业绩有不利影响的缺陷，人力资源和直线管理人员有能力制定出人力资源发展方案以允许个人发挥他们的优点并使其缺点最小化。一种评价制度并不能保证员工会得到适当的培训和发展，但当评价数据值得参考时，对于确定培训和发展需要的任务是有帮助的。

（7）对培训和员工职业生涯规划效果的评估。对于个人而言，可以作为员工培训发展、职业规划的基础。持续的建立绩效档案，可以了解员工长期的绩效表现，因而可以针对性地开发培训计划,提高员工绩效能力,并且作为员工职业发展过程中选拔、轮岗、晋升的参考依据。当然,在绩效管理中一定要保证对员工绩效过程的跟踪,而不仅仅关注结果;只有全面了解员工绩效过程的表现情况,才能准确评估员工的职业发展趋势。绩效考核必须建立在"共赢"的基础之上,也就是说由企业与员工各取所需共同赢得这场"游戏",企业赢得管理与效益,员工则赢得自我的认识、改进与发展。

(8) 对工作计划、预算评估和人力资源规划提供信息。绩效管理是连接员工个体行为和组织目标之间最直接的桥梁。对于公司整体而言,可以作为公司整体运营管理改善的基础。通过整体绩效管理,可以发现公司运营状况,及时了解发展战略实施过程中存在的问题,并通过修正策略,跟踪行动计划和绩效结果保证发展战略的实现。绩效评估的信息可用来作为人力资源计划、组织计划的依据。

所以,建立员工绩效评估管理系统可使员工的贡献得到认可,并帮助员工提高工作绩效,最终实现汽车服务企业的发展。

5. 绩效管理的基本原则

(1) 公开性原则。管理者要向被管理者明确说明绩效管理的标准、程序、方法、时间等事宜,使绩效管理有透明度,只有这样才能提高员工的工作绩效。目前,很多汽车服务企业都是采用"背靠背"的评估方式,员工不知道自己的缺点,更无从知道如何提高。

(2) 客观性原则。绩效管理要做到以事实为依据,对被管理者的任何评价都应有事实根据,避免主观臆断和个人感情色彩,这样对管理者的职业道德有着较高的要求。

(3) 开放沟通原则。在整个绩效管理过程中,管理者和被管理者要开诚布公地进行沟通与交流,评估结果要及时反馈给被评估者,肯定成绩,指出不足,并提出今后应努力和改进的方向。发现问题或有不同意见应在第一时间内进行沟通,管理者应该在管理过程中与员工沟通、指导,从而提高员工的工作绩效。

(4) 差别性原则。对不同部门、不同岗位进行绩效评估时,要根据不同的工作内容制定贴切的衡量标准;评估的结果要适当拉开差距,不搞平均主义;对工作绩效高的部门应该提高奖励比例,而对工作绩效低的部门应该降低奖励比例。

(5) 常规性原则。绩效管理是各级管理者的日常工作职责,对下属作出正确的评估是管理者重要的管理工作内容,绩效管理的工作必须成为常规性的管理工作。

(6) 发展性原则。绩效管理通过约束与竞争促进个人及团队的发展,因此管理者和被管理者都应将通过绩效管理提高绩效作为首要目标。任何利用绩效管理进行打击、压制、报复他人和小团体主义的做法都应受到制度的惩罚。

6. 绩效评估的基本类型

(1) 效果主导型。考评的内容以考评结果为主,着眼于"干出了什么",重点在结果而不是行为。由于它考评的是工作业绩而不是工作效率,所以标准容易制定,并且容易操作。目标管理考评办法就是该类考评,它具有短期性和表现性的缺点,对具体服务员工较适合,但事务性人员不适合。

(2) 品质主导型。考核的内容以考评员工在工作中表现出来的品质为主,着眼于"他怎么干"。由于其考评需要如忠诚、可靠、主动、有创新、有自信、有协助精神等,所以很难具体掌握,操作性与有效度较差,适合于对员工工作潜力、工作精神及沟通能力的考评。

(3) 行为主导型。考核的内容以考评员工的工作行为为主,着眼于"如何干"、"干什么",

重在工作过程。考评的标准容易确定,操作性强,适合于管理性、事务性工作的考评。

二、绩效评估管理的程序

一般而言,绩效评估工作大致要经历制定评估计划、选取考评内容及确定评估标准和方法、收集数据、分析评估、结果运用5个阶段。

1. 制定绩效评估计划

为了保证绩效评估顺利进行,必须事先制定计划,在明确评估目的地前提下,有目的地选择评估的对象、内容、时间。

2. 确定评估的标准、内容和方法

1) 评估标准

绩效评估必须有标准,作为分析和考查员工的尺度。一般可分为绝对标准和相对标准。通常评估标准采用绝对标准,而绝对标准又可分为业绩标准、行为标准和任职资格标准三大类。

2) 选取考评内容

(1) 选取考评内容的原则:

① 与汽车服务企业文化和管理理念相一致。考评内容实际上就是对员工工作行为、态度、业绩等方面的要求和目标,它是员工行为的导向。考评内容是汽车服务企业组织文化和管理理念的具体化和形象化,在考评内容中必须明确汽车服务企业在鼓励什么,在反对什么,给员工以正确的指引。

② 要有所侧重。考评内容不可能涵盖该岗位上的所有工作内容,为了提高考评的效率,降低考评成本,并且让员工清楚工作的关键点,考评内容应该选择岗位工作的主要内容进行考评,不要面面俱到。

③ 不考评无关内容。绩效考评是对员工的工作考评,对不影响工作的其他任何事情都不要进行考评。比如说员工的生活习惯、行为举止、个人癖好等内容都不宜作为考评内容出现,如果这些内容妨碍到工作,其结果自然会影响到相关工作的考评成绩。

(2) 对考评内容进行分类。为了使绩效考评更具有可靠性和可操作性,应该在对岗位工作内容分析的基础上,根据汽车服务企业的管理特点和实际情况,对考评内容进行分类。比如将考评内容划分为"重要任务"考评、"日常工作"考评和"工作态度"考评三个方面。

3) 选择评估方法

在确定评估目标、对象标准后,就要选择相应的评估方法。常用的评估方法有以下几种:

(1) 业绩评定表。所谓业绩评定表就是将各种评估因素分优秀、良好、合格、稍差、不合格(或其他相应等级)进行评定。其优点在于简便、快捷,易于量化;其缺点是容易出现主观偏差和趋中误差,等级宽泛,难以把握尺度。

(2) 工作标准法(劳动定额法)。把员工的工作与企业制定的工作标准(劳动定额)相对照,以确定员工业绩。其优点在于参照标准明确,易于作出评估结果;缺点在于标准制定,特别是针对管理层的工作标准制定难度较大,缺乏可量化衡量的指标。此外,工作标准法只考虑工作结果,对那些影响工作结果的因素不加反映,如领导决策失误、生产线其他环节出错等。目前,此方法一般与其他方法一起使用。

(3) 强迫选择法。评估者必须从3~4个描述员工在某一方面的工作表现的选项中选择一个(有时两个)。其优点在于用来描述员工工作表现的语句并不直接包含明显的积极或消极内容,评估者并不知评估结果的高低;其缺点在于评估者会试图猜想人力资源部门提供选项的倾向性。此外,由于难以把握每一选项的积极或消极成分,因而得出的数据难以在其他管理活动中应用。

(4)排序法。把一定范围内的员工按照某一标准由高到低进行排列的一种绩效评估方法。其优点是简便易行,完全避免趋中或严格/宽松的误差;但缺点是标准单一,不同部门或岗位之间难以比较。

(5)硬性分布。将限定范围内的员工按照某一概率分布划分到有限数量的几种类型上的一种方法。例如,假定员工工作表现大致服从正态分布,评价者按预先确定的概率(比如共分5个类型,优秀占5%,良好占15%,合格占60%,稍差占15%,不合格占5%)把员工划分到不同类型中。这种方法有效地减少了趋中或严格/宽松的误差,但问题在于假设不符合实际,各部门中不同类型员工的概率不可能一致。

(6)关键事件法。指那些对部门效益产生重大积极或消极影响的行为。在关键事件法中,管理者要将员工在考核期间所有的关键事件都真实记录下来。其优点在于针对性强,结论不易受主观因素的影响;缺点是基层工作量大。另外,要求管理者在记录中不能带有主观意愿,在实际操作中往往难以做到。

(7)叙述法。评估者以一篇简洁的记叙文的形式来描述员工的业绩,这种方法集中描述员工在工作中的突出行为,而不是日常的业绩。不少管理者认为,叙述法不仅简单,而且是最好的一种评估方法;但其评估结果在很大程度上取决于评估者的主观意愿和文字水平。此外,由于没有统一的标准,不同员工之间的评估结果难以比较。

(8)目标管理法。目标管理法是当前比较流行的一种绩效评估方法。其基本程序为:

① 监督者和员工联合制定评估期间要实现的工作目标。

② 在评估期间,监督者与员工根据业务或环境变化修改或调整目标。

③ 监督者和员工共同决定目标是否实现,并讨论失败的原因。

④ 监督者和员工共同制定下一评估期的工作目标和绩效目标。

目标管理法的特点在于绩效评估人的作用从法官转换为顾问和促进者,员工的作用也从消极的旁观者转换为积极的参与者。这使员工增强了满足感和工作的自觉性,能够以一种更积极、主动的态度投入工作,促进了工作目标和绩效目标的实现。

3. 收集数据

绩效评估是一项长期、复杂的工作,对于作为评估基础的数据收集工作要求很高。在这方面,国外的经验是注重长期的跟踪,随时收集相关数据,使数据收集工作形成一种制度。其主要做法包括:

(1)记录法。记录运输、服务的数量、质量、成本等,按规定填写原始记录和统计。

(2)定期抽查法。定期抽查服务的数量、质量,用以评定期间内的工作情况。

(3)考勤记录法。将出勤、缺勤及原因,是否请假等,一一记录在案。

(4)项目评定法。采用问卷调查形式,指定专人对员工逐项评定。

(5)减分登记法。按职务(岗位)要求规定应遵守的项目,定出违反规定扣分方法并进行登记。

(6)行为记录法。对优秀行为或不良行为进行记录。

（7）指导记录法。不仅记录部下的极限行为,而且将其主管的意见及部下的反映也记录下来,这样既可考察部下,又可考察主管的领导工作。

4. 分析评估

这一阶段的任务是根据评估的目的、标准和方法,对所收集的数据进行分析、处理、综合。其具体过程如下:

（1）划分等级。把每一个评估项目,如工作态度、人际关系、出勤、责任心、工作业绩等,按一定的标准划分为不同等级。一般可分为3～5个等级,如优、良、合格、稍差、不合格。

（2）对单一评估项目的量化。评估的最终目的是要形成可以考核的标准,每个具体的项目都要采用等级或者分数的形式来量化。

（3）对同一项目不同评估结果的综合。在有多人参与的情况下,同一项目的评估结果会不相同。为综合这些意见,可采用算术平均法或加权平均法进行综合。

（4）对不同项目的评估结果的综合。有时为达到某一评估目标要考察多个评估项目,只有将不同的评估项目综合在一起,才能得到较全面的客观结论。一般采用加权平均法,具体的权重要根据评估目的、被评估人的层次和具体职务来定。

5. 结果运用

得出评估结果并不意味着绩效评估工作的结束。在绩效评估过程中获得的大量有用信息可以运用到汽车服务企业的各项管理活动中。

（1）利用向员工反馈评估结果,帮助员工找到问题,明确方向,这对员工改进工作,提高绩效有促进作用。

（2）为人事决策如任用、晋级、加薪、奖励等提供依据。

（3）检查企业管理各项政策,如人员配置、员工培训等方面是否有失误,还存在哪些问题等。

三、汽车服务企业绩效评估管理

汽车服务企业对员工进行绩效考核的目的是为了发展人而不是制裁人,是为了不断改进员工绩效表现,面向全体员工进行跟踪培训,并在此过程中向员工进行汽车服务企业文化的灌输与培养。某著名汽车服务企业在人力资源管理方面通过不断实践,逐步建立起以激励员工为导向,以不断改进员工工作为核心的双向沟通式的员工绩效考核体系,从而较好地度量了员工们的工作表现。

1. 考核方法

对汽车服务人员具体考核内容可参考表4-1。

表 4-1　服务人员工作考核表　　　　　　　　　　（总分100分）

	考 核 内 容	评分	初核	复核	备注
工作绩效	工作效率极佳,绩效在120%以上	16～20			
	工作效率良好,可达100%	11～15			
	工作效率勉强胜任,可达80%	6～10			
	工作效率差,无法达到目标	1～5			

（续表）

	考　核　内　容	评分	初核	复核	备注
工作态度	态度积极主动,士气旺盛	16～20			
	态度良好	11～15			
	态度勉强尚可	6～10			
	态度消极被动	1～5			
工作能力	职务熟悉,可独立作业,表现优良	16～20			
	工作良好	11～15			
	工作能力普通,尚需他人指导	6～10			
	无法独立作业,处处需人指导	1～5			
人际关系	擅长与人合作、协调、沟通	16～20			
	与人合作协调、沟通良好	11～15			
	与人协作关系须加强	6～10			
	人际关系恶劣、不易相处	1～5			
考勤评分	迟到、早退,每次扣0.4分	次	分	考勤总分合计	
	事假,每请假一天扣2分	天	分		
	病假,每请假一天扣1分	天	分		
	公伤病假,一天扣0.5分	天	分		
	旷工,一天扣10分	天	分		
合计分数					
考核评语					

考核前,人力资源部要对考核的直接主管进行考核方法的培训,布置考核的要求。该汽车服务企业的考核工作一般为每半年一次,但人事部门要求各级主管能及时对下属的工作做出评价性反馈,并指明改进的要求和方向。对于中层以上级别的人员,则要求被考核者首先按公司统一的考核标准对自己半年来的工作完成情况、内外用户的满意程度等进行回顾描述,在考核表上拟出自己应得的等级,交直接主管评审。直接主管则在年初确定的工作目标的基础上,对被考核者进行业绩的总结、计划改进和工作上的障碍等方面评估,最后做出一个全面的评价并做出一个考核评估的总评分。作为考核者的直接主管,除了对被考核者的工作业绩进行肯定外,一般还明确指出被考核者的欠缺在哪里,个人明确改进的方向,以不断提高个人的岗位工作能力。

2. 考核程序

该汽车服务企业在员工的绩效考核中有两个重要程序:

（1）考核结束前的谈话程序。这是考核者与被考核者之间的一次重要的沟通与交流,真实地告知考核结果、肯定被考核者的工作业绩,指出其在工作上的障碍与差距,这对个人的发展和企业目标的完成都至关重要。主管要向员工讲明打分的依据和理由,在征求被考核者意见并达成一致后,由员工本人签字。若员工本人对考核结果有不同意见,可向上一级主管反映;如果还是不能达成一致,则由人力资源部组织员工关系协调员、工会负责人、主管和员工本人进行四维一体的行为审核。在整个审核流程中主要看员工申诉的理由是否合理,主管是否公正地对待员工,并认真听取工会的意见,然后在此基础上经充分讨论后集体作出复核意见,最终的考核结果以复核意见为准。

(2) 对考核结果低于要求的员工(总评分低于 40 分)发出书面通知。在这个书面通知书上如实通知员工这次考核的结果和低于要求的原因,并书面提出直接主管的处理意见,或在本岗位限期整改,或转换岗位,然后由上一级主管签署意见。例如,在第二次员工绩效考核中,有3 名员工没有通过考核,为此该汽车服务企业对他们实施绩效改进计划。首先,人力资源部和直接主管为员工指出他的欠缺在什么地方,在本岗位应达到怎样的目标,并帮助他制定相应的改进措施。在与本人协商同意后,正式确定改进计划,并由员工本人签字。每隔一到两个星期,考察阶段目标的实施情况;3 个月后对其进行再次考核,改进好的继续留职,改进一般的适当延长整改期限,没有一点改进的则解除合同。

一个企业的绩效评价系统能极大地影响其员工的绩效。建立具有科学性、可操作性和应用性的考核指标体系是现代汽车服务企业进行员工绩效考核的一大难点,该汽车服务企业却将这种困难转化成优势,极大地调动了员工的积极性,并促进了它自身的发展。

3. 小结

该汽车服务企业不断实践,逐步建立起以激励员工为导向,以不断改进员工工作为核心的双向沟通式的科学的员工绩效考核体系。首先尽量采用客观、具体的评价标准,以便员工明确工作目标,并避免各级主管随意地确定考核项目;其次引进各种便于进行定量统计的测试方法,以减少主观定性判断的误差;再次,强调将考核内容严格限定在与工作直接有关的因素上,以避免对难以用事实证明的考核要素做出似是而非的评价;最后把员工的绩效考核与薪酬分配和奖励晋升相结合,从而大大激发了员工工作的积极性。

🔍 本任务回顾

1. 绩效考核评估是人力资源管理的重要内容,也是需要根据企业发展及时跟进的改革内容。

2. 参考案例内容,提出自己独特的看法。

⬇ 任务实施步骤

1. 任务要求

结合所学知识,能提出自己认为的有效的改进措施。

2. 任务实施的步骤

(1) 了解案例情况并进行资料的收集。

(2) 学习相关知识。

(3) 结合案例中给出的措施,提出自己的看法。

思考与训练

1. 简答题
(1) 说明绩效评估的定义。
(2) 绩效评估管理的原则有哪些？
(3) 绩效评估的基本类型有哪些？
2. 论述题
(1) 如何理解绩效评估管理的程序。
(2) 举例介绍绩效评估的方法。

拓展提高

收集各大汽车服务企业绩效考核评估的内容，进行分析体会。

任务三　薪酬体系设计

知识目标

1. 了解薪酬体系的定义、作用和意义。
2. 掌握薪酬体系设计的相关内容。

能力目标

能够运用所学知识进行薪酬体系的设计。

情境描述

企业薪酬体系的设计是一个很有艺术性的工作，体系设计的合理与否将极大地影响员工的积极性。在学习本章内容时侧重于理解，具体的应用需要接触到大量的实际情况后才能慢慢开展。

任务剖析

本任务主要是在学习成熟的汽车制造公司的现成的薪酬体系方案的基础上开展的。这个方案非常全面的展示了需要掌握的内容，对于初学者来说是一个很不错的学习途径。

任务载体

阅读案例中薪酬体系设计的思路，结合所学知识进行进一步地体会。

汽车制造公司薪酬体系设计

一、总则

1. 目的

提高员工参与公司经营的自学性,调动员工的积极性,充分体现员工是企业资产的所有者。

2. 基本原则

(1) 战略导向原则。公司将薪酬作为实现企业经营发展的战略,强化人力资源管理作为企业的核心管理。

(2) 公平原则。公司依每位员工的贡献大小,公平、公正地确定他们的薪资,逐步弱化员工身份差异对薪资的影响,使同一部门员工间的薪资具有可比性。

(3) 多通道原则。通过新的人力资源管理理念,设计薪资攀升的管理职业锚、技术职业锚和业务职业锚。

所谓职业锚,就是员工对于个人职业生涯的自我观点。这种自我观点由"三个部件"组成:自醒的才干和能力、自醒的动机和需要、自醒的态度和价值观。一个员工在生涯发展过程中的职业锚往往不止一个,一般有管理职业锚、技术职业锚、业务职业锚等生涯发展通道。

(4) 透明原则。公司将每位员工的薪资清晰化、透明化,让员工更好地了解自己和他人的薪资情况。

(5) 补偿原则。通过薪资的调整,平衡员工在工作职责、劳动强度等方面的差异。

二、薪酬体系构建基本方法

公司以薪点制为基本计薪方法,有以下三个步骤:

1. 确定员工薪点

公司依每位员工职务、管理幅度、学历学位、职称、公司工作年限、特定岗位工作年限等因素(参见表 4-2)确定其薪点数。

表 4-2　影响薪点数的主要因素

确定因素	备注
职务	"管理职业锚"类员工薪资确定的最重要因素
职称	"业务和技术职业锚"类员工薪资确定的最重要因素
学历学位	为吸纳高学历或高学位人才而提高其薪点的补贴
工作年限	决定薪点补贴的一项因素
特定岗位工作年限	指管理、业务或技术岗位
在特定岗位做出的贡献	给予薪酬率和薪点奖励
管理幅度	适用于管理机构或领导者
管理半径	与管理幅度意义相似,指管理面相对宽广的机构

2. 确定薪酬率

薪酬率是每一薪点可得的货币薪资额:

$$薪酬率＝公司薪资总额/公司月薪点总额$$

在下一年度开始前,由财务部门测算出该年度的薪酬率。

3. 求出每位员工每月货币薪资

$$员工月薪＝薪点×薪酬率$$

薪点制确定员工薪资的突出优点是让每位员工的薪资在动态上与公司经营状况保持非常紧密的联系,从而使公司在更大程度上与身强体壮员工成为利益共同体。

三、"管理职业锚"薪点

1. 职务薪点(基本薪点)

职务薪点(基本薪点),如表4-3所示。

表4-3　"管理职业锚"职务薪点

薪点序号	职　务	起点薪点	备　注
1	党委书记、总裁	1750	
2	副总裁	1500	
3	部长	1000	
4	副部长	900	
5	高级主管	750	
6	主管	650	
7	管理类职员	400	
8	技术类员工	350	驾驶员等
9	管理类见习职员	300	具有本科及以上学历或学士及以上学位
10	事务类职员 野外施工类员工	150～300	
11	杂务工等	100～200	清洁工、保安员等

2. 补充薪点

(1) 职称薪点津贴,如表4-4所示。

表4-4　"管理职业锚"职称薪点津贴

薪点序号	职　务	起点薪点	备　注
1	高级	40	享有学历或学位津贴减半
2	中级	24	享有学历或学位津贴减半
3	初级	10	享有学历或学位津贴减半

(2) 学历学位薪点津贴,如表4-5所示。

表 4-5　"管理职业锚"学历学位薪点津贴

薪点序号	职 务	起点薪点	备 注
1	博士后	60	有职称津贴者减半
2	博士	50	两个硕士视为博士,有职称津贴者减半
3	硕士	30	两个本科视为硕士,有职称津贴者减半
4	本科或学士	20	两个专科视为本科,有职称津贴者减半
5	专科	15	有职称津贴者减半
6	中专或高中	10	有职称津贴者减半

(3) 其他因素薪点,如表 4-6 所示。

表 4-6　"管理职业锚"其他因素薪点

薪点序号	职 务	起 点 薪 点	备注
1	公司工作年限	每年增加 2 薪点	
2	岗位工作年限	职员 10 薪点/年、主管 13 薪点/年、高级主管 15 薪点/年、副部长 18 薪点/年、部长 20 薪点/年、副总裁 28 薪点/年、总裁 34 薪点/年	
3	管理幅度	第一营销事业部正职,增加职务薪点的 0.5 倍 第二营销事业部正职,增加职务薪点的 0.3 倍 总裁增加职务薪点的 0.2 倍	
4	管理半径	财务部、人力资源部、总工程师室正职,增加职务薪点的 0.2 倍	

四、"业务/技术职业锚"薪点

1. 职务薪点(基本薪点)

职务薪点(基本薪点),如表 4-7 所示。

表 4-7　"业务/技术职业锚"职务薪点

薪点序号	职 务	起点薪点	备 注
1	首席企划师、设计师等	1300	从事业务或技术工作(非管理部门任职)
2	资深企划师、设计师等	1100	从事业务或技术工作(非管理部门任职)
3	高级	900	从事业务或技术工作(非管理部门任职)
4	中级	700	从事业务或技术工作(非管理部门任职)
5	初级	500	从事业务或技术工作(非管理部门任职)
6	无职称	400	从事业务或技术工作(非管理部门任职)
7	见习	300	从事业务或技术工作(非管理部门任职)

笔记

2．补充薪点

（1）学历学位薪点津贴，如表 4-8 所示。

表 4-8　"业务/技术职业锚"学历学位薪点津贴

薪点序号	职　务	起点薪点	备　注
1	博士后	60	有职称津贴者减半
2	博士	50	两个硕士视为博士，有职称津贴者减半
3	硕士	30	两个本科视为硕士，有职称津贴者减半
4	本科或学士	20	两个专科视为本科，有职称津贴者减半
5	专科	15	有职称津贴者减半
6	中专或高中	10	有职称津贴者减半

（2）其他因素薪点，如表 4-9 所示。

表 4-9　"业务/技术职业锚"其他因素薪点

薪点序号	因　素	薪点津贴	备　注
1	公司工作年限	每年增加 2 薪点	
2	岗位工作年限	初级 10 薪点/年 中级 14 薪点/年 高级 18 薪点/年 资深企划师等 22 薪点/年 首席企划师等 26 薪点/年	岗位津贴 6 年封顶

五、说明

（1）计算职称和学历时，就高不就低。

（2）进行薪资调整时，因少数员工的既往贡献在新的薪酬体系里可能很难得到恰如其分的反映，因此，公司有必要综合各方面因素对部门员工给予若干调整薪点。

（3）本薪酬制度由公司人力资源部负责解释。

相关知识

薪酬体系设计

薪酬是汽车服务企业为劳动者提供的生活保障，也是留住员工并调动员工积极性的一种重要手段。一套良好的薪酬体系可以让汽车服务企业在不增加成本的情况下提高员工对报酬的满意度。建立在公正、互惠原则基础上的薪酬体系可以促使汽车服务企业均衡、快速发展。

现代薪酬福利体系是汽车服务企业从人力投资和激励机制的角度出发为员工提供有形的与无形的酬劳的总和，除了静态工资、动态工资、各种福利，还有员工相应的股权效益——股份期权、年薪制、人性化的汽车服务企业文化、良好的工作环境、发展的机会等。

一、概述

1. 薪酬的定义

薪酬是用人单位为获得劳动者未来提供的劳动而承诺支付给劳动者的劳动报酬,这种劳动报酬可以是实物形态的,也可以是非实物形态的。

2. 薪酬体系的作用与意义

(1) 决定人力资源的合理配置与使用。薪酬一方面代表着劳动者可以提供的不同劳动能力的数量与质量,反映了劳动力供给方面的基本特征;另一方面代表着用人单位对人力资源需要的种类、数量和程度,反映了劳动力需求方面的特征。薪酬体系就是运用薪酬这个人力资源中最重要的经济参数来引导人力资源向合理的方向运动,从而实现企业目标的最大化。

(2) 影响劳动效率。现代薪酬体系将薪酬视为激励劳动效率的主要杠杆,不仅注重利用工资、奖金、福利等物质报酬从外部激励劳动者,而且注重利用岗位的多样性、工作的挑战性、取得成就、得到认可、承担责任、获取新技巧和事业发展机会等精神报酬,从内部激励劳动者,从而使薪酬管理过程成为劳动者的激励过程。劳动者在这种薪酬体系下,通过个人努力,不仅可以提高薪酬水平,而且可以提高个人在企业中的地位、声誉和价值,从而大大提高员工的积极性和创造性。

(3) 关系社会的稳定。在我国现阶段,薪酬是劳动者个人消费资料的主要来源。因此,在薪酬体系中,如果薪酬标准确定过低,劳动者的基本生活就会受到影响,劳动力的耗费就不能得到完全的补偿;如果薪酬标准确定过高,又会对产品成本构成较大影响,特别是当薪酬的增长普遍超过劳动生产率的增长时,还会导致成本推动型的通货膨胀。这种通货膨胀一旦出现,首先从国内来说,一方面会给人民生活直接产生严重影响;另一方面通货膨胀造成的一时虚假过度需求,还会促发"泡沫经济",加剧经济结构的非合理化。此外,薪酬标准确定过高,还会导致劳动力需求的收缩,失业队伍的扩大,影响到社会的安定。

3. 薪酬体系机制

在薪酬体系中,存在着两种不同的体系机制。

(1) 政府主导型。这种机制主要是通过行政的、指令的、计划的方法来直接确定不同种类、不同质量的各类劳动者的薪酬水平、薪酬结构,从而引导人力资源的配置。这种机制由于无法回答人力资源是否真正用到了最需要的地方,也无法确定人力资源是否真正用到了最能发挥了他的作用的地方,因而很难真正解决好人力资源的合理配置问题。

(2) 市场主导型。这种机制实质上是一种效率机制,主要是通过劳动力的流动和市场竞争在供求平衡中所形成的薪酬水平和薪酬差别来引导人力资源的配置。显然,这种机制不但能够及时、准确地反映各类劳动力的稀缺程度,而且在劳动者通过流动调换职业或岗位实现薪酬最大化的同时也找到尽其所能的位置,从而使人力资源的配置与使用更加合理。因此,在薪酬体系中,为了更合理地配置与使用人力资源,应尽可能采用市场主导型的薪酬体系机制。

4. 薪酬的主要内容

(1) 基本薪资。它是员工收入的基本组成部分,基本薪资比较稳定,是确定退休金的主要依据。这部分主要由员工薪资制度而定。

(2) 津贴。它是对员工在特殊劳动条件下工作时额外劳动的消耗、额外的生活费用以及对员工生理或心理带来的损害而进行的物质补偿。津贴分地域性津贴、生活性津贴、劳动性津贴等。

（3）奖金。它是基本工资的补充形式，是对员工有效超额劳动的报酬，奖金是根据员工的业绩和公司经济效益状况给予的。奖金分考勤奖金、效益奖金、项目奖金、红包等。

（4）福利。它是公司通过增加集体生活设施，提供劳务和建立补贴制度等方式，以解决员工在物质与精神生活上的普遍性需求或特殊困难而建立的公益性事业。福利分社会保险福利和用人单位集体福利等。

二、薪酬体系的建立

1. 薪酬体系设计的基本程序

设计汽车服务企业的薪酬体系应该遵循以下几个基本程序：

1）合理而详尽的岗位分析

岗位分析是汽车服务企业薪酬体系的基础，也可称为工作分析或岗位描述。岗位分析是一项基础工作，分析活动需要汽车服务企业人力资源部、员工及其主管上级通过共同努力和合作来完成。员工的工资都是与自己的工作岗位所要求的工作内容、工作责任、任职要求等紧密相连的。因此，科学而合理地分配薪酬必须与员工所从事工作岗位的内容、责任、权利、任职要求所确立的该岗位在汽车服务企业中的价值相适应。

2）公平合理的岗位评价

岗位评价是在对汽车服务企业中存在的所有岗位的相对价值进行科学分析的基础上，通过分类法、排序法、要素比较法等方法对岗位进行排序的过程。

岗位评价是新型薪酬体系的关键环节，要充分发挥薪酬机制的激励和约束作用，最大限度地调动员工的工作主动性、积极性和创造性，在设计汽车服务企业的薪酬体系时就必须进行岗位评价。

3）薪酬市场调查

（1）定义：薪资调查就是通过各种正常的手段获取相关汽车服务企业各职务的薪资水平及相关信息。对薪资调查的结果进行统计和分析则成为汽车服务企业的薪资体系决策的有效依据。

（2）薪资调查的原则：选择行业内若干经营范畴与业务导向类似的汽车服务企业作为参照物，进行薪酬内容的调查。

（3）调查的内容。主要包括：

① 汽车服务企业经营范畴、汽车服务企业类型、汽车服务企业经营规模、区域分布状况、年度汽车服务企业经营状况、未来汽车服务企业3年规划等。

② 薪酬结构与组成比例、岗位价值系数与人工成本线性关系、各职系职种人工成本比例关系、关键岗位人工成本比例关系、人工费率等。

（4）薪酬调查方法：薪酬调查可以分为内部调查（薪酬满意度调查）和外部调查（薪酬市场调查）两种。

① 薪酬满意度调查。满意度调查是分析薪酬体系的有效手段，可通过发放问卷并结合员工访谈的形式开展。调查问卷要在针对薪酬进行提问的同时，设置关于考核、培训等方面的相关问题，使调查更加全面，同时要设置一些开放性的问题，使员工有机会提出自己的合理建议。访谈要事先拟订提纲，并注意营造出轻松的氛围，使员工能够谈出自己的真实想法。满意度调

查要力求掌握哪些因素导致员工的不满、员工期望什么样的薪酬水平等,在找出问题根源的同时明确改进的方向。

② 薪酬市场调查。在薪酬信息日益受到重视的今天,薪酬的外部调查也很重要。外部调查主要是了解相同地区、相似行业、相似性质、相似规模的汽车服务企业的薪酬水平、薪酬结构、薪酬价值取向等,作为汽车服务企业在制定和调整薪酬方案时的重要参考资料。外部调查及其结果的合理运用可以有效地消除员工的外部不公平感,并使薪酬在吸引和保留人才上具有竞争力。

(5) 薪资调查的渠道:主要包括汽车服务企业之间的相互调查、委托专业机构进行调查、从公开的信息中了解、人才市场招聘信息的查询等。

4) 薪酬方案的草拟

薪酬体系方案的草拟就是在对各项资料及情况进行深入分析的基础上,运用人力资源体系的知识进行薪酬体系的书面设计工作。

5) 方案测评

薪酬方案草拟结束后,不能立刻进行实施,必须对草案进行认真的测评。测评的主要目的是通过模拟运行的方式来检验草案的可行性和可操作性。

6) 方案的宣传和执行

经过认真测评以后,应对测评中发现的问题和不足进行调整,然后对薪酬方案进行必要的宣传或培训。薪酬方案不仅要得到汽车服务企业上中层的支持,更应该得到广大员工的认同。经过充分的宣传、沟通和培训,薪酬方案即可进入执行阶段。

7) 反馈及修正

薪酬方案执行过程中的反馈和修正是必要的,这样才能保证薪酬制度长期、有效的实施。另外,对薪酬体系和薪酬水平进行定期的调整也是十分必要的。

2. 薪酬体系设计过程中应该注意的问题

1) 公平的薪酬制度

合理的薪酬制度首先必须是公平的,只有公平的薪酬才是有激励作用的薪酬。但公平不是平均,真正公平的薪酬应该体现在个人公平、内部公平和外部公平三个方面。

个人公平就是员工对自己的贡献和得到的薪酬感到满意。在某种程度上讲,薪酬即是汽车服务企业对员工工作和贡献的一种承认,员工对薪酬的满意度也是员工对汽车服务企业忠诚度的一种决定因素。

内部公平就是员工的薪酬在汽车服务企业内部贡献度及工作绩效与薪酬之间关系的公平性。内部公平主要表现在两个方面:一是同等贡献度及同等工作绩效的员工无论他们的身份如何(无论是正式工还是聘用工),他们的薪酬应该对等,不能有歧视性的差别;二是不同贡献度岗位的薪酬差异应与其贡献度的差异相对应,不能刻意地制造岗位等级差异。

外部公平是指汽车服务企业的薪酬水平相对于本地区及同行业内在劳动力市场的公平性。外部公平要求公司的整体工资水平保持在一个合理的程度上,同时对于市场紧缺人才实行特殊的激励政策,并关注岗位技能在人才市场上的通用性。

2) 薪酬的重要性

薪酬在人力资源体系中有着非常重要的作用,作为汽车服务企业经营者和人力资源体系人员必须对薪酬的重要性及其双刃剑作用有清醒的认识。正如"得到的取决于付出的"一样,

"付出的依赖于得到的"也是人力资源体系中的一条重要定理。现在,薪酬不再被看作是一种不可避免的成本支出,而是应该被看作一种完成组织目标的强有力的工具及汽车服务企业用人留人的有效的晴雨表。

要充分认识到薪酬在汽车服务企业人力资源体系中的重要性,就必须对薪酬进行正确的定位。一方面要承认,较高的薪酬对于某些特定人群尤其低收入者和文化素质不高的人具有较明显的激励作用;但在另一方面又必须清醒地认识到,对于汽车服务企业中的高素质人才而言,"金钱不是万能的",加薪产生的积极作用也同样遵循边际收益递增然后递减的规律。而减薪之前更要考虑稳定性的因素。

3) 必须处理好短期激励和长期激励的关系

薪酬的激励作用是大家都承认的,但如何处理好薪酬体系的短期激励和长期激励的关系是一个更重要的问题,因此应该处理好以下几个问题:

(1) 必须全面地认识薪酬的范畴。薪酬不仅仅是工资,它应该是包括各类工资(基本工资、岗位工资、绩效工资等)、奖金、职务消费、各类补贴、各类福利的一个整体系统。

(2) 在设计薪酬方案的时候,首要考虑的因素应该是公平性。公平性是好的薪酬方案激励性和竞争性的基础。

(3) 在处理薪酬各部分的时候,要区别对待。对各类工资、奖金、职务消费就应该按岗位和贡献的不同拉开差距,而对于各类福利就应该平等,不能在汽车服务企业内部人为地制造森严的等级。

4) 处理好老员工与新员工的关系

汽车服务企业的发展是一个长期积累的过程,在这个过程中,老员工是做出了很大的贡献的。同时,不断地引进汽车服务企业所需要的各类人才也是人力资源体系的重要工作。因此,在设计汽车服务企业薪酬体系时,既要体现对老员工历史贡献的认同,又要注意避免过分的新老员工薪酬差异造成新员工的心理不平衡和人才的流失。

5) 注重激励手段和激励效果

设计汽车服务企业的薪酬体系要注意发挥薪酬的激励作用,然而"金钱不是万能的",如何克服薪酬在激励方面表现出来的手段单一和效果较差的问题是薪酬设计中的一个重要问题。

员工的收入差距一方面应取决于员工所从事的工作本身在汽车服务企业中的重要程度以及外部市场的状况;另一方面还取决于员工在当前工作岗位上的实际工作业绩。然而,许多汽车服务企业既没有认真细致的职位分析和职位评价,也没有明白客观、公平的绩效评价,所以拉开薪酬差距的想法也就成了一种空想,薪酬的激励作用仍然没有发挥出来。

6) 薪酬制度调整要在维护稳定的前提下进行

薪酬分配的过程及其结果所传递的信息有可能会导致员工有更高的工作热情、更强烈的学习与创新愿望,也有可能导致员工工作懒散、缺乏学习与进取的动力。因此,在对汽车服务企业的薪酬制度进行调整时必须以维护稳定为前提,要注意维护大多数员工的利益和积极性。损害了大多数员工的利益,挫伤了大多数员工的积极性的薪酬改革是不可取的。

总之,汽车服务企业薪酬体系是一项复杂而庞大的工程,只有对薪酬体系进行多方面、全方位的设计,才能保证薪酬的公平性和科学性,充分发挥薪酬机制的激励和约束作用,使薪酬成为一种完成汽车服务企业目标的强有力的工具。

三、汽车服务企业薪酬体系设计

汽车服务企业人力资源体系的核心即两个成功。第一个成功是指使每个员工获得成功，人尽其才，个人才能充分发挥；让员工提合理化建议，增强主人翁意识，参与汽车服务企业体系的建设。第二个成功是汽车服务企业的成功，使汽车服务企业创造出一流的业绩，使企业像滚雪球一样越滚越大。

要达到以上的目的，应针对汽车服务企业的具体情况建立合理、动态的薪酬制度，以适应市场经济状况的变动。下面介绍美国某著名汽车服务企业动态薪酬体系的设计案例。

1. 动态薪酬体系的构建

所谓动态薪酬体系，一是根据汽车服务企业的经营和发展情况以及其他有关因素变动情况，对薪酬制度及时更新、调整和完善；二是根据调动各方面员工积极性的需要，随时调整各种报酬在报酬总额中的比重，适时调整激励对象和激励重点，以增强激励的针对性和效果。这其中包括：

（1）基本报酬。保持相对稳定，体现劳动力的基本价值，保证员工家庭的基本生活。

（2）员工参与性退休金。员工自费缴纳费用，相当于基本报酬的2%，滞后纳税，交由基金机构运作，确保增值。属于员工自我补充保险。

（3）奖金。一是平均奖金，每个员工都能得到，起保底奖励作用；二是绩效奖金，起进一步增强激励力度作用，使员工能分享公司的新增效益和发展成果。

（4）员工持股计划。体现员工的股东价值。

（5）汽车服务企业补充养老保险。设立养老基金，企业补充养老保险，相当于基本报酬的5%。

2. 实行以岗位工资为主的工资制度

动态薪酬体系中的基本报酬部分采取了岗位工资制度形式。实行岗位工资制度需要：第一，建立职位分析和岗位评价制度；第二，建立以职位分析和岗位评价制度为基础的岗位（职位）职务等级工资制，共分22级，其中，蓝领工人基本报酬是1～14级，白领是1～22级；第三，根据员工业绩和汽车服务企业效益建立奖金制度，按照劳资协定，蓝领工人绩效奖金约占工资总额（基本报酬＋奖金）的10%，白领约占30%～40%，高级体系人员约占40%～50%；第四，提高工资水平，理顺报酬关系。20××年该汽车服务企业总部最高工资是最低工资的6.25倍。

3. 职位消费

该汽车服务企业有一套严格的职位消费体系办法，根据职位高低，体系各层人员有金额不等的职位消费权利，既有激励力度，又有约束力度。监事会对董事会成员的职位消费做出决定，董事会对高级体系人员的职位消费做出决定，公司中央人事部对职位消费制定具体实施办法。享有职位消费权利的人员包括高级体系人员120人，中层经理1700人，基层经理1180人。职位消费包括签单权、车旅费报销等。如国外子公司副总经理拥有专机，基层科长有两部车。高层体系人员的签单权有分级标准。

动态薪酬结构是一种具有高效激励的薪酬模式，对于发挥员工积极性和组织的效力非常有力。动态薪酬结构的价值表现在两方面：

（1）通过岗位绩效考核使岗位之间的晋升或降级有了量化的考核数据，增加公平性，使员工的力量集中到努力工作、提高工作绩效上来,这是一个本质的转变。

(2) 同级岗位采取无级系数考核法,使动态绩效工资时刻随工作绩效的好坏而变化。这样,同级岗位的薪酬总额容易拉开距离甚至超过上级,避免干好干坏一个样的消极局面。

为充分调动全体员工的生产经营积极性,充分发挥全体员工的创造性和深入挖掘其潜能,企业薪酬体系设计还要充分考虑不同岗位、不同职位的员工对企业的不同贡献。

4. 薪酬体系

该汽车服务企业采用岗位技能薪酬和等级工资相结合的体系,主要是等级工资体系,薪酬形式是月薪。岗位工资由公司根据员工的学历和职位来制定等级工资制。该公司的等级工资制分为 9 个等级,其中本科生属于 6 级,双学位和研究生属于 6.5 级,店长 7 级,经理 9 级。该汽车服务企业实行每年员工的基本工资平均上浮 5%。其薪酬体系的月薪包括基本工资、附加工资、补贴。基本工资是基于员工的知识和技能背景;而附加工资由岗位技能决定,但其幅度变化比较小;补贴是公司发给员工的生活补贴和特殊岗位补贴,例如,涂装车间的一线工人长期与化学药剂接触,对其身体造成伤害,所以这些员工有健康补贴。同时,公司的每一个员工每月都有 150 元生活补贴、500 元住房补贴。从而可以看出,该汽车服务企业采用了折中模式薪酬体系,它的基本薪酬部分趋向于高刚性,然后配合企业经济效益给员工附加工资。

该汽车服务企业在奖励制度方面采用了年终奖金制。年终奖金指以企业会计年度为时间单位,根据公司的利润所发的收入。其年终奖金的基本形式是:年终奖金=月薪×月份数×出勤率。月份数是根据公司的经营状况和经营效益由公司上层管理者共同决定的。据统计,每年该公司所发放的年终奖金占其利润的 1% 不到。2001 年该汽车服务企业所发的年终奖金平均相当于每个员工 4 个月的工资;2002 年该公司所发的年终奖金平均相当于员工的 5.5 个月的工资。

5. 福利制度

福利的具体形式千变万化,它由全体员工享有,不与个人绩效挂钩,而且是长期性的。福利是一种保健因素,它实施得不好,则员工会觉得不满意;反之,实施得好,员工就满意。该汽车服务企业采取了以下福利形式:住房公积金、住房补贴、养老保险金、医疗保健、饮食福利、交通福利、带薪节假日、文化旅游福利以及其他生活福利。

四、现代汽车服务企业薪酬体系的发展趋势

薪酬制度对于汽车服务企业来说是一把双刃剑,使用得当能够吸引、留住和激励人才,而使用不当则可能给汽车服务企业带来危机。建立全新的、科学的、系统的薪酬体系系统,对于汽车服务企业在知识经济时代获得生存和竞争优势具有重要意义;而改革和完善薪酬制度也是当前汽车服务企业面临的一项紧迫任务。与传统薪酬体系相比较,现代汽车服务企业薪酬体系发展趋势表现在以下几个方面:

1. 全面薪酬制度

薪酬既不是单一的工资,也不是纯粹的货币形式的报酬,它还包括精神方面的激励,比如优越的工作条件、良好的工作氛围、培训机会、晋升机会等,这些方面也应该很好地融入到薪酬体系中去。内在薪酬和外在薪酬应该完美结合,偏重任何一方都是跛脚走路。物质和精神并重,这就是目前提倡的全面薪酬制度。

2. 薪酬与绩效挂钩

单纯的高薪并不能起到激励作用,这是每一本薪酬设计方面的教科书和资料反复强调的观点,只有与绩效紧密结合的薪酬才能充分调动员工的积极性。而从薪酬结构上看,绩效工资的出现丰富了薪酬的内涵。过去的那种单一的、僵死的薪酬制度已经越来越少,取而代之的是与个人绩效和团队绩效紧密挂钩的灵活的薪酬体系。增加薪酬中的激励成分,常用的方法有:

(1) 加大绩效工资(奖金)和福利的比例。

(2) 加大涨幅工资(浮动工资)的比例。

(3) 灵活的弹性工时制度。

(4) 把员工作为汽车服务企业经营的合作者。

(5) 以技能和绩效作为计酬的基础而不是工作量。

3. 宽带型薪酬结构

工资等级减少,而各种职位等级的工资之间可以交叉。宽带的薪酬结构可以说是为配合组织扁平化而量身定做的,它打破了传统薪酬结构所维护的等级制度,有利于汽车服务企业引导员工将注意力从职位晋升或薪酬等级的晋升转移到个人发展和能力的提高方面,给予了绩效优秀者比较大的薪酬上升空间。

4. 雇员激励长期化,薪酬股权化

目的是为了留住关键人才和技术,稳定员工队伍。其方式主要有:股票增值权、虚拟股票计划、股票期权等。

5. 重视薪酬与团队的关系

以团队为基础开展项目、强调团队内协作的工作方式正越来越流行,与之相适应,应该针对团队设计专门的激励方案和薪酬计划,其激励效果比简单的单人激励效果好。团队奖励计划尤其适合人数较少,强调协作的组织。

6. 薪酬的细化

首先是薪酬构成的细化,计划经济时代单一的、僵死的薪酬构成已经不再适应现代汽车服务企业的需要,取而代之的是多元化、多层次、灵活的新的薪酬构成;其次是专业人员薪酬设计专门化,例如,营销人员在公司里作用巨大,专业人员的排他性比较强,临时工身份特殊,在设计这些人员的薪酬时不应该采取和其他部门人员相同的薪酬体系。此外,一些指标的制定也应当细化,尽量避免"一刀切"的做法。例如,在职务评价、绩效考评系统中,不同职位层和不同性质岗位的考评应分别制定标准。

7. 有弹性、可选择的福利制度

企业在福利方面的投入在总的成本里所占的比例是比较高的,但这一部分的支出往往被员工忽视,认为不如货币形式的薪酬实在,有一种吃力不讨好的感觉;而且员工在福利方面的偏好也是因人而异、非常个性化的。解决这一问题,目前,最常用的方法是采用选择性福利,即让员工在规定的范围内选择自己喜欢的福利组合。

8. 薪酬信息日益得到重视

(1) 外部信息。指相同地区、相似行业、相似性质、相似规模的汽车服务企业的薪酬水平、薪酬结构、薪酬价值取向等,主要是通过薪酬调查获得的。外部信息能够为汽车服务企业制定和调整薪酬方案提供参考资料。

(2) 内部信息。主要是指员工满意度调查和员工合理化建议。满意度调查的功能并不一定在于了解有多少员工对薪酬是满意的,而是了解员工对薪酬体系的建议以及在哪些方面不满意,进而为制定新的薪酬制度打下基础。

本任务回顾

1. 由于知识的特殊性,这个任务主要是以学习为主。
2. 参考汽车制造企业的薪酬体系来学习薪酬体系的设计思路和格式。

任务实施步骤

1. 任务要求

根据案例,对薪酬体系的设计整理出一个清晰、明显的思路。

2. 任务实施的步骤

(1) 初步熟悉、研究案例内容。
(2) 学习相关知识。
(3) 利用所学知识再次分析研究案例的思路,体会薪酬体系设计的具体应用。

思考与训练

1. 简答题
(1) 薪酬的含义是什么?
(2) 薪酬体系的作用和意义有哪些?
(3) 薪酬体系的内容包括哪些?
(4) 薪酬体系的设计需要注意的问题有哪些?
2. 论述题
(1) 分析薪酬体系的设计过程。
(2) 怎么理解现代汽车服务企业薪酬体系的发展趋势?

拓展提高

收集资料,展望未来汽车服务企业薪酬体系设计的趋势。

任务四　员工培训

知识目标

1. 了解员工培训的目的、特点和原则。
2. 掌握员工培训的主要方法。

能力目标

能够根据所学知识,参与企业员工培训的设计和具体的培训流程。

情境描述

员工培训方法的采用是在已经掌握方法基础上的不断创新的过程。本情境就是在这个思想观念上的一个设计。

任务剖析

任何良性运转的企业都会非常看重员工培训,因为这是提高员工素质的很重要的途径。在员工培训的环节中,方法的设计尤其是非常重要的。本任务就是在分析学习成熟汽车企业在员工培训方面的改进和创新。

任务载体

阅读案例,完成后面的任务。

奇瑞汽车创新多样化培训 助推车间高技能人才培养

对奇瑞汽车来说,生产线即生命线,那些活跃在生产车间的一线员工,用自己的技能奠定了奇瑞质量与品牌的基石。因此,奇瑞汽车股份有限公司总装一车间在培训方面一直坚持围绕车间发展需要,针对受训学员在年龄、体能、技能等方面的诸多差异,在培训方式上不断总结创新,逐步形成了一套具有特色的高技能人才培养机制,使单一的员工培训机制逐步演化为形式多样、推陈出新的创新型培训模式。

奇瑞的培训模式不是单一的培训方式,而是各种培训方式的组合。奇瑞总装一车间的多样化培训模式包含:实践理论培训、技能实践训练、竞赛比武、问题解决式培训、名师带徒以及拓展训练等6个模块。

一、实践理论培训

理论对实践具有指导作用,车间理论培训更应注重实践特色。奇瑞的做法就是让一些具有丰富实践经验的员工,从实践中总结出理论知识并通过讲师大赛等形式对其进行鉴定,然后选择优秀的讲师向学员传授,以保障课程内容新颖,授课方式活泼生动。

首先,组织者可以提前对参训学员的现状进行了解和初步分析,依据这些分析,提醒讲师有针对性地做好准备工作;其次,组织者要注意培训内容前后顺序编排的合理性,以便使学员更容易理解并掌握;再次,培训前后,组织者需建立讲师与学员之间相互交流和评价的反馈机制,帮助学员不断改善,从而构成了一种良性循环的实践理论培训体系。

二、技能实践培训

对于生产制造车间来讲,高技能人才使车间制造出的产品品质更有保障,因此,培养此类人才是车间培训管理的重头戏。然而经验来自于实践,高技能人才的技能培训绝非单凭视觉观察即可获得。

奇瑞在开展实践训练时设计出一种模拟训练的教具,学员通过在教具上的反复操作就能掌握更多的实践技能。例如,针对总装环节中"螺栓紧固"这一动作设计出"拧螺栓实践训练特色教具",帮助学员提升对动作要领的掌握。

当然教具的建设完成只代表实践培训的硬件设施已具备。依据各教具特点,奇瑞还编制了每种教具的《使用作业指导书》,定期对这些实践教具进行检查维护和保养,保障这些教具的完好性。以"拧螺栓实践训练"为例,其具体做法是:

(1) 由讲师对培训学员现场讲解"拧螺栓实训教具"的操作要领,给所有学员一个感性的认识。

(2) 准备好所需要的零件、工具、劳保用品等,然后由实训讲师现场亲自示范并讲解训练要领(如:穿好劳保用品、一次取指定数量的螺栓、用工具紧固前用手预拧 2～3 牙,工具不能二次冲击、其他安全操作要求等)。

(3) 学员了解基本的装配要领后,在实训讲师指导下按照《拧螺栓作业指导书》的要求进行实践练习,此过程要求讲师及时指出学员的错误并进行纠正。

(4) 待学员正确地按照《拧螺栓作业指导书》要求操作后,让学员自主练习,以提升装配速度,达到生产节拍的要求。

(5) 待学员完成练习后,由实训讲师依据操作熟练度、时间、质量等评价标准对学员的操作技能进行鉴定。只有确认合格的学员才具备正式上生产线操作的资格。

三、竞赛比武培训

竞赛比武作为评价员工理论及实践水平的重要方式在奇瑞的车间培训中占据重要地位。这种以赛代培的方法很容易激发员工的自学热情,促进他们相互之间进行交流。竞赛式培训分为理论和实践两种,不论哪种方式对于车间培训工作的开展都具有借鉴价值。

1. 理论竞赛式培训

理论竞赛式培训令学员较好地掌握了培训内容,该培训的优势在于:

(1) 考察员工的知识掌握情况,并促使非参赛员工的学习。

(2) 较被动地接受培训,其培训效率更高。

(3) 通过分组测试能够提高团队的凝聚力。

2. 实践竞赛式培训

作为实践技能提升的一条重要途径,实践竞赛式培训的作用不容小觑。这种培训的效应体现在赛前选手对技能的复习、锻炼,参赛过程中选手们对技能的相互学习与借鉴,以及赛后的长期效应等,这些都在无形中对员工的实践技能进行了培训。奇瑞开展实践竞赛的具体流程为:

(1) 拟定技能比武项目及方案,比武的目的是让大家掌握装配或返修要领,将要领和质量作为考评比武的评分重点。

(2) 员工报名并按比武规则积极准备,筹备比武设备及工具。

(3) 邀请专业人士担任裁判,在技能比武结束后要对选手优缺点进行点评,让员工从比武中形成良好的工作习惯,接受统一的评价标准的培训。

(4) 技能比武后积极表彰优胜者并树立为标杆,让车间其他员工找到自己的参考坐标并努力赶超。

此外,在开展竞赛培训时还可借机将平常工作中的疑难课题总结出来供员工挑战,这样既可以利用比武解决些疑难问题,又能比较出真正的高技能人才。

四、问题式培训

生产车间在制造过程中不可避免地存在一些问题,这些问题如果一味地等待检验后再返工将会造成极大的浪费,因此这些问题的解决也是车间培训工作的重点。为此奇瑞提出了"问题式培训"理念,以避免造成不必要的浪费。

所谓"问题式培训"就是以各工位"TOP问题"为突破口,将日常车间中的突发问题记录下来并统计制表,通过数据分析列出问题中的 TOP,然后对这些问题所对应的装配人员加以培训。

通过长期对问题式培训的坚持和总结,奇瑞形成了一套生产车间的 TOP 问题工位预防方法,这些预防方法是员工调岗或新员工上岗前培训的宝贵财富。在问题式培训中不断积累各工位的预防要领并形成可实施的表单,这样对新员工进行岗前培训时就可以有效避免问题的重复出现。问题式培训的具体做法为:

(1) 根据自身需求,采用统计分析方法从检验点的质量信息中找出 TOP 质量问题工位。

(2) 按照影响质量的六要素编制 TOP 质量问题工位培训提升检查表,以便于现场审核时找出真正的问题根源。

(3) 组织工位质量提升培训小组,并现场查找问题与职责分工。

(4) 结合 TOP 质量问题工位培训提升检查表,培训小组成员反复现场观察员工操作,查找质量问题的产生根源。

(5) 确定问题根源后,制定解决措施并由培训提升小组成员进行现场纠偏,直至员工掌握正确要领。

(6) 制定"FOLLOW UP"跟踪表,追踪纠偏后问题的发生数量。持续跟踪措施执行情况,对未消除的问题循环上述两个操作环节,直至问题解决;对已消除的问题则将其解决措施纳入质量问题培训数据库,以便后续查询。

五、名师带徒培训

车间很多岗位的实践技能往往不能用简单的语言来表达,而需要靠师傅的言传身教,因此,建立一套有效的名师带徒机制对于高技能人才的培养相当关键。奇瑞名师带徒的培训模式如下:

(1) 采用签订《师徒责任状》的方式可以明确责任和义务,制定详细的培养计划,指明学员的目标和方向。

(2) 提供一定的现场实践型调研课题给学员思考和挑战,帮助他们在接受训练的同时培养和提高其自学能力。

(3) 在一定的激励政策下,定期对徒弟的技能情况进行鉴定,在徒弟间进行评奖的同时,也让师傅们找到各自间的差距,便于相互借鉴与竞争。

六、拓展式培训

在拓展培训中,学习和开发一些团队协作游戏项目有助于新员工快速融入团队并使整个

笔记

团队更具凝聚力,这些游戏项目的选择和实施会使学员在游戏中懂得团队之间应该相互信任、相互帮助和相互理解,这种潜移默化的方式较理论的说教和命令式教育更加有实际效果,也更容易让大家接受。奇瑞曾开展这样的拓展项目来增强团队的凝聚力:

(1) 组织一组学员,准备1根筷子,1.5m长细线一条,1m长细线5根,饮料瓶1个,1.2m高圆凳一个。

(2) 分别将5根1m长细线系在1.5m长细线不同位置,将筷子系在1.5m长细线一端,并将筷子垂直悬挂在饮料瓶口附近。

(3) 由1人站在高凳子上抓住1.5m长线的另一端,其余5人均匀分布取1m细线的另一端。

(4) 培训讲师宣布本次游戏目标是在最短时间内将绳子上的筷子投入到饮料瓶内,然后开始游戏。

(5) 游戏结束后进行讨论:

① 第一次失败的原因是有哪些? 团队是通过哪些方法最终实现目标的?

② 联系工作谈谈生产质量与车间5大项的关系。

③ 谈谈产品质量提升应该从何做起。

(6) 讨论后再重新开始游戏。

奇瑞汽车以车间生产为核心,在培训方式上不断创新,充分发挥培训的组织和拉动作用,形成了一套良性循环的创新型多样化培训机制,并使得车间所需高技能人才能够源源不断地涌现和成长。

任务:分析体会奇瑞汽车在员工培训方面的创新之处。

📖 相关知识

员 工 培 训

一、概述

1. 员工培训的目的

强化员工培训,建立有效的培训体系,通过培训向员工传递汽车服务企业的核心理念、企业文化、品牌意识以及运作标准要求,改善岗位人员的工作态度、专业素养及能力,增强汽车服务企业的竞争力,实现汽车服务企业的战略目标;另一方面将员工个人的发展目标与汽车服务企业的战略发展目标统一起来,满足员工自我发展的需要,调动员工工作的积极性和热情,增强汽车服务企业的凝聚力。

2. 有效的员工培训体系的特征

培训体系是否有效的判断标准是该培训体系是否能够增加汽车服务企业的竞争力,实现汽车服务企业的战略目标。有效的培训体系应当具备以下特征:

1) 以汽车服务企业战略为导向

汽车服务企业培训体系是在汽车服务企业的总体战略的指导下,结合人力资源战略体系的要求进行设计的。只有根据汽车服务企业的战略规划,结合人力资源发展战略,才能量身定制出符合企业持续发展的高效培训体系。

2) 注重汽车服务企业的核心需求

有效的培训体系是深入发掘汽车服务企业的核心需求,根据汽车服务企业的战略发展目标、预测对于人力资本的需求,提前为汽车服务企业需求做好人才的培养和储备。

3) 多层次、全方位

员工培训是一种成人教育,有效的培训体系应考虑员工教育的特殊性,针对不同的课程内容采用不同的训练技法,针对具体的条件采用多种培训方式,针对具体个人能力和发展计划制定不同的训练计划。在效益最大化的前提下,多渠道、多层次地构建培训体系,达到全员参与、共同分享培训成果的效果,使得培训方法和内容适合被培训者。

4) 充分满足员工的自我发展的需要

人的需要是多方面的,而最高需要是自我发展和自我实现。按照自身的需求接受教育培训,是对自我发展需求的肯定和满足。培训工作的最终目的是为汽车服务企业的发展战略服务,同时也要与员工个人职业生涯发展相结合,实现员工素质与汽车服务企业经营战略的匹配。这个体系将员工个人发展纳入汽车服务企业发展的轨道,在推动汽车服务企业战略目标实现的同时,也能按照明确的职业发展目标,通过参加相应层次的培训,实现员工个人的发展,获取个人成就。另外,激烈的人才市场竞争也使员工认识到,不断提高自己的技能和能力才是其在社会中立足的根本。

3. 建立有效培训体系的基本原则

(1) 理论联系实际、学以致用的原则。员工培训要坚持针对性和实践性,以工作的实际需要为出发点,与汽车服务企业岗位的特点紧密结合,与培训对象的年龄、知识结构紧密结合。

(2) 全员培训与重点提高的原则。有计划有步骤地对在职的各级各类人员进行培训,提高全员素质。同时,重点培训一批技术骨干、管理骨干,特别是对中高层管理人员。

(3) 因材施教的原则。针对每个人员的实际技能、岗位和个人发展意愿等开展员工培训工作,培训方式和方法切合个人的性格特点和学习能力。

(4) 讲求实效的原则。效果和质量是员工培训成功与否的关键,为此必须制定全面周密的培训计划,采用先进科学的培训方法和手段。

(5) 激励的原则。将人员培训与人员任职、晋升、奖惩、工资福利等结合起来,让受训者受到某种程度的鼓励,同时,管理者应当多关心培训人员的学习、工作和生活。

二、建立有效的培训体系,进行培训需求分析与评估

1. 培训需求分析与评估

拟定培训计划首先应当确定培训需求,从自然减员因素、现有岗位的需求量、汽车服务企业规模扩大的需求量和技术发展的需求量等多个方面对培训需求进行预测。

1) 培训需求分析

(1) 业务分析。通过探讨汽车服务企业未来几年内业务发展方向及变革计划,确定业务重点,并配合企业整体发展策略,运用前瞻性的观点,将新开发的业务事先纳入培训范畴。

(2) 企业分析。培训的必要性、适当性及企业文化的配合是极其重要的前提,如果培训后造成汽车服务企业内更大的认知差异就得不偿失了。对于企业结构、企业目标及企业优劣等也应该加以分析,以确定训练的范围与重点。

（3）工作分析。培训的目的之一在于提高工作质量,以工作说明书和工作规范表为依据,确定职位的工作条件、职责及负责人员素质,并界定培训的内涵。

（4）调查分析。对各级主管和承办人员进行面谈或者进行问卷调查,询问其工作需求,并据实说明训练的主题或应强化的能力是什么。

（5）绩效考评。合理而公平的绩效考核不仅可以反映员工能力缺陷及其需要改善的计划,还能够激发其潜力,因此绩效考核成为确定培训需求的重要来源。

（6）评价中心。员工提升过程中,为了确保选择人选的适当性,利用评价中心测定候选人的能力是一种有效的方法,且可以兼而测知员工培训需求的重点。

对于特殊性的培训,可以利用自我申请的方式,以符合工作专业的需要和时效。

2）培训需求评估

培训需求反映了员工和汽车服务企业对培训的期望,但是要将这些需求转化为计划,还需要对需求进行评估。对培训需求的评估通常要考虑以下几个方面:

（1）培训需求是否与汽车服务企业的战略目标相一致。只有符合汽车服务企业发展战略目标的培训需求才会得到满足,而培训需求至少应当满足知识的传授、技能的培养和态度的转变三者其中任何一个目标。

（2）培训需求是与和汽车服务企业文化一致。如果某种培训需求与汽车服务企业文化相冲突,会造成汽车服务企业文化的混乱,其结果是得不偿失。

（3）培训需求所涉及到的员工数目。不同的员工有不同的培训需求,应当优先考虑大多数员工的培训需求。

（4）培训需求对汽车服务企业目标的重要性。如果通过培训能给企业带来巨大的效益,这样的培训应该得到优先满足。

（5）培训后业务水平提高的程度。通过培训后业务水平能够得到大幅度提高的需求,应当得到优先满足。

培训需求评估可以界定培训需求是否应当得到满足,将需要按轻重缓急组成一个序列,为设计培训体系创造条件。

2. 建立有效的培训体系

员工培训体系包括培训机构、培训内容、培训方式、培训对象和培训管理方式等,培训管理包括培训计划、培训执行和培训评估三个方面。建立有效的培训体系需要对上述几个方面进行优化设计。

1）培训机构

汽车服务企业培训机构有两类:外部培训机构和企业内部培训机构。外部培训机构包括专业培训公司、大学以及跨企业间的合作(即派本公司的员工到其他汽车服务企业挂职锻炼等)。企业内部培训机构则包括专门的培训实体,或由人力资源部履行其职责。

汽车服务企业从其资金、人员及培训内容等因素考虑决定选择外部培训机构还是内部培训机构。一般来讲,规模较大的汽车服务企业可以建立自己的培训机构;规模较小的公司,或者培训内容比较专业,或者参加培训的人员较少缺乏规模经济效益时,可以求助于外部培训机构。

2）培训对象

根据参加培训的人员不同可分为高层管理人员培训、中层管理人员培训、普通职员培训和工人培训,应根据不同的受训对象设计相应的培训方式和内容。一般而言,对于高层管理人员应以灌输理念能力为主,参训人数不宜太多,采用短期而密集的方式,运用讨论学习方法;对于中层人员,注重人际交往能力的训练和引导,参训规模可以适当扩大,延长培训时间,采用演讲、讨论及报告等交错的方式,利用互动机会增加学习效果;对于普通职员和工人培训,需要加强其专业技能的培养,可以大班制的方式执行,长期性的延伸教育,充实员工的基本理念,并加强事务操作。

3) 培训方式

培训方式有在岗培训和岗前培训。在岗培训指工作教导、工作轮调、工作见习和工作指派等方式,对于提升员工理念、人际交往和专业技术能力方面具有良好的效果。岗前培训指在专门的培训现场接受履行职务所必要的知识、技能和态度的培训。岗前培训的方法很多,可采用传授知识,发展技能训练以及改变工作态度的培训等。在岗培训和岗前培训相结合,对不同的培训内容采用不同的方式,灵活进行。

4) 培训方法

(1) 讲授法。讲授法简单且易操作,成本不会太高。但讲授是一种单向沟通的过程,员工容易感到单调和疲倦。讲授法是面向全体员工的,没有针对性,员工的问题难以得到解决,学到的东西也容易忘记。

(2) 讨论法。讨论法有三种形式,即集体讨论法、小组讨论法和对立讨论法。讨论法多是在员工已经掌握了一定的知识,需要对此加以深化的时候采用。可以请某位专家进行讲授,讲授结束后与员工进行讨论;也可以将论题列出来,每位员工围绕论题谈自己的经验和体会。讨论法的优点是员工的参与性很强,信息可以多向传递,但费用较高,而且要求教师具有较强的指导和控制能力(讨论时容易走题)。

(3) 案例法。案例法属于能力层次的培训。教师向大家介绍案例的基本知识,拿出案例介绍背景,让员工分成小组讨论。有时教师给出的信息并不完全,还需要员工向教师寻求信息,这样可以锻炼对决策信息需要的判断。有时教师不准备案例,而是由员工提前自己准备关于自己的案例。这种方法费用低,反馈效果好。

(4) 游戏法。这种方法比较生动,容易引起员工兴趣。实际操作时要注意游戏的选择,应当与培训内容联系起来。通过游戏领会到所要培训的内容,不能因为游戏而使员工忘记他们来上课的目的。还要注意选择插入游戏的时间。

(5) 角色扮演法。假设模拟真实的情境,部分员工扮演其中的不同角色,其他员工分成小组讨论。小组代表陈述本组意见后,重新进行演出或播放录像,由教师进行点评。最后,扮演角色的员工要对自己和对方扮演者进行点评。该方法信息传递多向,反馈效果好、实践性强,多用于人际关系能力的训练。

(6) 自学法。这种方法的不足在于监督性比较差。人力资源部门可以要求员工在自学一段时间后写出心得报告,也可以进行问卷调查,还可以要求员工写出所学资料的纲要。个人的学习方法不同,效率有高有低,人力资源部有必要对此进行培训。电脑网络培训也是自学法的一种,现在有一种新的概念:e-learnig,即电子学习,是未来培训的一个趋势。

5) 培训计划

员工培训的管理非常重要,有效的培训体系需要良好的管理作为保障。培训计划涵盖培训依据、培训目的、培训对象、培训时间、课程内容、师资来源、实施进度和培训经费等项目。

在制定培训计划时应当遵循拟定的管理程序,先由人力资源管理部门(或者培训主管单位)分发培训需求调查表,经各级单位人员讨论填写完毕,直属主管核定后,由人力资源管理部门汇总,拟定培训草案,并提请上一级主管审定,在年度计划会议上讨论通过。在培训方法方面,应当采用多种方式,对演讲、座谈、讨论、模拟等方法善加运用,可以增强培训效果。同时在培训内容上,最好能够采用自主管理的方式,由员工与主管或讲师共同制定培训目标、主题,场地开放自由化,这样可以增加员工的学习意愿,提升学习效果。

6) 培训项目的确定

科学、准确地确定培训项目是开展职工教育培训的前期工作。培训项目是否合适,直接影响着职工教育培训工作的质量和效益。

(1) 确定培训项目的依据:

① 以工作岗位标准为依据。汽车服务企业的职工都有在岗的标准和要求(包括知识、技能、工作态度等),这些标准和要求是职工上岗的基本标准,若职工未达到他所要上岗的岗位标准和要求,就应该通过培训达到上岗标准。

② 以服务质量标准为依据。质量是汽车服务企业的生命,不同的服务质量标准对汽车服务企业有着不同的人力资本结构和等级的要求。在当今科技知识迅猛发展的时代,服务质量标准也在不断更新和提高,使汽车服务企业的生存和发展始终处于一个不断变动的经济技术环境之中。作为汽车服务企业人力资本的职工,当然也脱离不了汽车服务企业所处的环境,在知识、技能和工作态度方面必须与这种不断变动的外部环境相适应,不断更新知识,提高技能,以满足服务质量标准的要求。

③ 以汽车服务企业的发展目标为依据。企业发展目标的确立必然对人力资本结构和等级提出要求。当某项工作的目标要求与职工现有的知识、技能、工作态度出现差距时,就有必要进行培训;当企业目标与实现这个目标所必需的人力资本条件出现差距时,为消除差距也必须组织培训。

(2) 确定培训项目的分析方法:

① 任务分析法。通过对某项任务进行系统分析,找出工作难点或质量控制点。首先把任务进行分解,按照服务质量标准体系的要求,以服务质量标准为依据,逐项分析、判断各项工作的难点和重要性,然后根据汽车服务企业人力资源现状进行模拟操作分析,确定完成这项任务的质量控制过程和环节,这些控制环节就是需要培训的项目。

② 缺陷分析法。在服务过程中,某项工作发生缺陷较多,通过对工作中的缺陷所产生的原因进行分析,找出哪些因素与人力素质有关,然后以企业的岗位标准和服务质量标准为依据,结合汽车服务企业现岗的人力素质现状,对职工的知识、技能、工作态度进行对比分析,确定培训项目及应培训的知识、技能。

③ 技能分析法。主要是针对汽车服务企业非管理人员工作的分析。分析的内容包括:工作设施与职工身体条件是否相适应、工作环境条件对职工生理和心理是否有影响、职工的工作态度是否端正、积极性是否高涨,并对职工工作过程进行详细分析。通过分析找出差距,确定培训项目和内容。

④ 目标分析法。当一个汽车服务企业确定其发展目标后,为实现这个目标,必然对汽车服务企业人力素质提出标准和要求,即理想状态的人力素质。对理想状态的人力资本的结构和等级与现实状态的人力资本的结构能力进行比较分析,找出差距,确定培训项目及内容、

方法。

7）需要注意的问题

培训计划制定后就要有组织、有计划地实施。实际操作时，应该注意几个问题：

（1）实施培训时最好与考核相结合，重视过程控制，观察培训过程中参训者的反映及意见。培训是持续性的心智改造过程，所以员工在培训过程中的社会化改变比训练结果更值得关注。

（2）培训计划执行时应当注重弹性原则和例外管理。对于一般性的训练，可以统筹办理，人力资源管理部门主要负责。对于特定性的培训，应采用例外管理，由各个部门根据具体情况弹性处理。

（3）培训活动应注意事前沟通，塑造学习气氛，加强学习互动，营造良好的学习氛围，逐步建立学习性组织。

8）培训评估

培训的成效评估和反馈是不容忽视的，一方面是对学习效果的检验；另一方面是对培训工作的总结。成效评估的方法分为过程评估和事后评估。前者重视培训活动的改善，从而达到提升实质培训成效的作用；后者则供人力资源管理部门决策参考。从合理化的观点来看，最好是将两者结合起来。成效评估可根据培训目的采用不同的方法。

（1）如果培训的目的在于了解参训者的反映，可以利用观察法、面谈或意见调查等方式，从而了解参训者对培训内容、主题、教材、环境等的满意程度。

（2）如为了解参训者的学习效果，可以利用笔试或者心得体会，了解其知识积累程度。

（3）如为了解参训者行为的改变，可以对其行为进行观察及访谈其主管或同事。

三、汽车服务企业员工培训

现代管理理论指出，精英分子是决定企业命运的看得见的手。一个成功的汽车服务企业需要拥有一支高素质的人才队伍。花大力气吸引、培养、使用人才，建立人才高地，是汽车服务企业成功的一个重要因素。而培训则既是员工获取知识和技能的重要途径，又是一种经营管理的工具。

例如，有一国内著名汽车服务企业，其员工培训与服务工程建设、人员聘用的进度同步开展。他们抓住服务工程的关键节点，将培训工作与服务工程的各个环节的需求对应起来，制定了一体化培训计划，全方位地跟踪、控制、实施关键节点的培训项目。通过相应的培训，员工的素质和技能节节提高。下面介绍该企业在培训管理方面的主要内容。

1. 培训计划

制定培训计划是培训的第一步，也是培训目标、培训内容的具体体现，使培训工作具有可操作性。该汽车服务企业实施一年或半年制定一次的整体一体化培训计划，这种培训计划不仅能充分体现培训需求，而且把汽车服务企业"以人为本"的管理思想也融合其中。所谓"一体化"，就是把整个培训实施过程中要涉及的所有问题和解决的时间、方法等进行系统考虑。该汽车服务企业的一体化培训计划包括：培训资源及设施需求、培训课程及实施计划、培训预算，在制定计划过程中还要进行自下而上、自上而下的讨论，最终形成企业与个人利益相结合的培训计划。

2. 培训机构

该汽车服务企业把培训机构纳入人事管理系统,在人力资源部中设培训科,在各车间、部门设有兼职培训协调员。这种模式集规划、培训、使用、考核于一体,使培训目标明确,针对性强,学以致用。

3. 培训内容

管理、技术和工人等各类人员的培训内容有共同部分,但更多的是分层次按岗位要求确定培训内容。

(1) 入门培训。这是针对新员工或新岗位要求进行的。入门培训主要包括:企业人事规章、企业政策及经营理念、服务的汽车品牌市场状况及技术特点、各部门的运作了解及人员认识、工作业务及流程、服务的相关规定等。该汽车服务企业录用的员工都要接受全面的入门教育和平均 10 周的培训。主要包括:

① 业务培训。员工接受关于企业概况的培训。

② 基础培训。员工接受行业层次的培训,学习如何做好各自工作的基础知识。

③ 亲身体会。挑选部分员工赴总部其他服务企业就其专业接受手把手的培训。

(2) 适应性培训。这是针对全体员工的分层次、按岗位需要及综合素质提高进行的新技术、新知识普及和综合能力训练,目的在于为员工补充新知识,提高员工素质,适应新技术的发展。该汽车服务企业把培训内容设定为 4 个模块:

① 工作标准化模块。旨在通过培训让所有员工掌握标准化工作清单的制作和不断改进技能,正确理解运用标准化的形式开展工作以及工作场所合理安排的重要性。

② 质量模块。旨在让员工理解和接受"信誉来自服务质量"的观念,从而确保通过高质量的服务向用户提供优质的产品,提高企业的信誉。

③ 领导责任模块。旨在向各级管理人员及专业技术人员传授领导有方的基本知识和必要技巧。

④ 持续改进模块。旨在使员工能掌握并运用不断改进的原理和概念,改进汽车服务流程与方法,提高服务质量。

4 个模块共设置 20 门课程,每门课程既是整体的一部分,又能独自成立,可按照不同层次的需要任意组合,灵活运用,内容生动,具有很强的实践性和指导性。

(3) 提高性培训。主要对有培养前途的骨干以及高层管理人员进行管理技能、专业技术方面的专门培训,使汽车服务企业得到进一步提高。

4. 培训时间

(1) 全脱产培训,即培训时间全部安排在工作时间。该汽车服务企业的 4 个模块的培训就属于此类培训。新员工正式上岗前,首先要在培训中心接受为期 5 天的入门培训,了解汽车服务企业的理念及价值观、服务体系等,然后在车间的培训岛内接受为期 3 周的岗位技能培训。上岗后,根据汽车服务企业的要求和个人发展目标,不断地进行多岗位技能培训和 4 个模块课程的培训,使技能得以不断地提高。

(2) 工娱相结合的培训。它虽是一种知识性的提高素质的培训,但也能间接地对汽车服务企业有益。

(3) 全业余培训。通常是员工自己要求的培训,如学历培训,是不能在工作时间进行的。

培训时间的另一个概念为人均年培训小时。该汽车服务企业规定年培训时间不低于 40

小时/人。汽车服务企业对员工培训时间最低限度的提出，反映了它对员工培训的重视。在课程的设计安排上，讲求实效是该汽车服务企业培训的特点。在"一页纸报告"的培训课程上，参加培训的员工通过一天的培训，可以在很轻松的环境中学会使用并编写该汽车服务企业现场改善的一页纸报告表。

5. 培训教材

着眼于应用性并讲求实效的培训不可能使用社会上的现成教材，因为这一类培训除了进行知识的传授以外，还要求有很强的针对性和可操作性。该汽车服务企业的4个模块课程全部配有自编教材。即使是专业技术方面的课程，一般也要针对汽车服务企业中应用最广泛的部分，结合汽车服务企业实际进行教材的编写，以使汽车服务企业培训在最短的时间内取得最大的效果。

6. 培训方式

为了实现培训的针对性和可操作性，该汽车服务企业的培训课程都设计了多种培训工具和讲授步骤，安排好每一堂课，包括从课程开始、中间讨论到小结的全过程，以及对重点内容设提问、配以录像分析、动手拆装或计算等环节，以确保每堂课的质量。汽车服务企业为提高学员的实际动手能力，还引进模拟教学设备来增加培训的直观性。

讨论式、互动式的培训方式也被普遍采用。一般一组不超过20人，课桌的排列是以教师能方便地走到每个员工面前和员工做充分的交流，以及员工之间也能开展充分讨论为前提。用这种方法授课，教师已不是居高临下而是整个课堂的引导者和主持者，员工可以充分地参与讨论，共同探讨问题，员工和教师、员工和员工是相互学习的伙伴，从而使培训取得最佳效果。

最大限度地利用一切资源开展职工培训是该汽车服务企业的一大特点。首先是海外培训，它有着得天独厚的优势，美国、德国的合作伙伴都是他们海外培训的基地。虽然培训费用比较高，但只要目的性强、计划周密，就一定会有好的效果。该汽车服务企业根据企业建设的需要，按照不同任务，选派了部门经理、车间主任、工程师等关键岗位人员赴美国、德国、澳大利亚等国的服务企业接受特定的见习培训；其次是充分利用国内社会培训资源，为汽车服务企业培训服务。该汽车服务企业分别与上海交通大学、同济大学建立了长期合作伙伴关系，充分利用它们的试验设备和专业教师开展汽车专业技术培训，既节省了企业投资，又取得了良好的效果。

7. 师资队伍

建立一支以专职教师为主导，以兼职教师为主体的专兼职教师相结合的师资队伍。面对繁多的培训科目，企业不可能全部配备专职教师，因此，以专职教师为骨干，聘请兼职教师组成庞大的培训师资队伍，则是完成汽车服务企业培训任务的一条重要途径。兼职教师的来源有两条渠道：一是从汽车服务企业内部聘请；二是从社会上聘请，包括请高校教师、国外专家等。

通过"滚雪球"式的培训，该汽车服务企业目前已形成一支精干、高效的培训师资队伍，不少部门的经理、车间主管都是骨干的兼职教师，特别是车间主管，基本上承担了本车间工人岗位技能的培训工作，取得了很好的培训效果。

培训的责任在于各级经理，由经理分析和提出所属员工的岗位要求和培训需求；由经理审定所属员工填报的计划并决定其取舍；由经理评估所属员工经培训后的技能水平。经理每年1～2次与员工面对面地讨论其优缺点，并明确其下一年的培训方向。车间主管助理就是车间的培训协调员，公司培训科的培训需求调查表经由助理交车间主管亲自填写。服务部门各级

笔记

主管亲自为员工讲课，他们用在国外样板企业接受过的培训知识，经过自己的实践、总结，深入浅出地传授给一线工人。

汽车服务企业的员工培训，是汽车服务企业占领人才高地的最重要的部分。该汽车服务企业将真正更新了的理念带入了汽车服务企业的培训项目中，一切从有利于员工成长的培训出发是培训的宗旨，采用全新的培训理念，构建完整的培训机制。制定与企业发展、人员管理同步的培训规划和计划，充分利用厂内外、国内外的教育资源，将培训内容与被培训者的工作结合起来，使汽车服务企业的发展一直紧跟时代的步伐。

未来社会是一个"人工智能"和"专家系统"的时代，汽车服务企业要通过培训不断自我发展及自我管理，它的理想模式是成为有效学习型汽车服务企业，汽车服务企业培训应逐渐走上正轨，成为企业真正的加油站。未来的职业培训方式应该向以下几个方面发展：

（1）员工的培训，应以尊重人性为基础。

（2）教育内容应根据企业按各部门的实际需要来制定，并规范化、长期化。

（3）训练方法应摒除定型的教育，针对汽车服务企业特点选取多种方式进行。

（4）促进以自我发展为基础的教育训练，让所有的汽车服务企业在有效培训中不断创新，寻求发展。

🔍 本任务回顾

1. 员工培训方法的选用很重要的内容。

2. 在本案例中，采用了很多创新的员工培训方式，吸收并加以利用。

⬇ 任务实施步骤

1. 任务要求

在学习的知识基础上，不断分析利用新的员工培训方法。

2. 任务实施的步骤

（1）仔细阅读、分析案例内容。

（2）学习相关知识。

（3）根据所学内容与案例中员工培训具体方法的应用对比，体会其创新之处。

📔 思考与训练

1. 简答题

（1）汽车服务企业有效员工培训体系的特征有哪些？

（2）简述建立有效员工培训体系的基本原则。

（3）培训需求分析与评估的方法有哪些？

（4）培训需求评估需要从哪些方面考虑？

（5）员工培训的主要方法有哪些？

2. 论述题

分析汽车服务企业员工培训的一般过程。

拓展提高

列举你可以想到的其他新颖的员工培训方法，并简单描述其流程。

➡ 项目五

汽车配件管理

任务一　汽车配件订货管理
任务二　汽车配件采购管理
任务三　汽车配件入库流程
任务四　汽车配件仓库管理
任务五　汽车配件出库流程

❓ 学习目标

1. 了解汽车配件管理的内容。
2. 掌握汽车配件管理的流程。

☆ 期待效果：

通过有关汽车配件管理内容和流程的学习,能够基本满足汽车服务企业对配件管理岗位的知识和能力需求。

📖 项目理解

保障配件供应率是提高服务质量的重要内容。要提高配件供应率必须确定适当的配件经营机制,做好配件的计划、采购和库存管理等工作。本项目按照汽车配件管理的流程:订货—采购—入库—仓库管理—出库5个步骤来学习和掌握。

配件管理是汽车整车销售、汽车维修、汽车配件与精品销售等汽车服务企业中很重要的一部分管理内容,通过这一项目的开展,熟悉汽车配件管理的内容和流程,为将来的汽车配件管理工作做好充足的准备。

任务一　汽车配件订货管理

知识目标

1. 了解汽车配件订货管理的概念和意义。
2. 掌握库存配件品种与零件流通级别之间的关系。
3. 掌握最低安全库存量的确定方法。
4. 掌握汽车配件订货流程。

能力目标

1. 能够组织汽车配件订货工作。
2. 能够体会汽车配件订货管理工作的灵活性。

情境描述

订货管理是汽车配件管理的首要环节,在分析汽车配件订货计划影响因素的基础上,制定一份合理的订货计划,并能够按照汽车配件订货管理的流程,合理地组织订货管理工作。

任务剖析

订货管理也称为订货计划管理,是汽车配件管理的核心内容,也是汽车配件管理的首要环节。通过这一任务练习,熟悉订货管理的内容和流程,为今后进入相关的工作岗位工作打下坚实的基础。

任务载体

腾飞汽车维修服务公司(主要维修业务针对大众系列车型,是一家中型汽车维修厂)正处在开业筹备阶段,配件经理李军正在制定初期的配件订货计划。

该公司配件仓库有关资料:库房面积约 200m²;设备配备有计算机、打印机、货架、物料手推车、手动液压叉车、托盘等。

请问,如果你是李军,如何制定配件订货计划?

相关知识

汽车配件订货管理

一、汽车配件订货管理的基本知识

1. 配件订货管理的概念

汽车配件订货管理是指汽车服务企业配件管理工作者通过各种订单类型的合理搭配,以最低的订货成本达到客户满意和资本占用的最佳平衡。配件订货管理是库存管理的核心内容,主要解决订货时间、订货种类、订货数量、订货方式等问题。

2. 配件订货管理的实际意义

(1)解决订货时间问题。既不造成过多配件库存,占压资金,又不会因配件库存不足造成销售损失,降低客户满意度。

(2)保证库存管理的实施。正确订购配件,保持一个平衡、灵活的库存系统。

(3)保证客户满意度。良好的库存状态可保证配件供货率,灵活的订单形式可以快速补充库存范围,紧密的订单跟踪兑现客户承诺。

（4）扩大市场占有率。先进的订货管理可以增加客户忠诚度,扩大市场影响,挖掘维修深度,提高单车产值。

（5）提高利润。据统计,40%的利润被消耗在不正确的运输方式上,因此订货管理可以降低采购成本,提高利润率。正确的订货时机和订货数量可以实现库存成本和订货成本的优化,库存订单往往会得到更多的采购折扣。同时,时间与人力的节约也可以降低运作成本。

（6）降低库房管理成本。节省库存空间,节省人力支出,提高进出库效率。

（7）提高资金利用效率及计划性。进行订货管理可以在理论上实现零库存经营,规范订货行为,有计划地进行工作,合理安排资金,提高库房周转率,避免因资金储备不足造成对正常业务的不良影响。

（8）避免不必要的库存损失。合理的订货频率可以保证库存配件的有效使用周期,科学的订货数量可以避免过量库存配件,紧密的特殊订单跟踪可以减少死库存的产生。

（9）提高到货速度。合理计划订货以提高汽车配件仓库的供货率,紧密的订单跟踪可以及时调整供货方式。

（10）降低仓库工作强度。规律订单可以合理安排工作强度,最小包装订货可以避免重新包装;合理安排运输车辆,降低运输成本。

3. 库存

库存管理的目标是以少的库存达到高的供给率,从而既降低与库存有关的费用,如场地、利息、人工费等,又防止失去销售机会,实现高的利润和客户满意度。

（1）库存配件品种。汽车配件销售的随机性很大,客户何时需要什么配件很难预测,而一辆汽车的零件总数超过几十万个,不可能所有的零件都有库存。作为汽车配件管理工作者,关键在于如何处理好"用最少的资金占有量,取得最大的经济效益"与"提高及时供货率,不丧失每一个销售机会"。降低库存量和资金占有量与提高及时供货率之间是一对矛盾。配件供应率和存储成本是衡量存货管理水平的标志,提高库存管理水平,制定正确的存货决策,其关键是寻找能保证企业发展需要的物资供应最合理的库存成本。订货时间过早,存货必然增加,使存储成本上升;订货时间过晚,存量可能枯竭,缺货成本上升。订货数量过多,资金必然被挤占,并将增加存储耗费;订货量过少,配件将会短缺,并要增加订购耗费。

一般情况下,要提高及时供货率,必须增加库存量;但库存什么配件、库存多少,通常应根据以往的销售记录和近期市场反馈信息来确定库存配件品种的变化、库存量的大小;订购要适时、适量,从而保证企业的生产、维修和销售顺利进行。

（2）库存配件数量。汽车零件的流通等级是指汽车配件在流通过程中周转速度的快慢程度,根据汽车零件寿命周期长短可以把它们分为快流件、中流件、慢流件三大类,也有些公司分得更细一些,有五六类甚至达十类之多。汽车制造商、汽车零配件经销商的统计结果表明,占零件总数仅10%的快流件的销售收入占销售总额的70%,占零件总数20%的中流件的销售收入仅占销售总额的20%,而占零件总数70%的慢流件的销售收入只占总销售额的10%,零件流通等级与销售额之间的关系,如图5-1所示。

4. 配件品种和最低安全库存量的确定

（1）库存配件品种的确定。把什么样的零件作为库存配件呢?一般地,根据经验,某款新车上市后,如果一年之内出现两次以上即购即销的零件,就可以考虑把它作为库存件。增加库存配件品种应从严控制,以保证较高的配件供应率和较短的库存周转期。

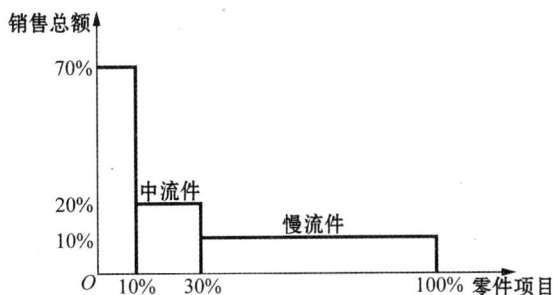

图 5-1　零件流通等级与销售额之间的关系

（2）库存配件流通级别的确定。一般把易磨损和易失效的零件或材料作为快流件,如离合器片、制动器片、制动总泵/分泵、橡胶密封件、空气滤清器、机油滤清器、汽油滤清器、机油、轴承、油封、大小轴瓦、大修包、消声器、排气管、高压泵、柱塞、出油阀、前挡风玻璃、密封条、前后灯具、水箱、冷却散热网、万向节十字轴、雨刮片、火花塞、白金等。

有些零件经销商根据本公司配件销售量来区分快流件、中流件和慢流件,如把年销售量在 25~50 件的零件作为快流件,把年销售量在 6~24 件的零件作为中流件,而把年销售量在 1~5 件的零件作为慢流件,也可根据汽车制造商推荐的零件流通级别来选择库存零件。

（3）影响零件流通级别的因素。零件的流通级别不是一成不变的,快流件可能会变成中流件,甚至变成慢流件,而中流件和慢流件在一定时期内可能变成快流件。影响和决定零件流通级别的因素是多方面的,概括起来主要有 6 个方面:

① 车辆投放市场的使用周期。一般车辆使用寿命 10 年,前 2~3 年零件更换少,中间 4~5 年是零件更换高峰期,最后 1~2 年零件更换又逐渐减少。其变化过程,如图 5-2 所示。

② 制造、设计上的问题。材料选择不当、设计不合理,如汽油泵,一般不出故障,但有些车的汽油泵频频发生故障,属于设计上的问题。

③ 使用不合理。本来某种汽车设计用于寒冷地区,如果把它用于热带地区则会频发故障。

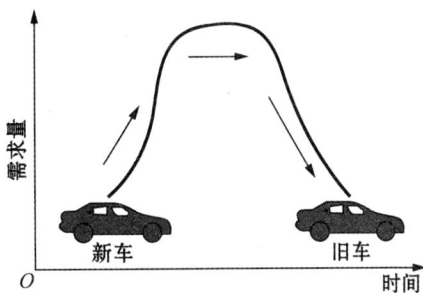

图 5-2　汽车配件需求变化过程

④ 燃油、机油选择不当或油质有问题,也会影响零件的寿命。

⑤ 道路状况。车辆长期在好路面行驶,振动小,零件使用寿命长;如果在不平路面或市区内频频刹车,也会影响零件的使用寿命。

⑥ 季节性。冬天到来之前,点火、起动系统配件要准备充足;夏季来临前,空调系统配件要多储备。

（4）最低安全库存量的确定。库存量过小不能保证及时供货,影响顾客的使用和企业的信誉;库存量过大资金占有量增加,资金周转慢,影响企业的经济效益。因此,确定最低安全库存量非常重要,而影响最低安全库存量的因素有:

① 订货周期。国外订货周期一般为 2~3 个月(船运期货 3 个月,空运订货 15 天左右,但空运件的价格是船运的两倍),国内订货周期则因地而异。

笔记

② 月平均销量。必须掌握某种配件近 6 个月的销量情况。

③ 配件流通级别。快流件的最低安全库存量为前 6 个月销量,中流件和慢流件的最低安全库存量为前 3 个月销量。

5. ABC 分类控制法

企业所需要的生产资料品种规格极为繁多复杂,有的企业所需的物资多达成千上万种,各种物资品种所用的资金数量差异很大。因此,企业应根据自己的生产经营特点及规模大小,采用 ABC 分类控制法,对繁多复杂的物资品种进行分类排队,实行资金的重点管理,这样既能简化管理工作,又能提高经济效益。

ABC 分类控制法主要是按品种和占用资金的多少进行分类,即把企业全部物资划分为 ABC 三大类:A 类物资品种少,占用资金大;B 类物资品种比 A 类多,占用资金比 A 类少;C 类物资品种很多,但占用资金很少,如表 5-1 所示。

表 5-1　ABC 分类示意表

类别	定　义	对　象	比　重		管理方式	库存方式
			数量	价值		
A	占库存金额比例大、数量少而影响大的品种	① 高价品种 ② 用量不大的品种 ③ 研制周期长的品种 ④ 逐年变化快的品种 ⑤ 必须成批购买的品种	10%	65%	重点管理	采取按期订货方式。每月核对库存,按需要进货
B	相当 A 与 C 之间的品种	① 价格中等的品种 ② 用量中等的品种	30%	20%	普通管理	采用定量订货方式,储量减少时进货
C	占库存金额比例小、量大价廉的品种	① 低价品种 ② 大量单用的品种 ③ 研制周期短的品种	60%	15%	一般管理	大量进货

用上述方法分出 ABC 三类物资之后,应在仓储管理中相应采用不同的方法。

1) 对 A 类货物的管理

由于 A 类货物进出仓库比较频繁,如果供给脱节将对生产经营活动造成重大影响。但是,如果 A 类货物存储过多,仓储费用就会增加很多。因此,对 A 类货物的管理要注意到以下几点:

(1) 根据历史资料和市场供求的变化规律,认真预测未来货物的需求变化,并依次组织入库货源。

(2) 多方了解货物供应市场的变化,尽可能地缩短采购时间。

(3) 控制货物的消耗规律,尽量减少出库量的波动,使仓库的安全储备量降低。

(4) 合理增加采购次数,降低采购批量。

(5) 加强货物安全、完整的管理,保证账实相符。

（6）提高货物的机动性，尽可能地把货物放在易于搬运的地方。

（7）货物包装尽可能标准化，以提高仓库利用率。

2）对 B、C 类货物的管理

B、C 类货物相对来说进出库不很频繁，一般对货物组织和发送的影响较小。但是由于这些货物要占用较大的仓库资源，使仓储费用增加，因此在管理上的重点应该是简化管理，可以参考以下原则管理：

（1）将那些很少使用的货物可以规定最少出库的数量，以减少处理次数。

（2）依据具体情况储备必要的数量。

（3）对于数量大价值低的货物可以不作为日常管理的范围，减少这类货物的盘点次数。

二、汽车配件订货流程

1. 汽车配件订货流程

图 5-3 所示为某公司汽车配件订货流程。根据配件用途将汽车配件订货分为库存补充件、客户订购件和维修厂急需订货三类。

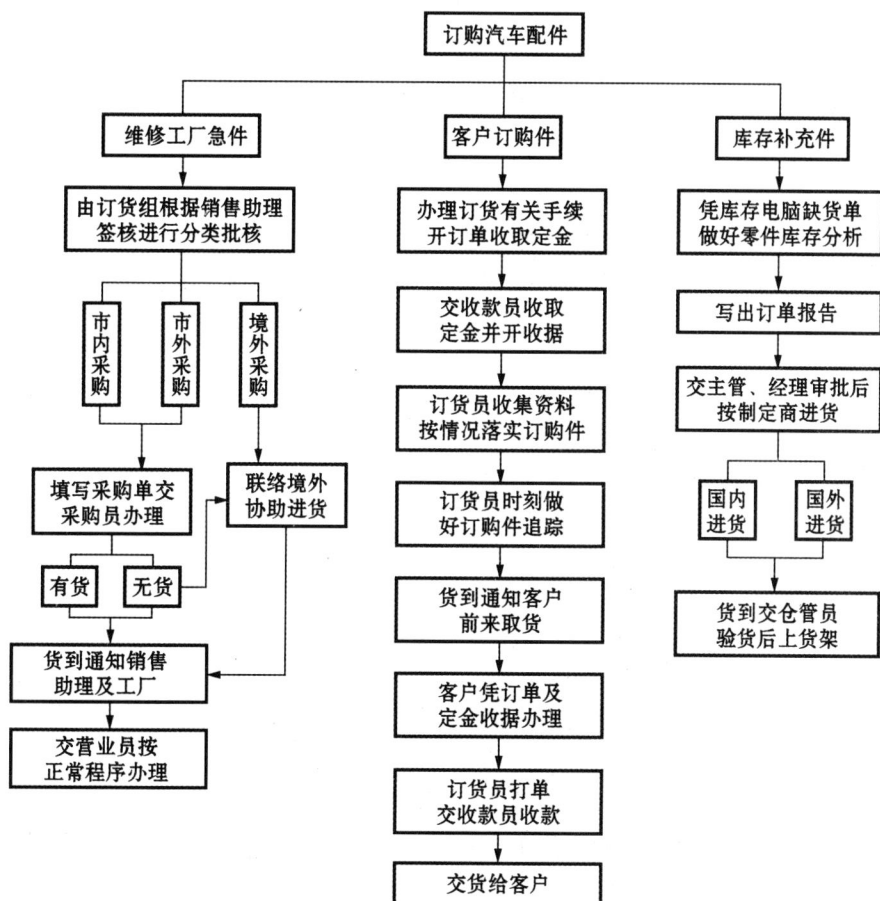

图 5-3 某公司汽车配件订货流程

2. 库存补充件订货流程

1）拟定订货合同初稿

每个月根据配件实际库存量、半年内销售量及安全库存量等信息，计算出配件订货数量，再根据实际情况进行适当调整，形成订货合同初稿明细表，如表5-2所示。订货的原则是：先市内后市外，先国内后国外。国内订货应向信誉好的大公司或向原汽车制造厂配套单位订购。

表5-2　订货合同初稿明细表

配件编号	配件名称	车型/发动机型号	参考订量	安全量	单价/元	现存量	平均月销量
22401-40V05	火花塞	Y31/VG30(S)	340	345	126.00	5	45
92130-G5701	雪种杯	C22/Z20(S)	1	2	5440.00	1	0.33
82342-G5103	窗扣	C22/Z20(S)	1	9	674.00	8	1.67

2）向多家供货商发出询价单

根据订货合同初稿明细表，经订货部门主管审查并调整订货数量后，填写询价单，如表5-3所示。

表5-3　询价单

公司名称：_____　　　　　　　　　　　　　　　编号：_____

　　　　　　　　　　　　　　　　　　　　　　　　　　　　　　日期：_____

联系电话：_____　　　　　　　　　　　　　　　总页数：_____

项目	数量	零件编号	零件名称	单价	金额

订货人：_____　　　联系电话：_____　　　FAX：_____

××××汽车服务有限公司

3）确定最后正式订货单

根据各供货商反馈回来的报价单，调整订货数量后向其中一家发出正式订货单。

综上所述，库存配件补充订货程序包括：

（1）每月根据配件实际库存量、销量和安全库存量等信息，由电脑计算并输出一份"合同初稿明细表"，再根据销售经验和市场情况作适当调整。

（2）向邻近地区如深圳、广州、香港等地供货商发出询价单，一般先国内后国外。

（3）根据各供货商反馈回来的报价单，再次调整订货数量，确认后发出正式订货单。

3. 即购即销（急需）配件订货流程

1）填写缺件报购通知单

修理部门或客户所需配件如果库存缺货，由营业部开出"缺件报购通知单"交订货部门，如表5-4所示。

表 5-4　缺件报购通知单

单位：××××××			工卡	46911
车牌号	A · A4768	车型：RZH114	发动机型号	1Y

报购单号：981200534　　　　　　　　　　　　　　　　　2005 年 7 月 21 日

配件名称	规格	配件编号	数量	备注
链条	双排	92600－G5700	1	公务车
凸轮齿轮	$z＝36$	11828－V6501	1	公务车
曲轴齿轮	$z＝18$	99810－14C26	1	公务车

2）询价与报价

如果当地有配件供应商，订货部门可以先通过电话、E-mail 或传真与当地配件供货市场联系；如果没有，再与邻近的市场联系；仍然没有的话，则与远一些的国内市场或国外有关公司联系，询问价格和供货时间。

3）签订急需配件订购合同并收取订金

得到反馈信息后，应将价格和供货时间及时向客户通报，由客户确认价格和供货时间，并签订定购合同和缴纳订金后才能正式下订单。

4）跟踪并及时提货交货

订单发出后要注意跟踪询问，时刻掌握供货动态，货到后及时通知客户前来取货。

本任务回顾

1. 制定一份合理的配件订货计划是汽车配件管理的首要任务，是一项需要通盘考虑的工作，这样才能实现低的库存成本、高的及时供给率和顾客满意率。

2. 根据所学内容，科学合理地制定配件订货计划。

任务实施步骤

1. **任务要求**

仔细研读任务载体，根据所学内容制定一份合理的订货计划。

2. **任务实施的步骤**

（1）了解任务载体的内容，对要求完成的任务形成先期印象。

（2）学习用到的知识。

（3）根据所学内容分组制定订货计划。

思考与训练

1. 简答题

(1) 如何确定库存配件品种?

(2) 如何确定库存配件的流通级别?

(3) 影响零件流通级别的因素有哪些?

(4) 如何确定安全库存量?

(5) 绘制库存补充件和即购即销配件的订货流程图。

2. 讨论题

讨论 ABC 控制分类法在汽车配件管理中的应用。

拓展提高

走访一家汽车 4S 店的配件部门,搜集一份配件订货计划,结合本店实际情况分析计划中配件订货种类和数量的影响因素。

任务二 汽车配件采购管理

知识目标

1. 了解汽车配件采购的原则和方式。

2. 了解汽车配件的进货渠道。

3. 掌握汽车配件的货源鉴别方法。

4. 掌握汽车配件采购的流程。

5. 掌握汽车配件进货点的选择方法——进货点法。

6. 掌握进货量的控制方法——定性分析法和定量分析法。

能力目标

1. 能够组织汽车配件采购管理工作。

2. 能够体会汽车配件采购管理工作的挑战性。

情境描述

汽车配件采购管理是汽车配件管理的第二个环节,制定好订货计划后,就要遵循汽车配件采购的原则,按照汽车配件采购的流程,应用进货点的选择方法和进货量的控制方法,执行采购任务。

任务剖析

通过这一任务熟悉采购管理的内容和流程,为今后进入相关的工作岗位工作打下坚实的基础。

任务载体

腾飞汽车维修服务企业全年需购进铱金火花塞8000个,每次进货费用为20元,单位配件年平均储存费用为0.5元,配件经理李军需要为其制定一份采购计划。如果你是李军,该如何制定这份采购计划?

相关知识

汽车配件采购管理

一、汽车配件采购的原则

1. 采购管理原则

(1) 勤进管理原则。勤进管理是加速资金周转,避免商品积压,提高经济效益的重要条件。勤进快销就是采购次数要适当一些,批量要少一些,采购间隔期要适当缩短。要在采购适销对路的前提下,选择能使采购费用、保管费用最省的采购批量和采购时间,以降低成本,降低商品价格,使顾客能买到价廉物美的商品。勤进快销还要随时掌握市场行情,密切注意销售去向,勤进、少进、进全、进对,以勤进促快销,以快销促勤进,不断适应消费需要,调整更新商品结构,力求加速商品周转。在销售上,供应要及时,方式要多样,方法要灵活,服务要周到,坚持薄利多销。

(2) 以销定进原则。指按照销售状况决定采购。通常计算订货量主要有以下参数:

日平均销售量(DMS)＝昨日的 DMS×0.9＋当日销售量×0.1

建议订货量＝日平均销售量×(距下次订货量天数＋下次交货天数＋厂商交货前置期＋商品安全天数＋内部交货天数)－已订货未交量－库存量

最小安全库存量＝陈列量＋日平均销售量×商品运送天数

订货量是一个动态的数据,根据销售状态的变化(季节性变化、促销活动变化、供货厂商生产状况变化、客观环境变化)决定订货量的多少,才能使商品适销对路,供应及时,库存合理。

(3) 以进促销原则。以进促销原则是与以销定进相联系的,单纯地讲以销定进,进总是处于被动局面。因此扩大采购来源,积极组织适销商品,能主动地促进企业扩大销售,通过少量采购试销刺激消费,促进销售。

(4) 保管保销原则。销售企业要保持一定的合理库存,以保证商品流通连续不断。

2. 商品购进原则

采购的原则除了要求购进的商品适销对路外,就是要保质保量。生产企业实行质量三包——包修、包退、包换,经营企业要设专职检验部门或人员,负责购进商品的检验工作,把住质量关。除此之外,购进还应遵循以下原则:

(1) 积极合理地组织货源,保证商品适合用户的需要,坚持数量、质量、规格、型号、价格全面考虑的购进原则。

(2) 购进商品必须贯彻按质论价的政策,优质优价,不抬价,不压价,合理确定商品的采购价格;坚持按需采购、以销定进;坚持"钱出去、货进来、钱货两清"的原则。

（3）购进的商品必须加强质量的监督和检查,防止假冒伪劣商品进入企业,流入市场。在商品采购工作中,不能只重数量而忽视质量,只强调工厂"三包"而忽视产品质量的检查,对不符合质量标准的商品应拒绝收购。

二、汽车配件采购的方式

（1）集中进货。企业设置专门机构或专门采购人员统一进货,然后分配给各销售部门（销售组、分公司）销售。集中进货可以避免人力、物力的分散,还可以加大进货量,受到供货方重视,并可根据批量差价降低进货价格,也可节省其他进货费用。

（2）分散进货。由企业内部的配件经营部门（销售组、分公司）自设进货人员,在核定的资金范围内自行进货。

（3）集中进货与分散进货相结合。一般是外埠采购以及非固定进货关系的采取一次性进货,办法是由各销售部门（销售组、分公司）提出采购计划,由业务部门汇总审核后集中采购;本地采购以及有固定进货关系的则采取分散进货。

（4）联购合销。由几个配件零售企业联合派出人员,统一向生产企业或批发企业进货,然后由这些零售企业分销。此类型多适合小型零售企业之间,或中型零售企业与小型零售企业联合组织进货。这样能够相互协作,节省人力,化零为整,拆整分销,并有利于组织运输,降低进货费用。

上述几种进货方式各有所长,企业应根据实际情况扬长避短,选择适合自己的进货方式。

三、汽车配件的进货渠道

汽车配件经营企业多从汽车配件生产厂家进货,应选择以优质名牌配件为主的进货渠道。但为适应不同层次消费者的需求,也可进一些非名牌厂家的产品。进货时可按 A 类厂、B 类厂、C 类厂顺序选择进货渠道。

A 类厂是主机配套厂,这些厂知名度高,产品质量优,大多是名牌产品,这类厂应是进货的重点渠道。合同签定形式可采取先订全年需要量的意向协议,以便于厂家安排生产,具体按每季度、每月签定供需合同。

B 类厂生产规模和知名度不如 A 类厂,但配件质量有保证,配件价格也比较适中。订货方法与 A 类厂不同,一般签定较短期的供需合同。

C 类厂是一般生产厂,配件质量尚可,价格较前两类厂家低。这类厂的配件可作为进货中的补充。订货方式也与 A、B 类厂有别,可以采取电话、电报订货的办法,如需签订供需合同,合同期应更短一些。

必须注意,绝对不能向那些没有进行工商注册,生产"三无"及假冒伪劣产品的厂家订货和采购。

四、汽车配件的货源鉴别

汽车配件质量的优劣关系到消费者的利益和销售企业的商业信誉,但配件产品涉及范围广,要对全部配件作出正确和科学的质量结论所需的全部测试手段是中、小型汽配企业难以做到的。可以根据企业的实际情况,添置必备的技术资料,如所经营主要车型的图纸或汽车配件目录、各类汽车技术标准等,这些资料都是检验工作的依据。购置一些通用检测仪表和通用量具,如游标卡尺、千分尺、百分表、千分表、量块、平板、粗糙度比较块、硬度计以及汽车万用表等,以便具有一定的检测能力。一般来说,货源的检验方法有以下几种:

1. 目测法

一般的汽车配件销售企业没有完备的检测手段,但根据经验用目测比较的方法也能识别配件优劣。

(1) 看质量。产品表面质量是评定产品优劣的第一印象,质量低劣的产品,其表面质量往往较差。用目测方法主要是看商品的表面处理。所谓表面处理即油漆工艺、电镀工艺、电焊工艺、高频热处理和包装工艺等。表面处理涉及很多现代科学技术,国际和国内的名牌大厂在利用先进工艺上投入资金数量很大,特别对后道工艺更为重视,投入资金比重较大。一般的项目资金少则几百万元,多则上千万元,是那些小厂、小作坊式企业力所不及的。

关于汽车配件油漆工艺:现在一般都采用电浸漆、静电喷漆,有的还采用真空手段和高等级静电漆房喷漆。采用先进工艺生产的零部件表面,与采用陈旧落后工艺生产出的零部件表面有很大差异。目测时可以看出,前者表面细腻、有光泽、色质鲜明;而后者则色泽暗淡、无光亮,表面有气泡和"拖鼻涕"现象,用手抚摸有砂粒感觉,相比之下,真假非常分明。

关于镀锌技术和电镀工艺:镀锌工艺在汽车配件的表面处理中占的比重较大,一般铸铁件、锻铸件、铸钢件、冷热板材冲压件等大都采用表面镀锌。优良的镀锌工艺表面一致性好,而且批量之间一致性也没有变化,有持续稳定性;镀锌质量差的配件,其表面一致性很差,目测就能分辨真伪优劣。电镀方面如镀黑、镀黄等,大工厂在镀前处理的除锈酸洗工艺比较严格,清酸比较彻底。镀钼、镀铬、镀镍可看其镀层、镀量和镀面是否均匀,以此来分辨真伪优劣。

关于电焊工艺:在汽车配件中,减振器、钢圈、前后桥、大梁、车身等均有电焊焊接工序。专业化程度很高的配件厂(通常与汽车生产厂配套生产),其电焊工艺技术大多采用自动化焊接,能定量、定温、定速,有的还使用低温焊接法等先进工艺,产品焊缝整齐、厚度均匀,表面无波纹形、直线性好,即使是点焊,焊点、焊距也很规则,这一点哪怕再好的手工操作也无法做到。

关于表面热处理工艺:工厂要配备一套高频淬火成套设备,其中包括硬度、金相分析测试仪器和配套的仪表,难度高,投如资金多,还要具备供、输、变电设备条件,供电电源在 3 万伏以上。小工厂、手工作坊难以具备这些设备条件。汽车配件产品经过精加工以后才进行高频淬火处理,因此淬火后各种颜色都原封不动地留在产品上。如汽车万向节内、外球笼经淬火后有明显的黑色、青色、黄色和白色,其中白色面是受摩擦面,也是硬度最高的面。目测时,凡是全黑色和无色的,肯定不是高频淬火。

关于橡胶制品:对汽车上使用的橡胶件均有特殊的要求,它要求耐高温、耐油、耐压、复原性好等。橡胶件使用的原料是一种氨醇的配方,它的原料成本比一般橡胶原料成本高出许多,而且这种氨醇在制造橡胶配件时对模具具有强烈的腐蚀作用,模具损耗很大。在鉴别橡胶件质量时,与鉴别机械金属配件唯一不同的是,橡胶件表面乌黑光亮的不一定是好产品。因此,要了解生产厂家的生产过程,并在实际应用中观察辨别。

关于汽车配件非使用面的表面伤痕问题:表面伤痕往往是在中间工艺环节由于产品相互碰撞留下的,从汽车配件非使用面的伤痕也可以分辨出是否是正规厂家的产品。生产一个零件要经过几十道甚至上百道工序,而每道工序都要配备工艺装备,其中包括工序运输设备和工序安放的工位器具。高质量的产品由很高的工艺装备系数作保障,所以,高水平工厂的产品是不可能在中间工艺过程中互相碰撞的。以此推断,凡在产品非接触面留下伤痕的产品,肯定是小厂、小作坊生产的劣质品。

(2)看表面包装和表面商标。汽车零配件互换性很强,精度很高,为了能较长时间存放、不变质、不锈蚀,需在产品出厂前用低度酸性油脂涂抹。正规的生产厂家对包装盒的要求也十分严格,要求无酸性物质,不产生化学反应,有的采用硬型透明塑料抽真空包装。考究的包装能提高产品的附加值和身价,箱、盒大都采用防伪标记,常用的有镭射、条码、暗印等,在采购配件时,查验这些标记很重要。

要认真查看商标,验证上面的厂名、厂址、等级和防伪标记是否真实。因为对有短期行为的仿冒制假者来说,防伪标志的制作不是一件容易的事,需要一笔不小的支出;另外在商品制作上,正规的厂商在零配件表面有硬印和化学印记,注明了零件的编号、型号、出厂日期,一般采用自动打印,字母排列整齐,字迹清楚,小厂和小作坊一般是做不到的。

(3)看文件材料。一定要查看汽车配件的产品说明书,产品说明书是生产厂进一步向用户宣传产品,为用户做某些提示,帮助用户正确使用产品的资料。通过产品说明书可增强用户对产品的信任感。一般来说,每个配件都应配一份产品说明书(有的厂家配用户须知)。如果交易量相当大,还必须查询技术鉴定资料,进口配件还要查询海关进口报关资料。国家规定,进口商品应配有中文说明,一些假冒进口配件一般没有中文说明,且包装上的外文,有的文法不通,甚至写错单词,一看便能分辨真伪。

(4)看规格型号是否与订货要求相符。大多数汽车配件都有规定的型号和技术参数。凡主机厂的配套产品,为了满足主机厂的设计要求,配件为适用不同机型(如基本型及变型产品)多进行改进,既保留了基本车型的优点,又适应不同车辆的动力性和经济性。因此在订购配件时,一定要熟悉整车与配件的型号。比如,BN4·92QB 发动机分别配装在北京吉普车、中巴车、铲车或北京轻型货车上;又如东风朝阳柴油机公司生产的 CY4102BQ 柴油发动机,配装在郑州轻型 EQl060 货车上的是 CY4102BQ-1B 型发动机,配装在东风汽车公司 EQ1061 货车上的是 CY4102BO-Ⅱ型发动机。所以,要根据车辆的具体型号准确地订购零配件。

2. 用简单技术手段鉴别汽车配件

1)经验法

(1)看表面硬度是否达标。各配合件表面硬度都有规定要求,在征得厂家同意后,可用钢锯条的断茬去试划,划时打滑无划痕的说明硬度高;划后稍有浅痕的硬度较高;划后有明显痕迹的硬度低(注意试划时不要损伤工作面)。

(2)看结合部位是否平整。配件在搬运、存放过程中,由于振动、磕碰,常会在结合部位产生毛刺压痕、破损等,影响零件使用,选购和检验时要特别注意。

(3)看总成部件有无缺件。正规的总成部件必须齐全完好,才能保证顺利装配和正常运行。一些总成件上的个别小零件漏装,将使总成部件无法工作,甚至报废。

(4)看几何形状有无变形。有些配件因制造运输、存放不当易产生变形。检查时,可将轴类零件沿玻璃板滚动一圈,看零件与玻璃板贴合处有无漏光以判断是否变形。选购离合器从动盘钢片或摩擦片时,可将钢片、摩擦片举在眼前观察其是否翘曲。在选购油封时,带骨架的油封端面应呈正圆形,能与平板玻璃贴合无挠曲,无骨架油封外缘应端正,用手握使其变形,松手后应能恢复原状。在选购各类衬垫时,也应注意检查其几何尺寸及形状。

(5)看转动部件是否灵活。在检验机油泵等转动部件总成时,用手转动泵轴应感到灵活无卡滞;检验滚动轴承时,一手支撑轴承内环;另一手打转外环,外环应能快速自如转动,然后逐渐停转。若转动部件转动不灵活,说明内部锈蚀或产生变形。

(6) 看装配记号是否清晰。为保证配合件的装配关系符合技术要求,在一些零件如正时齿轮表面刻有装配记号,若无记号或记号模糊无法辨认,将给装配带来很大困难,甚至装错。

(7) 看胶接零件有无松动。由两个或两个以上零件组合成的配件,其零件之间是通过压装、胶接或焊接的,不允许有松动现象,如油泵柱塞与调节阀是通过压装组合的,离合器从动摩擦片与钢片是铆接或胶接的,纸质滤清器滤芯骨架与滤纸是胶接而成的,电器设备的接头是焊接而成的。检验时,若有松动应予以调换。

(8) 看配合表面有无磨损。若配合零件表面有磨损痕迹,或涂漆配件拨开表面油漆后发现旧漆,则多为废旧件翻新。当表面磨损、烧蚀、橡胶零件材料变质时,在目测看不清的情况下,可借助放大镜观察。

2) 敲击法

判定车上的部分壳体及盘形零件是否有不明显的裂纹,用铆钉连接的零件有无松动等可采用敲击法。例如,在查看轴承合金与钢片的结合情况时,可用小锤轻轻敲击并听其响声,如发出的金属声音清脆,说明零件的状况良好;如果发出的声音沙哑,可以判定零件有裂纹、松动或者结合不良。

3) 比较法

用标准零件与被检零件作比较,从对比中鉴别被检零件的技术状况。

3. 进口汽车配件的鉴别

进口汽车配件可从多方面进行鉴别,主要从包装、内在质量、产品价格和进货渠道来鉴别。

(1) 根据包装进行识别是检验进口配件真伪的重要程序。进口汽车配件一般都有外包装和内包装,外包装有包装箱、包装盒,内包装一般是带标识的包装纸和塑料袋或纸袋。纯正进口配件外包装箱(盒)上都贴有厂家统一的标签,印刷清晰、纸质优良,并印有 GENUINE PARTS(纯正部件)标记,且标有零件编号、名称、数量及生产厂和国家。如小松公司在整个包装盒上印有小松(KOMATSU)和纯正部件(GENUINEPARTS),三菱公司在整个包装盒上印有 (MITSUBISHI)和纯正部件(GENUINE PARTS)。而仿制的包装制作比较粗糙,虽然也印有标识,但色彩不正,图案不清晰。有的国外公司为防止伪造,在其包装标签上设有防伪标记,可在鉴别时加以注意。内包装一般多为包装纸、纸袋或塑料袋,印有纯正部件和公司标记。包装纸的花纹、色彩和图案,仿制品很难与其相同。

鉴别进口配件包装时还应注意,工程机械及汽车制造厂都有自己的专业配套厂配件供应商。在进口厂家配件时,包装盒上既有整机厂标记,也有配套厂的标记。如三菱重工,其活塞环由日本理研公司(RIKEN CORPORATION)配套,外包装箱印制的是 RIK 标记,但里面单个的活塞环盒却是三菱标记的花盒包装,其标记为 MITSUBISHI。活塞环说明书既标明有三菱机动车工业株式会社,也注有理研股份公司,因此不要误以为内外不一致就不是纯正部品了。

(2) 从产品质量鉴别汽车配件是识别纯正部件最关键的环节。通常采用下述方法进行鉴别:

① 从外观上进行检查,看其产品外表的加工是否精细,颜色是否正常。可与纯正部件的样品进行对照检查,一般仿制品表面都比较粗糙,产品颜色也不正。

② 检查产品上的标识。纯正进口零件上都打印有品牌标记、零件编号和特定代码等,有些产品上还铭刻有制造厂及生产国。如日本三菱柴油发动机的活塞,在其顶部刻有零件编号、分组号标记 A、B、C 和 UP↑ 方向标记;活塞裙部内侧铸有机型和三菱标识,并有配套厂的 IZUMI 标识,铸字清楚,容易辨认。仿制品不是漏铸就是字迹模糊不清,很难达到正品的效果。

③ 利用专用工具测量产品的尺寸,看其是否符合要求。有些厂商还专门为客户提供了测量工具,以防假冒。

④ 对产品进行性能试验。有些零件从外观检测无法辨别真伪,需用专用仪器进行检测。如喷油器要上试验台进行性能试验,检测其喷油压力、喷油量、喷油角度等。

⑤ 对产品进行理化性能试验。这种方法一般是在对产品内在质量产生怀疑或使用中出现问题时,为了向厂家寻求索赔才使用的。

(3) 从产品价格上进行辨别。同样的配件,纯正部件、专业厂件、国产件和仿制品的价格差别很大。纯正部件的价格最高,专业厂次之,仿制件价格最低。一般纯正部件的价格可超出仿制件的一两倍,甚至更多;国外专业配套厂件比整机厂纯正件略低。定期批量进口的配件执行外商谈判的协议价,平时零星采购的配件则执行外商每年的统一目录价,有时外商还有定期处理配件的优惠价。这些配件的报价(日元或美元)是按照当时的进口汇率计算的,再加上关税、运输费等,然后将其换算成配件单价,这是行业人士共知的常规价。价格低于常规价的配件即可判断为非纯正件或非专业厂件。要注意的是,进口环节中减税和中间经销商加价也会使价格偏离常规价。

(4) 根据进货渠道进行分析。进口汽车配件的进货渠道一般有两个:一是直接从国外进口;二是从经销商那里购买。直接从国外整机厂和配件配套厂进口的配件质量都有保障,如果是从经销商那里购买或从港澳转口进来的配件就要根据上述方法加以鉴别。此外,所有直接从国外进口的机械配件均有订购合同、提单、运单、装箱单及发票。如果从进口公司采购配件,可让其出示上述手续,否则可判断为非进口正品。

五、汽车配件的验收

1. 检查汽车配件包装

在接货时,要根据物流配送包装规范检查汽车配件包装是否完整,包装数量是否准确,为汽车配件把好"收货关",为提高汽车配件入库保管质量打下良好的基础。

2. 收货后对汽车配件进行验收

汽车配件采购员在确定了进货渠道及货源,并签订了进货合同之后,必须在约定的时间、地点,对配件的名称、规格、型号、数量、质量检验无误后方可接收。

1) 配件品种的检验

按合同规定的要求,对配件的名称、规格、型号等认真查验。如果发现产品品种不符合合同规定的要求,应妥善保管,并在规定的时间内向供方提出异议。

2) 配件数量的检验

对照进货发票,先点收大件,再检查包装及其标识是否与发票相符。整箱配件一般先点件数,后抽查细数;零星散装配件需点验细数;贵重配件应逐一细数;对原包装配件有异议的,应开箱开包点验细数。验收时,应注意查验配件分批交货数量和配件的总货量。

无论是自提还是供方送货均应在交货时当面点清。供方代办托运的应按托运单所列数量点清,超过国家规定合理损耗范围的应向有关单位索赔。如果实际交货数量与合同规定交货的数量之间的差额不超过有关部门规定的,双方互不退补;超过规定范围的,要按照国家规定计算多交或少交的数量。双方对验收有争议的,应在规定的期限内提出异议,超过规定期限的,视为履行合同无误。

3) 配件质量的检验

(1) 采用国家规定质量标准的,按国家规定的质量标准验收;采用双方协商标准的,按照封存的样品或样品详细记录下来的标准验收。接收方对配件质量提出异议的,应在规定的期限内提出,否则视为验收无误。当双方在检验或试验中对质量发生争议时,按照《中华人民共和国标准化管理条例》规定,由标准化部门的质量监督机构执行仲裁检验。

(2) 在数量庞大、品种规格极其繁杂的汽车配件的生产、销售中,难免会出现不合格品、数量短少或损坏等。如果在提货时发现上述问题,应当场联系解决。如果货到后发现,验收人员应分析原因,判明责任,做好记录。一般问题填写《运输损益单》和《汽车配件销售查询单》查询;问题严重或牵涉数量较多、金额较大时,可要求对方派人来查看处理。

(3) 汽车配件从产地到销地,要经过发货单位、收货单位(或中转单位)和承运单位三方共同协作来完成,所以必须划清三方面的责任范围。责任划分的一般原则是:

① 汽车配件在铁路、公路交通运输部门承运前发生的损失和由于发货单位工作差错,处理不当发生的损失,由发货单位负责。

② 从接收中转汽车配件起,到交付铁路、公路交通运输部门运转时止,所发生的损失和由于中转单位工作处理不善造成的损失由中转单位负责。

③ 汽车配件到达收货地,并与铁路公路交通运输部门办好交接手续后,发生的损失和由于收货单位工作的问题发生的损失,由收货单位负责。

④ 自承运汽车配件起(承运前保管的车站、港口从接收汽车配件时起)至汽车配件交付收货单位,或依照规定移交其他单位时止发生的损失,由承运单位负责。但由于自然灾害、汽车配件本身性质,以及发货、收货、中转单位的责任造成的损失,承运单位不负责任。

六、进货业务程序

汽车配件销售企业的进货程序主要是按照进货业务计划安排组织进货,有时也要组织计划外进货或临时进货,以应付市场的新情况和补充进货业务计划的不足。一般程序如下:

1. 制定经营配件目录

汽车配件商店经营配件的目录包括"经营配件目录"和"必备配件目录"两种。经营配件目录就是企业根据经营范围制订的应该经营的全部进货计划,由营业组提出,它是在市场变化、货源情况、销售动态等方面做了充分调查和集体研究的基础上,参考计划期初库存量及各种变化因素,在资金占用合理的情况下,定期提出的。进货计划有年度、半年、季度和月计划四种,一般以季度为主。必备配件目录是企业为满足广大消费者基本需要而必须备齐的易损配件品种限制额的目录。

2. 编制进货计划

为了完成配件进货业务,不管采取哪种进货方式,都必须提出进货计划,它是保证进货质量的先决条件。

3. 坚持看样选购

各专、兼职采购员一定要按批准的进货计划坚持看样选购,选购适销对路的配件,做到"人无我有,人有我全,人全我优,优中求特",保证进货质量。应避免只看目录、货单,不看样品,"隔山买牛",致使出现货单不一致的现象。

4. 合理组织外地进货

组织外地进货时,除要严格执行进货计划外,还应注意掌握以下两点要求:

(1)贯彻"五进、四不进、三坚持"的原则。"五进"就是所进配件要符合"优、廉、新、缺、特"。"四不进"是指凡属下列情况之一者均不符合进货要求:一是进货成本加上费用、税金后,价格高于本地零售价的不进;二是倒流的配件不进;三是搭配配件及质次、价高或滞销而大量积压的配件不进;四是本地批发企业同时向同地大批量购进的配件不进。"三坚持"就是坚持看样选购,坚持签订购销合同,坚持验收后支付货款。

(2)提高外采效益。外采费用开支大,要注意出差费用的节约,讲究工作效益。

5. 坚持合同制度签订进货合同

在与配件供货商进行交易时,应当与供货商签订书面合同。合同应当明确各方的权利与义务,包括购进配件的品种、质量、规格、数量、时间、地点、结算方式、结账期、合同解除条件、违约责任、合同争议解决方式及各方共同约定的其他条款。必须严格按照合同约定的结算方式、时间及地点与供货商进行货款结算,规范履约行为,严格履行合同。对合同条款有争议的,应按照合同目的、交易习惯及诚实信用原则,确定其条款的真实含义。所有合同格式条款要符合规定,严格遵守《中华人民共和国合同法》。

应当本着合作发展的原则,致力于与配件供货商建立长期稳定、互利互惠的合作关系,主动向供货商反馈市场需求变化和配件商品供求信息,加强综合分析研究,引导配件供货商适应市场发展趋势,以期达到双赢的长期目标。

6. 及时提货认真验收

采购员办完进货手续后,要及时组织提货,尽量减少环节,使汽车配件尽快与消费者见面。

七、进货点的选择和进货量的控制

1. 进货点的选择

目前汽车配件经营企业选择进货时间大多采用进货点法。确定进货点一般要考虑三个因素:

(1)进货期时间:指从配件采购到做好销售准备时的间隔时间。

(2)平均销售量:指每天平均销售数量。

(3)安全存量:是为了防止产、销情况变化而增加的额外储存天数。

按照以上因素,我们可以根据不同情况确定不同的进货计算方法:

在销售和进货期时间固定不变的情况下,进货点的计算公式为:

$$进货点 = 日平均销售量 \times 进货期时间$$

在销售和进货时间有变化的情况下,进货点的计算公式为:

$$进货点 = (日平均销售量 \times 进货期时间) + 安全存量$$

进货时间可以根据库存量来控制,当库存配件下降到进货点时就组织进货。

2. 进货量的控制

进货量的控制方法有定性分析法和定量分析法。

1) 定性分析法

(1) 按照供求规律确定进货量。

① 对于供求平衡、供货正常的配件,应采取勤进快销,多销多进,少销少进,保持正常周转库存。计算进货量的方法是:根据本期的销售实际数预测出下期销售数,加上一定的周转库存,再减去本期末库存预算数,从而计算出每一个品种的下期进货数。

② 对于供大于求、销售量又不大的配件要少进,采取随进随销,随销随进的办法。

③ 对暂时货源不足、供不应求的紧俏配件,要开辟新的货源渠道,挖掘货源潜力,适当多进,保持一定储备。

④ 对大宗配件则应采取分批进货的办法,使进货与销售相适应。

⑤ 对高档配件要根据当地销售情况,少量购进,随进随销。

⑥ 对销售面窄、销售量少的配件,可以多进样品,加强宣传促销,严格控制进货量。

(2) 按照配件的产销特点确定进货量。

① 常年生产、季节销售的配件应掌握销售季节,季前多进,季中少进,季末补进。

② 季节生产、常年销售的配件要掌握销售季节,按照企业常年销售情况,进全进足,并注意在销售过程中随时补进。

③ 新产品和新经营的配件应根据市场需要,少进试销,宣传促销,以销促进,力求打开销路。

④ 对于将要淘汰的车型配件应少量多样,随销随进。

(3) 按照供货商的远近确定进货量。本地进货可以分批次,每次少进、勤进;外地进货,适销配件多进,适当储备。要坚持"四为主,一适当"的原则,四为主:即本地区紧缺配件为主,具有知名度的传统配件为主,新产品为主,名优产品为主;一适当:即品种要丰富,数量要适当。

(4) 按照进货周期确定进货量。每批次进货能够保证多长时间的销售,这就是一个进货周期,进货周期也是每批次进货的间隔时间。

确定进货周期要考虑许多因素,如配件销售量的大小、配件种类的多少、供货商的远近、配件运输的难易程度、货源供应是否正常以及企业储存保管配件的条件等。确定合理的进货周期,要坚持以销定进,勤进快销的原则,使每次进货数量适当。既要加速资金周转,又要保证销售正常进行,而且不能使配件库存过大。

2) 定量分析法

定量分析法有经济批量法和费用平衡法两种。

(1) 经济批量法。采购汽车配件既要支付采购费用又要支付保管费用。采购量越小,采购的次数就越多,采购费用支出也越多,而保管的费用就越小。由此可以看出,采购批量与采购费用成反比,与保管费用成正比,运用这一原理可以用经济进货批量来控制进货批量。所谓经济进货批量是指在一定时期内在进货总量不变的前提下,求得每批次进货多少才能使进货费用和保管费用之和(即总费用)减少到最小限度。

在实际运用中,经济批量法可细分为列表法、图示法和公式法,此处仅介绍列表法。

例5-1:设某配件企业全年需购进某种配件8000件,每次进货费用为20元,单位配件年平均储存费用为0.5元,求该汽车配件的经济进货量是多少?

解:用列表法计算,表5-5为经济进货量计算表。

从表5-5中可以看出,如果全年进货10次(批),每次进货800件,全年最低的总费用为400元。就是说等分为10批购进,全年需要的该种配件费用是最省的,这是最经济的进货批量。

表5-5　经济进货量计算表

年进货次数/次	每次进货数量/件	平均库存数量/件	进货费用/元	储存费用/元	年总费用/元
A	B	C=B÷2	D=A×20	E=C×0.5	F=D+E
1	8 000	4 000	20	2 000	2 020
2	4 000	2 000	40	1 000	1 040
4	2 000	1 000	80	500	580
5	1 600	800	100	400	500
8	1 000	500	160	250	410
10	800	400	200	200	400
16	500	250	320	125	425
20	400	200	400	100	500
25	320	160	500	80	580
40	200	100	800	50	850

注:设每次进货后均衡出售,故平均库存数量=每次进货数量÷2

从表5-5的数据还可以清楚地看到,当储存费用下降时(因平均库存数量下降而引起),进货费用上升(因进货次数增多而引起)。只有当进货费用与储存费用趋于平衡时,才会使总费用降到较低的程度。如果以上两项费用完全相同时,总费用水平可降到最低水平。

(2)费用平衡法。费用平衡法是以进货费用为依据,将存储费用累积与进货费用比较,当存储费用累积接近但不大于进货费用时,便可确定其经济进货量。

存储费用=销售量×单价×存储费用率×(周期-1)

由于第一周期购进配件时,不发生存储费用,所以以上式中的周期数应减1。

例5-2:某种配件预计第一到第五周的销售量各为50、60、70、80、70,单价为12元,进货费用为65元,每周期的存储费用率为2.5%,求经济进货量Q。

第一周期:销售量为50,存储费用为0元,存储费用累积为0元。

第二周期:销售量为60,存储费用=60×12×2.5%×1=18(元),存储费用累积为18+0=18(元)。

第三周期:销售量为70,存储费用=70×12×2.5%×2=42(元),存储费用累积为18+42=60(元)。

第四周期:销售量为80,存储费用=80×12×2.5%×3=72(元),存储费用累积为60+

笔记

72＝132(元)。

第五周期:销售量为 70,存储费用＝70×12×2.5％×4＝84(元),存储费用累积为 132＋84＝216(元)。

由此可见,第三周期存储费用累积 60 元,最接近并小于进货费用 65 元,所以,可将第一到第三周期销售量之和(50＋60＋70)作为一次进货批量,那么,本期的经济批量就是 180。

本任务回顾

1. 通过汽车配件采购的典型案例了解汽车配件采购管理的重要性。
2. 通过知识的学习来模拟制定一份合理的采购计划。

任务实施步骤

1. **任务要求**

仔细研读任务载体,根据所学内容设计一份合理的采购计划。

2. **任务实施的步骤**

(1) 仔细研读案例,分组讨论计划如何撰写。

(2) 学习需要的知识。

(3) 根据所学知识,设计一份合理的采购计划。

思考与训练

1. **简答题**

(1) 说明汽车配件采购的原则和方式。

(2) 汽车配件的进货渠道有几种?

(3) 汽车配件的货源鉴别方法有哪些?

(4) 叙述汽车配件的验收内容。

(5) 绘制汽车配件进货业务的流程图。

2. **计算题**

(1) 设某配件企业全年需购进某种配件 4 000 件,每次进货费用为 5 元,单位配件年平均储存费用为 0.5 元,求该汽车配件的经济进货量是多少?

(2) 某种配件预计第一到第五周的销售量各为 35、40、55、70、50 件,单价为 6 元,进货费用为 20 元,每周期的存储费用率为 2％,求经济进货量 Q。

拓展提高

在有条件的情况下,搜集不同汽车服务企业的配件采购管理工作内容,进行分析。

任务三　汽车配件入库流程

知识目标

1. 了解配件入库的概念。
2. 掌握汽车配件入库流程。

能力目标

1. 能够组织汽车配件入库工作。
2. 能够体会流程化在汽车配件入库工作中的重要性。

情境描述

设计本学习情境,主要是通过汽车配件入库流程的学习,熟悉汽车配件的入库工作内容,培养学生的流程化意识,这对于降低汽车配件管理成本、提高配件进出库效率和准确率、提高顾客满意度起着很重要的作用。这可以通过汽车配件入库任务来实现。

任务剖析

通过这一任务熟悉汽车配件入库的内容和流程,体会配件入库管理工作的细致和繁琐,为今后进入相关的工作岗位工作打下坚实的基础。

任务载体

腾飞汽车维修服务公司筹备开业中,期初库存配件已经到达,其中购入某型号汽车 NGK 铱金型号的火花塞 800 只,请仓库管理人员做好汽车零配件入库工作。

相关知识

汽车配件入库流程

配件入库是物质存储活动的开始,也是汽车配件库存管理的重要阶段。这一阶段主要包括接运、验收和办理入库手续等环节。

一、接运

进仓是配件入库的第一步,它的主要任务是及时而准确地接收入库配件。在接运时,要对照货物单认真检查,做到交接手续清楚,证件资料齐全,为验收工作创造有利条件,避免将已发生损失或差错的配件带入仓库,造成仓库的验收或保管出现困难。

二、验收

1．验收时需要注意的问题

（1）验收的必要性。不正确的验收会导致用户不满意和利润损失。

（2）验收标准：配件外包装完整无破损；配件表面无碰伤、损坏；配件实际到货数与货物装箱单数量相符；配件编号、型号、规格与进货清单相符；无错发、漏发等现象。

（3）检查验收。经销商自提配件应当场按照装箱单进行验收。对到站货物，经销商收到《领货凭证》后在取货地点进行清点验收，查看集装箱（件）是否破损、变形、丢失，集装箱的锁、卡、封是否完整，《领货凭证》上的件数与实际是否相符；如发现问题应立即与车站交涉，以免事后发生争议或损失。每批配件入库前，应有库管员进行检查，填报《配件检验回执单》报配件物流组处理，如无反馈，视同无问题。

（4）抽查复验。配件经理对配件进货验证工作进行复验，配件品种数量多抽查 10％品种（数量）。

（5）检验方法：合格——在《回执单》上用"√"表示；不合格——在《回执单》上用"×"表示；安全件及配件数在 5 以下的全部抽检，并在《回执单》上签字，如发现问题应尽快申请索赔。

（6）入库验收。每批配件入库前由库管员进行验收，配件经理对配件入库验收工作进行检查；发现配件不合格品要标识并隔离堆放，未经验收或检验不合格的配件，不允许入库投入使用或销售。

2．验收作业程序

（1）验收准备。搜集和熟悉验收凭证等有关资料；准备并校验相应的验收工具，准备装卸搬运设备、工具及材料；配备相应的人力；根据配件数量及保管要求，确定存放地点和保管方法。

（2）核对资料。凡要入库的零配件，应具备的资料包括：入库通知单，供货单位提供的质量证明书、发货明细表、装箱单，承运部门提供的运单及必要的证件等。仓库需对上述各种资料进行整理和核对，无误后才可进行实物检验工作。

（3）实物检验。主要包括对配件的数量和质量两方面的检验。数量验收是查对所到配件的名称、规格、型号、件数等是否与入库通知单、运单、发货明细表一致。质量验收主要检验汽车配件是否齐全，汽车配件是否符合质量要求；需进行技术检验来确定其质量的，应通知企业技术检验部门检验；还应注意必须妥善保管配件的原厂合格证，以便对质量问题交涉和索赔。

三、入库

汽车配件经过验收后，对于质量完好、数量准确的汽车配件，应及时办理入库手续，进行入账、立卡、建立档案，妥善保管配件的各种证件、账单资料。

（1）登账。仓库对每一品种规格及不同级别的物质都必须建立收、发、存明细账，它是及时准确地反映物资储存动态的基础资料。

（2）立卡。物卡是一种活动的实物标签，它反映仓储配件的名称、规格、型号、级别、储备定额和实存数量，一般直接挂在货位上。

（3）建档。历年来的技术资料及出入库资料应存入档案，以便查阅和积累配件保管经验。档案应一物一档，统一编号，以便查找。

🔍 本任务回顾

1. 分析汽车配件入库操作的典型案例。
2. 掌握汽车配件入库的流程。

⬇ 任务实施步骤

1. 任务要求
能够熟练进行汽车配件入库操作。
2. 任务实施的步骤
(1) 看任务载体,了解任务要求。
(2) 学习相关知识。
(3) 进行模拟前准备。
(4) 模拟汽车配件入库操作。

📔 思考与训练

论述题
分析汽车配件入库流程,并绘制汽车配件入库流程图。

📖 拓展提高

通过多种渠道,了解不同汽车服务企业的配件管理工作中汽车配件入库流程的差异性,并分析为什么存在这样的差异。

任务四　汽车配件仓库管理

知识目标
1. 了解汽车配件仓库管理的原则。
2. 了解货架及储物盒的一般要求。
3. 了解汽车配件保管与保养的方法。
4. 掌握仓位编号的方法。
5. 掌握仓库保管的七原则。

能力目标
1. 能够组织汽车配件的仓库管理工作。
2. 能够体会汽车配件仓库管理工作的细致、繁琐。

情境描述

汽车配件仓库管理包含两个方面的内容：一是汽车配件的存放和管理（货位管理）；二是汽车配件的保管与保养。我们主要通过这两个方面来了解汽车配件仓库管理的内容。

任务剖析

配件的仓库管理是很多汽车服务企业面临的一个很重要的管理内容，如何管理才能实现最大的仓库利用率，以最低成本达到较高的及时供货率、客户满意率及最低的配件损耗。通过本任务的设置，熟悉配件仓库管理的内容，实现企业的仓库管理目标。

任务载体

腾飞汽车维修服务公司筹备开业中，期初库存配件已经到达，配件经理李军正在盘算着如何将这些配件安排到货架上，他想起了在另一家维修服务公司做配件经理的你，于是立即拨通了你的电话，你将建议你的朋友遵循什么原则摆放配件以及如何保管保养这些配件确保配件的损耗率最低。

相关知识

汽车配件仓库管理

一、配件仓库管理工作的基本要求

仓库管理是企业高管的普遍心病。在系统上线初期，每天物料出、入库频繁，收发单据数量大，仓管员、录单员加班多，容易造成系统数据紊乱，影响生产经营。改善公司仓库的管理现状，提升系统运行质量成为仓库管理的重要任务。

（1）对进厂配件认真检查、验收、入库。

（2）采用科学方法，根据配件不同性质进行妥善的维护保管，确保配件的安全。

（3）配件存放应科学合理，整齐划一，有条不紊，便于收发盘点、检查和验收，并保持库容的文明整洁。

（4）配件发放要有利于生产，方便工人，做到深入现场，送货上门，满足工人的合理要求。

（5）定期清仓、盘点，应掌握配件变动情况，避免挤压浪费和丢失，保持账、卡、物相符。

（6）不断提高管理和业务水平，使验收、分类、堆放、发送、记账等手续简便、迅速和及时。

（7）搞好旧配件和废旧物资的回收利用。

二、货位管理

1. 货架及储物盒

根据零部件的形状和数量选择合适的货架,如图 5-4 所示。小的零件要放在硬质纸盒或塑料盒里,如图 5-5 所示。

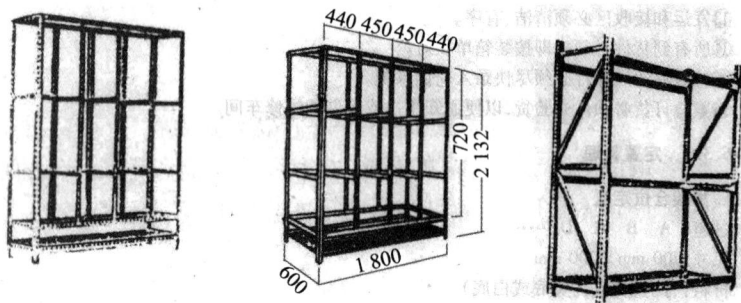

图 5-4　货架

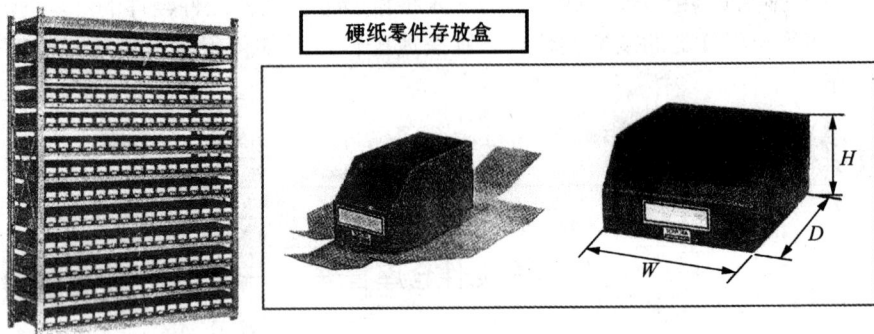

图 5-5　零件存放盒

货架布局要保证交通畅通无阻,再好的零部件如果仓储方式不当也会影响工作效率并可能使用户不满。仓储区必须留有一定的空间,防止货架爆满,防止损伤人员或损坏零件,货位更新必须纳入日常工作。货架布局应注意以下要点:

(1) 货架中留有增加库存件的空间,避免进行大规模仓储重新安排。

(2) 一般货架与特殊订购货架分开放置。

(3) 零件必须编码存放。

(4) 货架保持清洁。

(5) 货架间员工可无障碍通过,其标准宽度为 90cm。若要搬运辅料或钣金等大件通过,要求标准宽度为 130cm。

(6) 至少设一个主通道,在此通道上能清楚地从一端看到另一端。

(7) 可在货架间的通道内穿行寻找零件,通道端口不得封闭。

(8) 光线充足。

(9) 无零件伸出货架挡住通道。

(10) 所有仓储区必须清洁、有序,不能只有用户看到的地方才干净。

（11）仓储区必须有安全保障，未经许可不得入内。

（12）贵重物品和易燃易爆物品（如油漆）应特殊储存。

（13）发运和接收区必须清洁、有序。

（14）所有到货件必须立即按装箱单核对。

（15）检查后的入库件必须尽快录入库存系统。

（16）紧急订货必须优先验货，以便通知用户或等件的维修车间。

2. 仓位编号

为了快速、准确地找到所需零件，需要对零件存放位置进行定位。一般采用仓位编号来表示，仓位编号包括货架号、层号、列号，如图5-6所示。

3. 仓库保管七原则

（1）按周转速度存放。根据零件流通级别，快流件存放于靠近作业区且易于取放的货位，缩短出入库作业路线，提高工作效率。

（2）重物下置。从出入库作业的安全性和工作效率方面考虑，重的零件应放置在下面。若重物上置可能导致落下伤人、货物损坏、上架取放不方便等。

（3）竖直存放。有些零件，如车门、排气管、挡风玻璃等扁平或细长件宜竖直存放，平放会压坏下面的零件、浪费空间、长的零件会从货架伸出通道，影响通行，且不安全。

货架号

▷面向货架从左至右编号(重要的是编号方法必须统一)

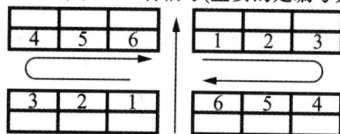

4	5	6		1	2	3
3	2	1		6	5	4

货架层号

▷从下层向上层依次编号，货架层变动时易于处理

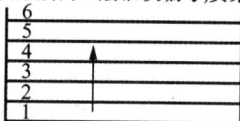

6
5
4
3
2
1

货架层列号

▷面对货架从左侧起横向依次编号

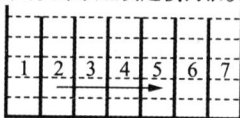

1	2	3	4	5	6	7

图5-6 仓位编号

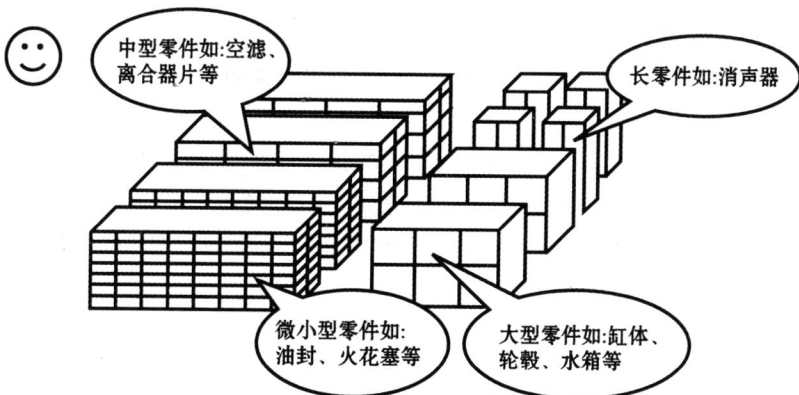

（4）一个零件号一个货位。把不同编号的零件分别存放，零件混放容易导致查找困难。

（5）按零件类型存放。把相似的零件排放在一起，如图5-7所示，以提高货位的空间利用率。

（6）容易滑动的零件要经常巡视。

图5-7 相似的零件排放在一起

（7）零件存放在伸手可及的位置。从方便作业、提高工作效率的角度出发,应将零件存放在手能到达的位置。如果零件存放在过高的地方,提取及上架时得使用梯子,造成作业不便,效率低下。

三、配件的保管与保养

1. 自然因素对汽车配件的影响

汽车配件品种繁多,因为使用材料和制造方法的不同而各具特点,有的怕潮、有的怕热、有的怕光、有的怕压等,在储存中会受自然因素的影响而发生变化,影响到这些商品的质量。因此,在仓储管理中要做到以下几点:

（1）要重视各种配件的储存期限。各类汽车配件出厂时都规定了保证产品质量的储存日期,但在进货及仓库保管中常常被忽视,如各类金属配件在正常保管条件下,自出厂之日起,生产厂保证在 12 个月内不锈蚀;橡胶制品、刹车片、离合器片、蓄电池等都有一定的规定期限,如果超出其期限就会影响使用性能或寿命。因此,应重视储存期限,配件应在期限内销售完毕。

（2）安排适当的库房和货位。各种配件的性能不同对储存保管的要求也不一样,所以在安排库房和配件进库后具体安排货位时,应把不同类型、不同性质的配件,根据其对储存条件的要求,分别安排在适当的仓库和货位上去。例如,对忌潮的金属配件应该集中放在通风、向阳的位置,对于忌高温的配件应该放在避光的位置,对于防尘、防潮、防高温要求高的配件应设专柜储存、专人保管;对于高档或已开箱的配件如收音机、仪器仪表、轴承等,在条件具备的情况下,可设密封室或专用储存柜储存。

（3）配件加垫。汽车配件绝大部分都是金属制品,属忌潮物资,一般都应加垫,以防锈蚀,枕垫的高度一般为 10～30cm。

（4）加强仓库内温度、湿度控制。可采取自然通风、机械通风或使用吸潮剂等措施控制库内温度、湿度。具体地说,就是根据不同季节、不同的自然条件,采取必要的通风、降潮、降温措施。

（5）严格配件进出库制度。库存配件应严格执行先进先出的原则,尽量减少配件在库时间,使库存不断更新。

（6）建立配件保养制度。可选派一些有配件保养知识和保养经验的人员,对滞销积压及受损配件进行必要的保养。

（7）搞好库内外清洁卫生。要做到库房内外无垃圾,无杂草、杂物,加强环境绿化,以防尘土、脏物和虫害的滋生。经常检查库房内的孔洞、缝隙以及配件包装、建筑的木质结构等,如发现虫害,及时采取措施捕灭。

（8）保证配件包装完好无损。凡是有包装的配件一定要保持其内外包装的完好,这对于仓库保管员来说,是一项重要的规定,必须严格遵守。如果损坏了包装,在某种意义上讲,就等于破坏了配件的质量,因为包装的主要目的之一就是为了保护配件质量,用以防潮、防尘和防碰撞。

2. 特殊配件的存放

（1）不能沾油的汽车配件存放。有些汽车配件浸、粘油品会影响寿命或使用效果,存放时应特别注意。例如,轮胎、水管接头、三角皮带等橡胶制品怕沾柴油、黄油、机油,尤其怕沾汽油,若常与这些油类接触,就会使上述橡胶配件膨胀、老化,加速损坏报废。干式纸质空气滤清器滤芯不能沾油,否则灰尘、砂土黏附上面,会将滤芯糊住,这样会增大气缸进气阻力,使气缸充气不足,影响发动机的功率。发电机、起动机的碳刷和转子若黏上黄油、机油,会造成电路断路,使工作不正常,甚至汽车不能起动。风扇皮带、发电机皮带沾上油会引起打滑,影响正常工作。干式离合器的各个摩擦片应保持清洁干燥,黏上油就会打滑;同样制动器的制动蹄片黏上油则会影响制动效果。散热器黏上机油、黄油后,会黏附尘砂影响散热效果。

(2) 爆震传感器的存放。爆震传感器受到重击或从高处跌落会损坏,为防止取放时失手跌落,这类配件不应放在货架或货柜的上层,而应放在底层,且应分格存放,每格一个,下面还应铺上海绵等软物。

(3) 减振器的存放。减振器在车上是承受垂直载荷的,若长时间水平旋转会使减振器失效,在存放减振器时要将其竖直放置。水平放置的减振器,在装上汽车之前要在垂直方向上进行手动抽吸。

四、库存配件盘点

1. 盘点的目的

配件仓储盘点就是如实地反映存货的增减变动和结存情况并加以整理,使账物相符。配件存货位置准确,以利于分析存货的合理性和经营状态的优劣,为日后的再订货和经营策略的调整提供有效的依据。

2. 盘点的内容

(1) 核对存货的账面结存数与实际结存数,查明盈亏存货的品种、规格和数量并予以分析。

(2) 查明变质、损坏的存货以及超储积压和长期闲置的存货品种、规格和数量。

(3) 收集、汇总、清除伤、残、损件且登记在册,并采取有效措施,予以处理与隔离。

(4) 检查零件的摆放位置、货位标签是否正确完好。同类零配件需集中摆放,不应混放,检查零配件的摆放位置是否正确,货位标签是否正确完好,否则应更换。

(5) 进行清仓打扫,按库房管理规定进行清理整顿。

3. 盘点的形式

盘点主要有永续盘点、循环盘点、定期盘点和重点盘点等形式。

(1) 永续盘点:指保管人员每天对有收发动态的配件盘点一次,并汇总成表,以便及时发现和防止收发差错。

(2) 循环盘点:指保管人员对自己所管物资分别按轻、重、缓、急,作出月盘点计划,按计划逐日盘点。

(3) 定期盘点:指在月、季度、年度组织清仓盘点小组,全面进行盘点清查,并造出仓储清册。

(4) 重点盘点:根据季节变化或工作需要,为某种特别目的而对仓库物资进行的盘点和检查。

4. 盘点方法和表格

(1) 配件盘点的方法——实地盘点法。实地盘点法是指在财产物资存放现场逐一清点数量或用计量仪器确定其实存数的一种方法。

盘点时,不便清点的小件可以用称重法求总数,即先数出一定数量的配件作为“标准件”,

仔细称出"标准件"的重量,再秤出所有仓储重量,即可算出总数。秤重法计算公式为:

$$总数 = 总重 \times 标准件的重量 / 标准件的重量$$

(2) 盘点表格。包括盘点卡、盘点总表、盘点报表。

① 盘点卡:盘点卡上有盘点日期,盘点人签字、配件号、名称、位置码、清点结果。

② 盘点总表:用于盘点结果登记,总表上包括每个件的位置码、账面数与清点数。

③ 盘点报表:包括进货价格、账面数、实际存数、盈亏数量、金额和原因,反映仓储变质和超储积压情况,以此作为盘点的结果和财务处理的依据。

5. 盘点中出现问题的处理

对于盘点后新出现的盈亏、损耗、规格串混、丢失等情况,应组织复查落实,分析产生的原因。

(1) 储耗。对易挥发、潮解、融化、散失、风化等物资允许有一定的储耗。凡在合理储耗标准以内的,由保管员填报"合理储耗单",经批准后即可转财务部门核销。一般情况下,一个季度进行一次储耗计算,计算公式如下:

$$合理储耗量 = 保管期平均仓储量 \times 合理储耗率$$
$$实际储耗量 = 账存数量 - 实际数量$$
$$储耗率 = 保管期内实际储耗量 / 保管期内平均仓储量 \times 100\%$$

实际储耗量超过合理储耗部分作盘亏处理,凡因人为的原因造成物资丢失或损坏的,不得计入储耗内。

(2) 盈亏和调整。在盘点中发生盘盈或盘亏时,应反复落实,查明原因,明确责任。由保管员填制"仓储物资盘盈盘亏报告单",经仓库负责人审签后,按规定上报审批。

(3) 报废和削价。由于保管不善造成霉烂、变质、锈蚀等的配件,在收发、保管过程中已损坏并已失去部分或全部使用价值的或因技术淘汰需要报废的,经有关方面鉴定后,确认不能使用者,由保管人员填制"物资报废单"上报审批。由于上述原因需要削价处理者,经技术鉴定,由保管人员填制"物资削价报告单",按规定报上级审批。

(4) 事故。由于被盗、火灾、水灾、地震等原因及仓库有关人员失职,使配件数量和质量受到损失者,应视作事故向有关部门报告。

在盘点过程中,还应清查有无本企业多余或暂时不需用的配件,以便及时把这些配件调剂给其他需用单位。

6. 盘点注意事项

所有的到货应立即上架,清点时不要遗漏和另放它处;货架的标签应与实物相符,发现问题及时纠正和补充,破旧或不清楚的标签要及时换新;配件号不同,而实物相符的零件要做好混库处理,并做好记录;配件号相同,而实物不相符的零件,要做好分析处理并反馈给厂家配件部;完整的包装应放在货架的前面(或上面),已打开的包装应放在后面(或下面),数量不足的包装应填充成标准包装。

7. 盘点步骤

盘点步骤,如图5-8所示。

8. 确认仓储差异后的处理

重新清点出现仓储差异的零件,如果差异是由于清点错误或其他错误造成的,则应改正盘点卡片,无法查明仓储差异原因时,应上报并通过会计解决。

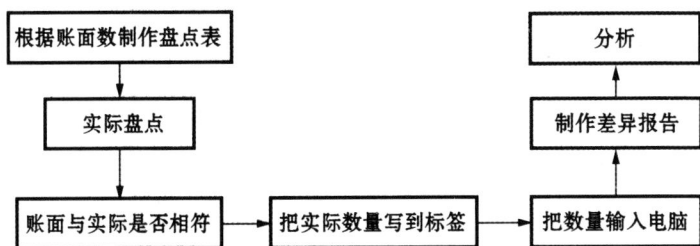

图 5-8　盘点步骤

本任务回顾

1. 汽车配件仓库管理是汽车配件管理中一项很重要、很细致、很繁琐的工作内容,要学会使用一定的科学方法进行管理。

2. 在汽车配件仓库管理中使用仓位编号的方法,遵循仓库保管的原则,对库存配件进行科学的保管与保养,才能实现以最低的成本达到最高的及时供货率和客户满意率。

任务实施步骤

1. 任务要求

掌握汽车配件仓库管理的工作内容。

2. 任务实施的步骤

(1) 了解任务载体内容。

(2) 进行知识的学习。

(3) 根据所学知识解决案例中提出的问题。

思考与训练

简答题

(1) 货架布局的要点是什么?

(2) 如何对汽车配件进行仓位编号?

(3) 简述仓库保管的七原则。

(4) 对汽车配件的保管有哪些要求?

(5) 特殊配件如何存放?

拓展提高

走访一家汽车 4S 店,了解其配件部门的仓库管理制度和管理方法。

任务五　汽车配件出库流程

知识目标

1. 了解配件出库的概念。
2. 掌握汽车配件出库的流程。

能力目标

1. 能够组织汽车配件出库工作。
2. 能够体会流程化在汽车配件出库工作中的作用。

情境描述

本情境的设计是通过汽车配件出库流程的学习,熟悉汽车配件管理的最后一个环节,并体会流程化管理在汽车配件管理中的重要性和必要性。这可以通过完成汽车配件出库任务来分析体会。

任务剖析

通过这一任务,熟悉汽车配件出库的流程和内容,体会配件出库管理工作的细节,为今后进入相关的岗位工作打下坚实的基础。

任务载体

腾飞汽车维修服务公司营业中。某日,修理工王五到领料台领取某型号汽车 NGK 铱金型号的火花塞 2 只,请仓库管理人员做好汽车零配件出库工作。

相关知识

汽车配件出库流程

配件出库是库存管理业务的最后阶段,它的任务是把配件及时、迅速、准确地发放到使用者手中。出库工作的好坏直接影响企业的生产秩序,影响到配件经营的盈亏、损耗和周转速度。

为保证配件出库的及时、准确,应使出库工作尽量一次完成。同时,要认真实行"先进先出"的原则,减少物资的储存时间,特别是有保存期限的配件,应在限期内发出,以免配件变质损坏。应严格按照下述出库流程进行工作:

(1) 营业员接待顾客并开出零件取货单。由营业员接待顾客或修理部员工,根据要求开出"零件取货单",如表 5-6 所示。

笔记

表 5-6　零件取货单

××××汽车服务有限公司

零件取货单(修理部)

操作卡_____

车　牌_____　　　　　　　　　　　　　　　发票凭单

挂账户口_____　　　　　　　　　　　　　　开单日期　年　月　日

数量	车系	零件编号	名称	仓位	单价	提货数量	金额

营业员_____　　仓务员_____　　领料_____　　合计金额_____

（2）仓务员从仓库清点出所需配件。仓务员按照"零件取货单"上仓位编号、零件名称、数量,清点出有关零件,在"零件取货单"上签字,表示所需配件确实有货,并将该单返回营业员。

（3）顾客查验配件。由顾客(或修理部职员)查验是否是所需配件,核实后即可提货。

（4）办理交款提货手续。顾客要当场交款并提货。若是修理部职员,则签字提货。

本任务回顾

1. 分析汽车配件出库操作的典型案例。
2. 模拟汽车配件出库流程。

任务实施步骤

1. 任务要求

能够熟练进行汽车配件出库操作。

2. 任务实施的步骤

（1）看任务载体,了解任务要求。

（2）学习相关知识。

（3）进行模拟前准备。

（4）根据相关知识分组模拟汽车配件出库操作。

思考与训练

绘制汽车配件出库的流程图。

拓展提高

通过多种渠道,了解不同汽车服务企业的配件管理工作中汽车配件出库流程的差异性,并分析为什么存在这样的差异。

笔记

项目六

汽车服务企业战略管理

任务一　汽车服务企业经营环境分析
任务二　汽车服务企业内部条件分析
任务三　汽车服务企业战略管理的框架
任务四　汽车服务企业经营战略的制定、实施和控制

学习目标

1. 了解汽车服务企业进行战略管理时各种领域环境分析的必要性和所包含的内容。
2. 掌握汽车服务企业战略管理的框架。
3. 掌握汽车服务企业经营战略的具体操作内容。

☆ **期待效果**：

在将来积累到一定知识和实际工作经验，进行汽车服务企业的相关管理工作的时候，能运用战略的眼光来考虑问题并解决问题。

项目理解

汽车服务企业战略管理是企业在宏观层次通过分析、预测、规划、控制等手段，充分利用本企业的人、财、物等资源，达到优化管理，提高经济效益的目的。企业战略管理是对企业战略的设计、选择、控制和实施，直至达到企业战略总目标的全过程。战略管理涉及企业发展的全局性、长远性，诸如企业的经营方向、市场开拓、产品开发、科技发展、机制改革、组织机构改组、重大技术改造、筹资融资，等等。

学生将来面临的工作环境属于汽车制造、汽车修理和汽车销售等基础性的领域，这部分知识是为将来从事战略管理工作的开展进行铺垫性的学习。

任务一　汽车服务企业经营环境分析

知识目标

1. 了解汽车服务企业宏观经营环境分析的内容。
2. 了解汽车服务企业中观经营环境分析的内容。
3. 了解汽车服务企业微观经营环境分析的内容。

能力目标

在涉及到相关汽车服务企业战略管理的时候能进行经营环境的分析。

情境描述

汽车服务企业战略管理的环境分析涉及很多方面,需要在工作开展之前就熟悉并掌握这些内容及方法。

任务剖析

结合这篇文章中关于宏观环境在企业经营战略选择时的重要性分析,来具体分析汽车服务企业战略选择时环境分析的重要性。

任务载体

阅读下面的文章,试对某汽车服务企业进行战略选择时环境分析的重要性进行论述。

企业选择经营战略时的宏观环境分析

宏观环境指的是对所有企业的经营管理活动都会产生影响的环境方面的各种因素,诸如政治法律环境、经济环境、技术环境、社会文化环境等。企业经营管理者必须认真分析宏观环境变化对企业经营战略的影响,企业只有在把握宏观环境发展变化趋势的基础上顺势而为,才能在专业化经营和多元化发展中做出最佳的决策。

政治法律环境是指对企业生产经营活动具有实际与潜在影响的政治力量和对企业生产经营活动加以限制和要求的法律法规等因素。企业在进行经营战略选择时,首先要考虑的问题是拟投资企业所在国家和地区政局的稳定性和安全性,在此基础上,要着重考虑政府对发展地方经济的支持力度和政务工作的效率。为了促进当地经济的发展,一般来说,所在国家和地方政府会出台一系列的优惠政策来吸引投资者,为企业提供优质、高效的行政服务,切实保障企业的利益。但企业在某些国家和地区也会遇到一些地方政府部门存在官僚主义,直接干预过多,办事效率低,地方保护主义严重等现象。企业应选择稳定安全、能提供高效优质服务的政治环境。国际化经营的企业还需要考虑目标国对外来企业和外来商品的政策及态度等。

中国加入世贸组织之后,经济全球化进程加快,法律环境对中国企业越来越重要。企业在进行经营战略选择时,要注意拟投资企业所在国家和地区法律体系的完备性、法律仲裁的公正性和法制的稳定性等。对从事国际化经营的企业来说,在遵守不同东道国法律法规的同时,还要遵守世界范围内共同的行为准则。当然,企业在某些国家和地区也会遇到一些执法机构有法不依、执法不严、违法不纠的现象,这会严重制约企业的发展。随着国际间相互投资的增加,为了给投资者提供充分的法制保护,坚定其投资信心,国家和地方政府必须不断健全法制,完善投资规范,形成一个宜于国际资本流动的良好的法律环境。

经济环境是指直接影响企业生存和发展的国家经济发展状况及趋势、经济体制与其运行状况、国家的经济政策及措施等因素。企业要密切关注国家经济政策的变化,因为政府制定的

笔记

经济政策对某一行业及其企业的影响,既可以是鼓励和保护性的,也可以是限制和排斥性的。2005 年 12 月国务院发布实施的《促进产业结构调整暂行规定》中的《产业结构调整指导目录》就是由鼓励、限制和淘汰三类目录组成。对鼓励类产业投资项目,国家制定优惠政策支持,以消除经济持续发展的瓶颈;对于限制类项目,国家督促改造和禁止新建;而对于淘汰类项目,国家禁止投资,可以采取高税收、行业管制等政策,如金融机构可停止各种形式的授信支持、有关部门可依法吊销生产许可证等。

自然资源的丰欠在一定程度上影响着企业已投资产业的成败。如石油危机的冲击,一方面导致汽车燃油价格上涨,用车成本上升;另一方面使宏观经济减速,消费者信心指数下滑。在两者的双重作用下,汽车销量下降,汽车产量下降,对汽车制造业产生了强烈影响。同时,人口规模和结构的改变对企业行业选择的影响更为直接。因为人类的需求是企业生产的前提,一切生产都是为人类服务的。人口总量的变化、不同的年龄构成、性别构成、文化教育水平等,都会影响不同的需求构成,进而影响着相应的市场变动。

经济增长速度对企业所选择投资的方向也有重大影响。在经济快速增长时期,居民的收入会有相应的提高,相关产业会有较快的增长,这会给企业的投入和产品销售提供良好的条件,有利于企业的成长和发展。相反,当经济增长延缓时,企业的成长和发展就会受到严重的阻碍。企业应抓住经济快速增长的有利时机,做大做强现有产业,努力开辟新的市场。

技术环境是指企业所处的环境中科技要素及与该要素直接相关的各种社会现象的集合,包括国家科技体制、科技政策、科技水平和科技发展趋势等因素。对各行业内的企业来说,要密切关注所在行业的技术发展动态和竞争者技术开发、新产品开发方面的动向,及时了解是否有当前技术的替代技术出现,并发现可能给企业带来竞争利益的新技术、新材料和新工艺。我国是一个设备大国,资产规模庞大,每年因各种原因导致设备停产、报废所造成的损失逾千亿元,大量设备的报废对环境和资源也造成巨大压力。研究和开发再制造技术,并将再制造业发展成为一个规范的现代化产业,从不能再利用的电子垃圾中,低成本、低污染、高效率地回收金属、塑料、玻璃等原料投入再生产,能够使企业在节能、节材、降耗、减少污染和提高经济效益上发挥巨大作用,大力推动我国循环经济发展。

社会文化环境是指企业所处地区在社会与文化方面所具备的基本条件,它包括民族特征、文化传统、价值观、宗教信仰、教育水平、社会结构、风俗习惯等因素。社会文化因素对企业经营战略的影响是间接的、潜在的和持久的。

总之,宏观环境的变化要求企业经营者在选择经营战略时必须密切关注,认真分析,目的在于明确企业自身面临的机遇和危机,以便利用机遇,避免或消除危机,以适应环境。

相关知识

汽车服务企业经营环境分析

一、汽车服务企业宏观经营环境分析

1. 自然环境与汽车使用环境分析

1）自然环境

汽车服务企业自然环境指影响汽车生产、使用的自然因素,主要包括石油等自然资源和大气等生态环境。汽车服务企业可依靠科技进步,发展新型材料,提高资源的综合利用,节约自然资源;加强对汽车节能、改进排放等新型技术的研究与应用等措施来适应自然环境的变化。

2) 汽车使用环境

汽车使用环境指影响汽车使用的各种客观因素,一般包括大气气候、地理、车用燃油、道路交通、城市建设等因素。

(1) 自然气候:包括大气温度、湿度、降雨、降雪、降雾、风沙等情况及它们的季节性变化。自然气候对汽车使用时的冷却、润滑、起动、充气效率、制动等性能及汽车机件的正常工作和使用寿命产生直接影响。

(2) 地理因素:主要包括一个地区的地形地貌、山川河流等自然地理因素和交通运输结构等经济地理因素,对汽车产品的具体性能有不同的要求。

(3) 车用燃油:包括汽油和柴油两种成品油。车用燃油受世界石油资源不断减少的影响,对汽车行业的发展起着明显的制约作用。此外,车用燃油中汽油和柴油的供给比例也会影响到汽车行业的产品结构。

(4) 公路交通:指一个国家或地区公路运输的作用,各等级公路的里程及比例,公路质量,公路交通量及紧张程度,公路网布局,主要附属设施如停车场、维修网、加油站及公路沿线附属设施等因素的现状及变化,对汽车的使用有密切的影响。

城市道路交通是公路交通中的一个重要因素。城市道路交通包括城市道路面积占城市面积的比例、城市交通体系及结构、道路质量、道路交通流量、道路立体交叉、车均道路密度以及车辆使用附属设施等因素的现状及其变化。

2. 政治法律环境分析

政治法律环境是指一个国家或地区的政治制度、体制、方针政策、法律法规等。这些因素常常制约、影响汽车服务企业的经营行为,尤其是较长期的投资行为。

分析政治环境可从国内和国际两方面着手。国内政治环境主要包括政治制度、政党和政党制度、政治性团体、党和国家的方针政策、政治气氛;国际政治环境主要包括国际政治局势、国际关系、目标国的国内政治环境。分析政策法律环境主要应分析以下因素:

(1) 法律规范。与汽车服务企业的经营密切相关的法律有《公司法》、《中外合资经营企业法》、《合同法》、《专利法》、《商标法》、《广告法》、《税法》、《企业破产法》、《反垄断法》、《反不正当竞争法》、《资源保护法》、《环境保护法》、《产品质量法》、《消费者权益保护法》等。

(2) 相关政策及技术标准、法规。我国目前与汽车服务企业密切相关的政策、标准、规定主要有《汽车工业产业政策》、《中华人民共和国机动车驾驶员考试办法》、《中华人民共和国机动车驾驶证管理办法》、《道路交通安全法》、《道路交通事故处理程序规定》、《道路交通事故处理办法》、《交通违章处理程序规定》、《汽车运输业车辆综合性能检测站管理办法》、《汽车运输业车辆技术管理规定》、《汽车货物运输规则》、《道路零担货物运输管理办法》、《超限运输车辆行驶公路管理规定》、《汽车租赁管理暂行规定》、《汽车维修行业管理暂行办法》、《新车禁用氟利昂制冷剂》、《汽车报废标准》、《中华人民共和国报废汽车回收管理办法细则》、《报废汽车回收公司认证办法》、《汽车金融机构管理办法》、《机动车运行安全技术条件》、《机动车排放污染防治技术政策》、《我国汽车大气污染物排放标准》、《进口车入户新规定》、《车辆税费类别》等。

(3) 国家司法执法机关。我国国家司法执法机关主要有法院、检察院、公安机关以及各种行政执法机关。与汽车服务企业关系较为密切的行政执法机关有工商行政管理机关、税务机关、物价机关、计量管理机关、技术质量管理机关、专利机关、环境保护管理机关、政府审计机关。此外,还有一些临时性的行政执法机关,如各级政府的财政、税收、物价检查组织等。

(4) 企业的法律意识。是企业对法律制度的认识和评价。企业的法律意识最终都会物化为一定性质的法律行为,并造成一定的行为后果,从而构成每个企业不得不面对的法律环境。

(5) 国外法律环境。主要指国际法所规定的国际法律环境和目标国的国内法律环境。

3. 经济环境分析

汽车服务企业的经济环境主要由社会经济结构、经济发展水平、经济体制和宏观经济政策四个要素构成。

(1) 社会经济结构:指国民经济中不同的经济成分、产业部门以及社会再生产各个方面在组成国民经济整体时相互的适应性、量的比例及排列关联的状况。社会经济结构主要包括五方面的内容,即产业结构、分配结构、交换结构、消费结构、技术结构,其中最重要的是产业结构。

(2) 经济发展水平:指一个国家经济发展的规模、速度和所达到的水准。反映一个国家经济发展水平的常用指标有国民生产总值、国内生产总值、国民收入、人均国民收入、经济发展速度、经济增长速度、消费者收入、消费者支出、消费者储蓄与信贷、投资规模、社会信贷规模与结构、财政支出等。

(3) 经济体制:指国家经济组织的形式。经济体制规定了国家与企业、企业与企业、企业与各经济部门的关系,并通过一定的管理手段和方法,调控或影响社会经济活动的范围、内容和方式等。

(4) 经济政策:指国家、政党制定的一定时期国家经济发展目标实现的战略与策略,它包括综合性的全国经济发展战略和产业政策、国民收入分配政策、价格政策、物资流通政策、金融货币政策、劳动工资政策、对外贸易政策等。

4. 社会责任分析

汽车服务企业需要面对不同的利益群体,各利益群体的重要性排序为:顾客、职工、主要股东、一般大众、一般股东、政府(重要程度依次减弱)。汽车服务企业对不同的利益群体应承担不同的社会责任:

(1) 对股东应提高证券价格、股息分红。

(2) 对职工或工会应提供相当的收入、稳定的工作、良好的工作环境和提升的机会等。

(3) 对政府应响应政府号召,支持政府的政策,遵守法律和规定。

(4) 对供应者应保证付款的时间。

(5) 对债权人应遵守合同条款,保持值得信赖的程度。

(6) 对消费者或代理商应保证提供的服务的价值及方便程度等。

(7) 对所处的社区应保护环境,按时缴税,积极参与各项公益事业。

(8) 对贸易和行业协会应积极参加活动,支持各种活动。

(9) 对竞争者应公平地参与竞争。

(10) 对特殊利益集团应提供平等的就业机会,支持城市建设,对残疾人、儿童和妇女组织有所贡献。

5. 社会文化因素分析

社会文化环境包括一个国家或地区的社会性质、人们共有的价值观、人口状况、教育程度、风俗习惯、宗教信仰等各个方面。从影响企业战略制定的角度来看,文化、人口两个方面有着最密切的关系。

（1）文化。文化环境对企业的影响是间接的、潜在的和持久的,文化的基本要素包括哲学、宗教、语言与文字、文学艺术等,它们共同构筑成文化系统,对企业文化有重大的影响。

汽车服务企业对文化环境的分析目的是要把社会文化化为企业的内部文化,使企业的一切生产经营活动都符合环境文化的价值检验。另外,企业对文化的分析与关注最终要落实到对人的关注上,从而有效地激励员工,有效地为顾客服务。

（2）人口。人口对汽车服务企业制定战略有重大影响。企业战略与人口总数、人口的地理分布、人口的性别比例和人口的教育文化水平、家庭户数密切相关。可以采用某些变量如:人口数量、人口质量、家庭结构、离婚率、出生率和死亡率、人口的平均寿命、人口的年龄和地区分布、人口在民族和性别上的比例变化、人口和地区在教育水平和生活方式上的差异等对人口因素进行分析。

6. 技术环境分析

企业的科技环境指的是一个国家和地区整体科技水平的现状及其变化,大体包括四个基本要素:社会科技水平、社会科技力量、国家科技体制、国家科技政策和科技立法。

企业在进行技术环境分析时需要回答以下有关技术的关键性问题:企业拥有的主要技术是什么? 企业在业务活动及产品和零部件生产中采用了何种技术? 这些技术对各种业务活动及产品和零部件生产的重要程度如何? 外购的零件及原材料中包含了哪些技术? 上述外部技术中哪些是至关重要的? 为什么? 企业是否能持续地利用这些外部技术? 这些技术曾经发生过何种变革? 是哪些企业开创了这种变革? 这些技术在未来可能会发生何种变化? 企业在以往对关键技术进行了哪些投资? 企业技术上的主要竞争者以往的和计划的投资内容和投资方式如何? 企业及其竞争者在产品的研制与设计、工艺、生产及服务等各方面进行了哪些投资? 人们对各企业的技术水平的主观排序如何? 企业的业务和产品是什么? 企业的产品包含哪些零部件? 这些零部件、产品和业务的成本及价值增值结构是什么? 以往企业的财务及战略实施绩效如何? 这些绩效对现金增值和盈利、投资需求、业务增长、企业市场地位及份额的影响如何? 企业现有技术可以有哪些应用? 企业实施了哪些应用? 没有实施哪些应用? 为什么? 在这些技术应用方面的投资会在多大程度上扩大企业的产品市场、增加企业盈利、增强企业的技术领先优势? 还应当考虑:用户需要与需求的变化,当前与正在出现中的细分市场,各细分市场的增长速度。例如,企业的竞争地位及主要竞争者可能会采取的经营战略是什么? 企业技术对于各种应用的重要程度如何? 对这些应用至关重要的其他技术有哪些? 在各种应用中,不同的技术有哪些区别? 在各种应用中相互竞争的技术有哪些? 决定各种技术各自替代优势的因素是什么? 这些技术目前正在发生和将要发生哪些变化? 企业应当考虑实施哪些技术应用? 企业进行技术资源投资的优先顺序是什么? 企业为实现目前的经营目标需要哪些技术资源? 企业技术投资的水平及增长速度如何? 哪些技术投资应当予以削减或取消? 为实现企业目前的经营目标需要增加哪些新技术? 企业的技术及业务组合对企业经营战略的影响如何? 等等。

二、汽车服务企业中观经营环境分析

1. 行业竞争分析

（1）行业竞争分析的主要内容包括行业最主要的经济特征，卖方竞争分析，驱动因素，主要厂商的竞争地位（战略群），竞争对手分析，行业成功关键因素及行业的前景和总体吸引力。

进行行业竞争分析时，必须注意：

① 分析企业的外部形势不一定总会得到清晰明了的结果，战略分析应留有意见分歧的余地。

② 整个行业及企业竞争分析需要每隔1～3年进行一次。

（2）影响企业竞争的因素。汽车服务行业内各企业竞争的激烈程度主要取决于以下六个因素：竞争者的数量及力量对比；市场增长率；固定费用和存储费用的多少；产品特色与用户的转换成本；行业的生产能力；退出壁垒。

2. 行业发展因素分析

行业发展因素分析主要包括以下一些内容：行业在社会经济中的地位分析、行业特性分析、行业规模结构分析、行业数量结构分析、行业组织结构分析、行业市场结构分析、行业社会环境方面的限制分析。

3. 行业结构变化预测

影响行业结构的宏观因素主要包括政治、经济、技术、社会文化等，这些因素可以分为不变因素、可预测因素和不确定因素三类。不变因素的影响是稳定的，通过调查或实测就可以确定。可预测因素虽然是变化的，但其变化结果通过一定的方法可以较为准确地测定。不确定性因素事先是难以估计的，对其评价的难度很大。

对汽车服务行业结构变化的预测难点主要在对不确定性因素的研究。当汽车服务行业面临的不确定性因素较多或潜在影响较大时，企业战略必须具有较大的弹性和应付多种情况的特点。

4. 行业特征评价

评价行业特征可从行业的竞争特征、需求特征、技术特征、增长特征、盈利特征等五个方面对上述因素进行分析。

5. 行业吸引力分析

行业吸引力分析是在行业特征分析和主要机会、威胁分析的基础上，找出关键性的行业因素，通过定性、定量的分析确定其吸引力（价值）的大小。

6. 行业细分

行业细分实质是企业为了选择特定的经营领域，根据自身战略制定的需要，将整个行业的生产领域（产品或服务）和市场领域（顾客或用户）分别按照若干特定的变量划分后再组合。

三、汽车服务企业微观经营环境分析

1. 潜在进入者分析

潜在进入者可能是一个新办的企业，也可能是一个采用多角化经营战略的原从事其他行业的企业。潜在进入者会带来新的生产能力，并要求取得一定的市场份额。潜在进入者对本行业的威胁取决于本行业的进入壁垒以及进入新行业后原有企业反应的强烈程度。

　　进入壁垒的高低主要取决于以下一些因素:规模经济,经营特色与用户忠诚度,投资要求,资源供应,销售渠道,经验曲线,政府政策和原有企业的反应。

　　2. 供应者分析

　　供应者对汽车服务企业的竞争压力主要表现在要求提高原材料或其他供应品的价格,减少紧俏资源的供应或降低供应品的质量等。来自供应者的压力总是趋向于从本行业中牟取更多的利润。

　　对供应者压力分析主要考虑如下因素:供应者的集中程度和本行业的集中程度,供应品的可替代程度,本企业对供应者的重要性,供应品对本企业的重要性,供应品的特色和转换成本,供应者前向一体化的能力,本企业后向一体化的可能性。

　　3. 购买者分析

　　购买者对汽车服务企业的竞争压力主要表现为要求产品价格更低廉、质量更好、提供更多的售后服务,他们会利用各企业间的竞争来施加压力。来自购买者的压力总是趋向于降低本行业的盈利能力。

　　对购买者压力的分析可以从以下几个方面入手:购买者的集中程度,购买者从本企业购买的产品或服务的标准化程度,购买者从本企业购买的产品或服务在其成本中所占比重,转换成本,购买者的盈利能力,购买者后向一体化的可能性,本企业前向一体化的能力,本企业的产品或服务对购买者的影响程度,购买者掌握的信息。

　　4. 替代品分析

　　替代品是指那些与本行业产品或服务具有相同或相似功能的产品或服务。来自替代品的压力主要有以下三个因素:替代品的盈利能力,生产替代品的企业所采取的经营战略,用户的转换成本。

　　5. 行业内的竞争者分析

　　通过以下几个方面来分析行业内的竞争者:本行业中是否有许多竞争者;本行业中所有竞争者是否几乎一样;产品市场增长是否缓慢;本行业的固定成本是否很高;本企业的顾客转换是否十分容易;在现有生产能力上再增加是否十分困难;本行业中大部分企业是否要么成功,要么垮台;本行业中大多数企业是否准备留在本行业;其他行业干什么对本企业是否无多大影响。

　　分析行业内的竞争对手需要掌握大量的关于竞争对手的信息,收集的信息越多、越准确,就越有可能制定出正确的战略。

　　国外企业收集竞争对手情报的18种方法:收购竞争对手的垃圾;购买竞争对手的产品并加以剖析;匿名参观竞争对手的企业;在港口或火车站记录竞争对手的货运数量;从空中对竞争对手进行拍照,然后加以研究;分析竞争对手的招工合同;分析竞争对手的招工广告;询问顾客或经销商关于竞争对手的销售状况;派人参加竞争对手的经营或对主要顾客的经营;了解竞争对手的供应商以了解其产量;以顾客身份讨价还价以了解其价格水平;与竞争对手的顾客交谈以获取情报;收买竞争对手以前的管理人员;通过咨询人员参观竞争对手的工厂来了解情况;收买竞争对手的职工;用假招工的办法接触竞争对手的职工;派技术人员参加行业技术会议以了解对手的技术情报;收买那些在竞争对手处没有得到善待或与其主要领导有矛盾的人。

笔记

🔍 本任务回顾

1. 熟悉汽车服务企业战略选择时宏观环境分析的内容。
2. 分析宏观环境因素的动态变化,对汽车服务企业战略决策提供依据。

⬇ 任务实施步骤

1. 任务要求

参考案例中的分析思路,根据现在的宏观环境的特点,完成一篇有关某个汽车服务企业发展影响因素分析的文章,题目自拟。

2. 任务实施的步骤

(1) 汽车服务企业面对的宏观环境分析。

(2) 确定文章的主要议题。

(3) 完成文章。

思考与训练

1. 简答题

(1) 从哪几个方面分析汽车服务企业宏观经营环境?

(2) 从哪几个方面分析汽车服务企业中观经营环境?

(3) 从哪几个方面分析汽车服务企业微观经营环境?

2. 论述题

汽车服务行业内各企业竞争的激烈程度主要取决于哪些因素? 怎样理解这种现象?

拓展提高

收集有关我国汽车服务企业经营决策的宏观、中观和微观因素分析的文章,结合本节学习的内容,进而分析某一个领域汽车服务企业的发展趋势。

任务二　汽车服务企业内部条件分析

知识目标

熟悉并掌握汽车服务企业内部环境分析的内容。

能力目标

能够通过分析汽车服务企业的内部环境对企业的发展提供思路。

情境描述

　　企业内部环境对企业的发展起着最直接的作用,通过这部分内容的学习,能对企业经营活动进行最直接的指导作用。

任务剖析

　　通过学习关于长安汽车企业战略分析的文章,找到其中内部环境分析以及改革的内容,进行分类,并指出属于本节所学习的哪几个领域的问题。

任务载体

　　阅读下面的文章,完成课后练习。

对长安汽车的企业战略分析

　　长安汽车打造一流销售网络和配套体系,建立营销新模式的总体思路是"营销管理精细化、过程控制标准化",增强终端管控能力。其实,多年来长安公司营销模式中销售服务两条线的问题比较突出,这种各自为阵的营销格局随着长安的高速发展已经不再适应形势,需要变革。要改变这一切,长安汽车从何入手的呢?因为科学的组织体系是战略得以实现的可靠保证,从组织体系的改革出发,长安汽车三招致胜。

一、营销机构改革

　　大刀阔斧地进行营销机构改革,优化人员结构,形成一支精干高效、能征善战的营销队伍,这是长安汽车采用的第一招。

　　2007年3月,他们将原137个直销体系撤销49个,转变经营主体88个;7月又将原29个分销中心精简为华北、山东、河南、东北、东南、华东、华中、西南、西北、华南等10个销售服务大区,使得各销售服务大区既有全国性职能管理功能,更有区域性的销售与市场建设任务,改变了过去人人都在管而人人也没管的局面。

　　在长安汽车看来,领导干部素质的提升是贯彻"全面提速"战略的牵引力,而训练有素的团队是培训出来的。

　　为了进一步优化销售公司中高层领导的素质和能力,销售公司38个中高层管理干部岗位实施"全体起立,竞聘上岗"的大胆改革。这次竞聘,经理以上的职位全部推倒重来,通过笔试、面试,原45名中高层管理干部有13人落选,通过竞聘上岗,一大批学历高、素质高、年纪轻、知识新、竞争意识强的领导走马上任。

　　打造专业化的营销队伍几乎是所有汽车公司的目标。长安汽车的培训部门根据实际情况,分职能业务管理、专业化销售管理、大区销售服务管理、经销商销售体系、转岗安置人员等5个序列,对销售公司全体员工、经销商体系进行了全方位的培训。公司培训部门累计举办各类培训班163期,培训员工累计达5 497人次,极大地提升了公司员工和经销服务商体系人员的素质。

组织的竞争优势在于比竞争对手具有学习得更快的能力。基于公司发展战略、基于客户、基于竞争标杆,2007年11月至2008年年初,长安汽车全国经销商营销服务技能大赛如火如荼地举行,大赛主要内容为汽车产品知识、销售技巧、市场管理、客户关系管理、维修理论、服务标准化管理、备件管理等知识的竞赛,大赛注重实战演练,最终选出的销售、服务、市场能手在营销服务体系产生了强烈反响,掀起了学习营销知识、钻研业务技能的高潮。

二、进行自销体系中直销店的全面改革

对自销体系的直销店进行全面改革改制,这是长安汽车采取的第二招。

过去,长安汽车自销体系的直销店遍布全国。数量众多的自销体系直销店与经销商重叠,且形象功能较差,一方面不可避免存在网络冲突,影响经销商的积极性;另一方面竞争力明显落后于对手。2007年初,在确保国有资产保值增值的前提下,按照"积极推进、分类实施、一店一策"的原则开展了以股权转让为主的直销店改革改制。到2007年8月完成了全部直销店的改革。

直销店的成功改革彻底理顺了销售网络,激发了经销商的销售热情。尤其值得一提的是:有12家直销店是将直销店资产及区域转给经销商或员工,原长安直销店员工也因此转变了身份而当上了老板或股东。自主经营了,观念转变了,市场占有率也大幅提升了。如:福州直销店改革前市场占有率为18.6%,改革后市场占有率猛增至36.6%。

改革肯定有阵痛。直销店的转制、10个销售服务大区的建立,机构和岗位精简了,必然会有人员转岗。面对转岗人员年龄偏大、学历及综合素质普遍较低、员工情绪比较大的现状这一棘手的问题,公司成立了安置工作组和5个专职组,既对员工进行耐心、细致的政策宣讲、交流、谈心,又实实在在为转岗人员设计并提供了6条转岗安置渠道。截至2007年底,驻外撤回人员、精简转岗人员的安置率已达到83%。

三、建立以业绩为主线的绩效考核指标体系分配制度

以业绩为主线,建立绩效考核指标体系的分配制度,并贯穿于机构改革之中,这是长安汽车采取的第三招。

改革措施的核心是突出重心向外、业绩取酬,建立模拟利润考核为基础的模块化管控考核办法,层层加压,将集团公司KPI指标分解到各部门,突出市场占有率、满意度等过程管理,建立绩效考核集体商讨制度,形成了具有长安销售独特的销售绩效考核模式。

1. 终端决胜靠创新

不少成功企业,在成功之后往往产生骄傲情绪,开始不认真对待市场状况、客户状况,因此不能正确估计自己,导致成功打下天下却轻易地失去江山。这就是输在终端的疏忽和守旧上。

长安汽车终端建设的成绩应该是相当突出的。过去一年来,新增服务网点200多个,网络数量达1000多个,成为中国汽车行业服务网点最多的企业之一;在全国建成了22个备件配送中心以提高备件保供速度,确保了省会城市8小时、地级城市24小时、县级城市48小时的紧急保供时限。

创新者存,守旧者亡。长安汽车十分清楚这一点,在提升经销网点数量的同时,特别注意与经销商协同发展,注意提升经销商的营销和管理能力。

长安汽车的主要措施有:提出实施了"1238"微车服务全面提升计划;创造性地制定并实施经销商服务运营标准手册、"8+3分册"及"8表2卡",建立了长安服务商等级评价体系;扎实开展了旨在加速推进专业网络、终端形象建设、县级网络和销售服务一体化工作的"5+1"工程;在全国技术服务中心全面启动了核心服务流程和5S管理执行的推广工作和达标工作,实施动态管理;坚持每月对服务商实行等级评定,有效地规范了服务商的行为;引入了第三方调查机构;开展了用户满意度调查等。

尤值一提的是长安汽车创造性地实施了C-DOS系统。C-DOS是英文CHANA-Dealer Operation System 的简称,其意是长安汽车经销商运营评价系统。该系统是长安汽车近年来不断地学习和借鉴国内外优秀企业的先进管理经验和成功案例,并在市场中不断积累宝贵经验的基础上所开发的一套对经销商进行360度全方位测评运营评价的系统,其目的就是用综合测评取代单项评比,用综合得分的最大化提升各分项目最大化,用销售与服务的双满意度调查等过程为导向,全面引导经销商从只"重结果管理导向"向"重过程促结果导向"的彻底转变,促使长安汽车经销体系各企业进行"精细化制导管理",从而引导经销商不断提升营销能力。

C-DOS系统由6项核心指标组成,即:"四大能力"和"两个满意"。"四大能力"指销售能力、市场能力、服务能力、财务能力;"两个满意"指销售和服务满意。核心内容就是考核经销商的零售达成率,考核服务满意度、服务标准化执行、维修服务;考核店面管理、终端形象、县级网络开发能力;考评经销商在资金投入及运作等方面的能力;考核经销商对用户的销售、服务过程的服务质量。

上述6个方面一共设置1000分,每个季度公布一次考核结果,与收入挂钩。现在卖一台车只占原利润的一半,后面的近一半必须通过考评得到。这样,经销商就由过去只注重店面销售量和从厂家的启票量,忽视店面管理、客户关系等非常重要的营销环节,转变为销量与服务并重,过程与结果并重。

颁布实施《长安汽车经销商运营管理标准手册》是长安汽车帮助经销商提高运营能力的重要举措。C-DOS评价体系解决了厂家如何对经销商进行客观评价的问题,但并不能指导经销商如何做才能得到提高。这就好比经销商知道了考试的题目,但手中却没有课本,不知道如何做才能答对题目。因此,如何帮助经销商提高运营能力就成了摆在长安汽车销售者前面的一道难题。

2007年初,长安汽车和国内某知名的咨询公司进行合作,学习和借鉴世界优秀汽车企业的运营管理模式,结合长安汽车经销商的特点,专门为长安汽车销售商量身定做了一套运营管理手册——《长安汽车经销商运营管理标准手册》,以帮助经销商通过学习国内外先进的管理模式、理念来提高自身的运营管理能力。《手册》根据架构及其指导作用分为:《销售管理》《市场管理》《人力资源》《店面管理》《服务与维修》《客户关系管理》《备件管理》《财务与商品车管理》8个分册;对驻外大区工作人员,长安制定了大区人员的作业指导手册——《长安汽车销售公司大区作业手册》,专门针对销售、市场、服务三个不同类别制定了《市场经理》《服务经理》《销售经理》3个手册。

还有一个难题,就是如何引导经销商提高学习《手册》的积极性。为了达到让经销商能持续不断地提高,长安汽车采用了分阶段检查的方式来考察经销商的学习应用成果。在初步阶段,销售公司专门对"8+3分册"中最核心内容进行整合和提炼,推出了"8表2卡"。

如何从客户关系管理的角度来引导经销商开展运营提升工作？8 表 2 卡的推出，解决了从展厅来电(店)、销售推进跟踪及客流量统计分析、维修客户回访、维修不满意客户跟踪、维修客户统计分析及店面检查 7 个方面来进行体验的问题。

通过 C-DOS 考核、"8+3 分册"及"8 表 2 卡"的实施，长安汽车的经销商运营水平得到了很大的提升。从经销商 2007 年第四期的 C-DOS 平均得分率来看，得分提高了 78.2 分，经销商的平均获利也在逐步增长。经第三方调查，长安汽车用户满意度指数 2007 年比 2006 年提高了 2 个百分点。这一切表明，长安汽车在终端管控的实践效果不错。

2. 模式提升显威力

长安汽车认为：没有绝对的数量就不会有相对的市场占有率。在争夺华北的激烈市场竞争中，长安汽车形成了"T601 模式"和"山东模式"。

所谓"T601"，简单一句话，由其负责对华北地区营销服务工作的统一管理。因华北市场历来是微车厂商的必争之地，2006 年 11 月，由于华北战场竞争对手实力不断加强，为了迅速扭转华北六省市(晋、冀、鲁、豫、京、津六省市)被动局面，抢占市场份额，长安汽车成立了以突击重点市场为目标的 T601 项目组。项目组成立后，通过加强内部管理、建立有效的销售激励手段，采取多种多样的促销手段，强化网络建设等措施，扭转了市场被动局面，掀起决胜华北区域的营销高潮。

2007 年 3 月，长安汽车实施的以提升老用户口碑为目的的"客户关怀活动"在华北如火如荼地进行。一是在山东、河南、山西、华北从各区域核心商家中抽调了近 100 名回访人员组成客户关怀中心，对长安汽车老用户进行一对一的电话关怀回访，了解客户需求，开展了"零距离沟通"，"二代客户关怀"，以及及时解决在售后服务过程中所存在的相关质量问题；二是针对用户反映的实际问题开展亲情关怀服务活动，如："夏季免费检查空调"、"冬季免费换机油"等各类服务活动，让用户切实感受到长安的亲情。这些措施巩固和提高了用户满意度、忠诚度，提升了长安汽车在用户心目中的品牌形象。

2007 年 10 月，T601 区域举办了以"精湛技术、满足用户"为主题的技术服务大比武技能竞赛，通过技能竞赛提高了用户满意率、回头率和留存率，进一步提升了长安汽车解决终端技术问题能力。

如果说"T601"模式主要是重点大市场的营销组织、能力的提升的话，那么，"山东模式"则更偏重于行销的力度和一种务求必胜的气概。为了带动全国市场的发展，必须要在山东地区树立一面旗帜，在华北地区把火越烧越旺。以"销售线索管理为主线，以客户关系管理为核心，以重塑口碑为目的"，将产品组合、服务营销、网络建设、乡镇巡展、广告宣传等十大营销手段进行整合，制定标准作业手册，强化执行，形成了一套行之有效的提升市场占有率的区域营销模式。

"山东销售模式"的主要经验是主动行销。从模式推进的工作内容看，它要求广大经销商和营销将士提高工作效率和市场反应速度，充分重视竞争对手的市场动态，加快网络建设，适应消费者的变化，与对手比执行力、比工作力度和劳动强度。凡是不满意的用户，一个个回访，一家家解决，一个不漏，整个行销活动回访了近 30 万用户，力度之大，前所未有；地毯式的巡游展形成的"全部覆盖"的经验和方法，对全国市场都具有重要意义。

长安集团公司总裁徐留平提出的"把握规律性、具有操作性、富有创造性"的三性原则已成为指导长安汽车行销工作的重要指导方针。思考和行动找到规律，在实践中逐步形成易于理解执行的规范,使行销工作进入规范化、职业化,最终实现营销队伍从"业余选手到专业选手"的转变。

"T601模式"和"山东模式",促使长安汽车公司形成了"御驾亲征、靠前指挥"的市场攻击风格。"御驾亲征、靠前指挥"倡导的是一种领导工作必须亲身实践、深入前线调查研究的工作作风。要求各级领导、大区经理、各级经理不能只当裁判,还要会做教练,具备既能当舵手、也能做水手的能力。为此,一年中,长安集团公司总裁徐留平身体力行,无数次亲临销售前线调查研究,现场指导。长安集团公司副总裁、销售公司总经理宋嘉经常开赴战场,及时解决一线出现的重大问题。

"T601模式"和"山东模式"的推进,使长安汽车的营销服务工作在服务文化、服务制度、服务体系、客户管理、维修服务等方面得到了很大提升,在实践中获得了消费者的广泛认可,赢得了良好口碑。

3. 两支队伍双关心

人心向背决定企业的成败。为确保营销事业的可持续发展,培养营销后备人才,全力打造一支能征善战、凝聚力强的营销队伍,长安汽车销售公司强调各级领导都必须具备带好"两支队伍"的本事。一支是自己的员工队伍,另一支是商家队伍。带好"两支队伍",就是要在建设好长安汽车自己的队伍,引导商家建设好自己的销售队伍,注重培训,注重人员扩充。

怎样才能带好"两支队伍"?长安汽车销售公司成立以宋嘉为首的领导小组,搭建"两大平台",即销售公司与商家人才队伍建设共用平台,销售公司与集团人才队伍建设共用平台;做到"三个结合",即党员培养与人才培养结合,党群活动与营销活动结合,班子建设与团队建设结合;实施"四项工程",即全员教育经常化工程,队伍建设规范化工程,运行机制科学化工程,组织管理精干化工程。最终目标都是:打造一流营销管理团队,建设四好党员干部队伍,带出一流经销服务商队伍。

2007年,销售公司进一步深化了"带队伍工程"的内涵,出台了"一帮一结对子"政策,通过开展"1+N"结对子活动,签订带队伍责任书,带好党员队伍,带好后干队伍,带好后备军队伍;建立和完善至少每月一次的人才队伍、党员队伍分析制度;建立定期考核、定人分析、定向培养、定时谈话的"四定"制度,充分运用好各项考评和分析结果;拟定了销售公司星级员工评定初稿等,将员工成长和职业生涯设计纳入了日常工作;同时,还加强部门建设、团队建设、流程制度建设等活动。在工作的完成中和能力的提升中实现个人价值与公司价值的和谐统一,凝聚起提速发展的强大合力。

不仅带队伍工程延伸到商家,把党的工作也延伸到商家,长安汽车形成了独具特色的"两个延伸"。长安汽车的员工是企业的财富,经销商员工也是长安汽车的财富,让所有长安汽车大家庭的员工获取更多精神与物质的享受,拥有更多的希望和期待,这是企业存在的目的之一,同时也是长安汽车得以持续发展的必须。"两个延伸"使长安汽车人本管理思想又上升到一个新的境界。

"双关心"是长安汽车贯彻事业领先计划的成功创举。"双关心"——企业关心员工、家庭和家属,反之亦然。长安销售公司许多职工常年在外工作,夫妻天各一方,家里有困难,远在异地的另一方却无能为力。于是,具有销售公司"双关心"特色的"110三支自愿服务队"应运而生。一支是党员参加的应急服务队;二支是青年自愿者服务队;三支是技术服务队伍。三支队伍的服务不仅都是义务劳动,而且其中党员应急服务队是自愿服务党员用自己的私家车无偿

笔记

帮助困难员工解急难。销售公司在外的员工不在家,谁家的老婆生孩子,谁家的老人或小孩生病,党员应急服务队在接到应急请求后立即指派自愿服务党员赶到现场,并按照"五不准"的规范服务要求服务到位,销售公司"110自愿服务队"还将对派出人员的服务满意度进行调查回访。

请家属参加内部月度经理会,请家属与公司领导一起组成"百家亲情"前线慰问团,亲临营销前线慰问一线员工,最近,又创造性地请家属与一线员工一起参加市场巡展体验……太多的第一次! 这些活动的开展,不仅融洽了公司与员工关系,增进了员工及家属对公司事业的极大支持,为长安汽车建设更加和谐的企业提供了有益的尝试。

据悉,在厦门结束的2008长安汽车全国营销大会的主题是:和谐2008,共建长安之家。长安以人为本、共建和谐的文化已经渗透到了员工和商家队伍。兵法云:上下同欲者胜。得人心者必得天下。

长安集团总裁徐留平说:长安将坚持发展、调整、改革,持续推进事业领先计划,努力朝着有科技、有管理、有文化的国际先进企业迈进。

任务:根据案例的内容,找到其中有关内部环境分析的内容,并进行分类。

📖 相关知识

汽车服务企业内部条件分析

一、企业内部条件分析的步骤与方法

企业内部条件分析的重点首先是通过企业资源、能力等内部要素的分析,确认企业的核心专长,由此得出企业的竞争优势。

进行企业内部条件分析可以采用比较分析的方法,进行历史比较和行业比较。历史比较是将企业的现状与以前各年进行比较分析,行业比较是将企业与行业中的其他企业进行比较分析。企业内部条件分析的过程可以按照图6—1所示的程序进行。

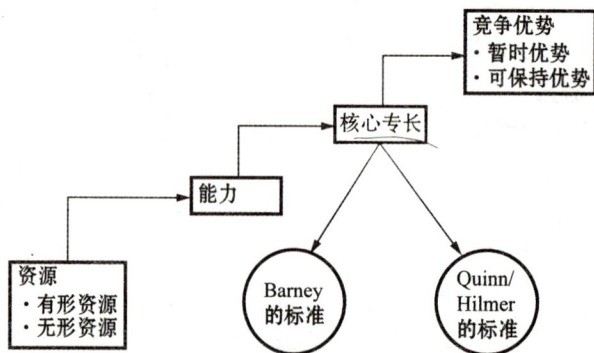

图6-1　企业内部条件分析的程序

二、企业内部要素分析

企业内部条件由三大要素组成：一是需要投入的资源要素；二是需要将这些要素合理组织、使用的管理要素；三是资源要素与管理要素相互结合而产生的能力要素。

1. 资源要素分析

资源要素包括人力资源、财务资源、物力资源、技术资源、市场资源、环境资源等。人力资源可从企业总人数、人员结构等方面考查；财务资源可从资产总值、资产负债率与流动、固定比率等方面考查；物力资源可从厂房、设备、基础设施等方面考查；技术资源可从专利、诀窍、情报、科研、技术装备方面考查；市场资源可从销售渠道、用户关系、商誉、商标等方面考查；环境资源可从公用设施、地理位置与气候等方面考查。企业战略管理中的资源要素分析是要在竞争市场上为企业寻求一个能够充分利用自身资源的合适的位置。

进行企业资源分析，要考查哪些资源具有持久的竞争优势，可进行以下 4 项竞争价值的测试：

(1) 这项资源是否容易被复制？

(2) 这项资源能持续多久？

(3) 这项资源能否真正在竞争中有上乘的价值？

(4) 这项资源的可替代性如何？

2. 管理要素分析

1) 管理要素的内容

管理要素包括计划、组织、控制、人事、激励、文化等。

(1) 计划。包括所有为将来做好准备的管理活动，主要工作有预测、确定目标和方案等，可从决策系统、信息渠道、计划程序的科学性、管理目标等方面考查。

(2) 组织。包括所有建立任务和职权关系的管理活动，主要工作有组织设计、工作设计、指挥和协调等，可从组织结构、组织协调、集权与分权等方面考查。

(3) 控制。包括所有旨在保证实际结果和计划一致的管理活动，主要工作有建立标准、检查绩效、制定措施、纠正行动等，可从控制标准、控制制度等方面考查。

(4) 人事。主要包括人员安排和人力资源管理活动，主要任务有工资与福利管理、人员的招聘、录用、培训、考核与人事激励，可从人事程序和政策、考核晋升奖惩制度、职工士气与参与程度等方面考查。

(5) 文化。主要指企业文化，可从企业价值观、经营哲学、企业精神、职业道德、企业风貌等方面考查。

2) 管理要素问卷分析法

企业内部审计问卷是国外管理诊断专家经常采用的对企业内部条件进行分析的一种有效工具。下面给出一份企业内部管理审计问卷中的问题。

(1) 计划要素分析。关于计划要素，可以分析下列问题：企业是否有成熟清楚的宗旨和目标？企业在其主要经营领域是否有明确的竞争战略？企业是否检查和预测外部环境各因素的各种变化？企业的预算过程是否有效？企业的决策是否采取了战略管理的办法？企业是否制定了应变计划？企业的宗旨、目标、战略、政策是否一致并为成员所了解？企业是否按其战略分配资源？

（2）组织要素分析。关于组织要素,可以分析下列问题:企业是否有明确的组织结构? 组织结构是否与战略相协调? 组织结构中的管理跨度是否合适? 组织活动中类似的活动是否被恰当地安排在一起? 职能部门是否放在组织结构合适的位置? 企业组织结构是否体现了统一命令的原则? 企业管理者是否进行了恰当的分权? 企业是否使用了岗位说明书? 企业目标的责、权关系是否明确?

（3）控制要素分析。关于控制要素,可以分析下列问题:企业是否有有效的财务控制、销售控制制度? 企业是否有有效的库存控制、生产控制制度? 企业是否有有效的管理控制制度? 企业是否有有效的质量控制系统? 企业是否有计算机辅助控制系统? 企业各部门是否有劳动生产率标准? 企业是否在控制过程中经常监视有利和不利的偏差? 企业是否迅速采取纠正偏差的行动? 企业的奖惩制度是否能支持企业的控制系统? 企业的控制系统是否准确和全面?

（4）人事要素分析。关于人事要素,可以分析下列问题:企业是否有专职的人事经理和人力资源部门? 企业是否在认真地经过招聘、面谈、考核和选择之后聘用员工? 企业是否为员工提供他们事业发展的规划、培训和学习的机会? 企业给员工的福利是否合理? 企业是否有有效的绩效评价体系? 企业是否有良好的工资激励制度、办事程序、纪律规定? 企业人事经理与直线部门负责人是否相互尊重和信任? 员工的劳动条件是否清洁和安全? 企业是否提供了平等的就业机会? 企业的晋升制度是否公平?

（5）激励要素分析。关于激励要素,可以分析下列问题:企业员工是否团结一致、齐心协力、士气高涨? 员工工作是否感觉有意义、有满足感和挑战性? 是否采用了员工参与管理的形式,鼓励创造性的活动? 管理者是否知道企业内非正式团体的存在,非正式团体的行为是否有利于企业管理? 员工的出勤率是否高? 是否有良好的双向沟通系统? 企业管理者是否是一个好的领导及有好的奖惩制度? 企业和员工是否能适应变化? 企业员工能否在企业中满足个人需要? 企业各部门的政策是否合理和支持企业的目标?

（6）企业文化要素分析。分析企业文化过程中应该了解的几个问题:企业管理者是否了解企业文化? 企业文化是否在企业中有明确反应? 企业管理者是否有有效的方法宣传企业文化? 企业文化是否与企业目标一致? 企业文化是否反映企业职工的利益?

3.能力要素分析

能力要素包括供应能力、生产或提供服务的能力、营销能力、科研开发能力。

1）供应能力分析

企业从外部获取资源的能力取决于以下一些要素:企业所处的地理位置;企业与资源供应者(包括金融、科研和情报机构)的关系;资源供应者与企业讨价还价的能力;资源供应者前向一体化趋势;企业供应部门的人员素质和效率。

2）生产或提供服务的能力分析

分析企业从事生产或提供服务的能力,可从以下几个方面进行:

（1）工作流程分析。工作流程应考虑下述问题:设施和设备的安排是否合理? 企业是否应该进行某种程度的前向和后向一体化? 企业购货和发货定额成本是否过高? 企业的生产加工技术是否使用恰当? 整个工作流程的设计是否有效和高效率?

（2）工作能力分析。工作能力应考虑下述问题:对生产和服务的需求是否有一定的规律和有效的预测? 生产或服务是否达到了合理的经济规模? 工厂、库房和销售点的位置、数量、规模是否合理? 企业是否有全面的计划成本? 是否有处理临时订货的应急计划? 企业是否有有效的生产或服务控制体系?

（3）库存。库存应考虑下述问题:订货、收货、发货的成本是多少? 管理者是否经常检查其库存量和库存成本? 管理者能否确定原材料、在制品和产成品的合理库存水平? 企业管理者是否了解销售与库存之间的关系? 企业管理者是否知道什么是合理的生产批量? 企业是否有有效的库存控制体系?

（4）劳动力。劳动力应考虑下述问题:是否对所有岗位进行了时间和工作研究? 各工作岗位是否有高效率? 管理人员是否称职和具有高的积极性? 企业的工作标准是否清楚、合理和有效? 是否制定了合理有效的生产政策? 员工的缺勤率和离职率是否低于可以接受的水平? 工人的士气如何?

（5）质量。质量应考虑下述问题:企业是否具有有效的质量控制体系? 是否计算和评价过预防性、检验性、处理性质量控制成本?

3）营销能力分析

（1）市场营销系统。市场营销系统主要包括以下问题:企业市场营销系统是否提供了有关顾客、潜在顾客、经销商、竞争者、供应商、一般消费者的全面、准确、及时的信息? 企业的决策者是否要求进行市场调查研究以及他们是否运用了市场调查研究的成果? 企业是否使用了市场和销售预测的最佳方法? 市场营销计划是否受到重视和有效? 企业销售目标是否建立在合适的基础上? 企业是否有合适的控制程序以保证各年度销售计划的实现? 企业管理者是否定期分析各个产品、市场、地区的销售和销售利润? 企业管理者是否定期检查了销售成本? 企业是否有组织地收集和选择有关新产品的建议? 企业在投资开发新产品之前是否进行了恰当的概念研究和经济分析? 企业在推出新产品之前是否进行了适当的产品和市场测试法?

（2）市场营销的生产率。市场营销的生产率主要包括以下问题:企业不同产品、市场、地区和销售渠道的利润率是多少? 企业是否应该进入、扩大、收缩或撤出某一经营领域以及由此产生的短期和长期效果是什么? 哪些营销活动的成本过高? 是否可以采取降低成本的措施?

（3）市场营销职能。市场营销职能主要包括以下问题:产品线的目标是什么? 这些目标是否合适? 目前的产品线是否符合这些目标? 是否应扩大或收缩产品线的深度? 是否应扩大或收缩产品线的宽度? 企业的产品组合是否合理? 是否需要调整? 企业营销部门是否了解顾客对自己和竞争对手产品的认识和态度? 企业的产品策略是否应该改进? 营销部门是否了解企业的定价目标、政策和策略? 价格在多大程度上是由成本、需求和竞争决定的? 企业管理者是否了解其产品需求价格弹性、经验曲线效应和竞争者的政策? 企业在多大程度上与销售商、供应者、政府的要求相一致? 企业销售渠道的目标和策略是什么? 企业销售渠道及其各环节的有效性如何? 是否应当改变销售渠道? 企业广告的目标是什么? 广告费用是否恰当? 广告预算是如何确定的? 广告的形式和内容是否恰当? 顾客和公众对企业广告有什么看法? 企业广告的媒介选择是否恰当? 企业内部广告人员是否称职? 企业的促销预算是否合适? 是否充分和有效地利用了各种促销手段? 新闻报道的预算是否合适? 有关部门的人员是否称职和富有创造性? 销售人员的目标、定额、责任和奖惩制度是否明确和合理? 销售队伍在数量和质量上是否与企业的有效战略相适应? 销售人员是否表现出较高的士气和能力?

4）科研开发能力分析

（1）分析的主要内容。科研与开发能力是企业十分重要的一项能力,其能力分析主要包括以下几方面内容:

① 企业科研成果与开发成果分析。企业已有的科研与开发成果、技术改造、新技术、新产品、专利的商品化的程度以及给企业带来的经济效益等。

② 科研与开发组合分析。企业的科研与开发在科学技术水平方面有 4 个层次：即科学发现、新产品开发、老产品的改进、设备工艺的技术改造。

③ 科研与开发队伍分析。分析科研队伍的现状和趋势就是要了解他们是否有能力根据企业的发展需要开发和研制新产品，是否有能力改进生产设备的生产工艺。如果没有这样的人员，是否能在短期内找到这样的人才。否则，企业就要考虑与高等院校或科研单位合作，以解决技术开发和技术改造的问题。

④ 科研经费分析。决定科研预算经费的方法一般有：按照总销售收入的百分比来确定；根据竞争对手的状况来确定；根据实际需要来确定。

(2) 应回答的问题：企业进行研究与开发分析时，应该回答下述问题：企业是否有专门的研究与开发部门？ 企业是否有恰当的人才、足够的资金来进行有效的研究与开发工作？ 企业是否有研究与开发工作所需的设施、设备、信息？ 企业是否调查了改进老产品和开发新产品的利弊？ 企业是否利用了现有的各种关于新产品的设想？ 在不知道成本和收益的情况下，企业是否敢于对研究与开发作长期投资？ 企业在研究与开发方面是否有明确的战略、目标和政策？ 企业是否了解竞争对手的研究与开发战略？ 企业是否考虑与其他研究机构建立合资、合作的关系？

三、价值链分析

汽车服务涵盖的范围非常广，包括汽车销售、售后服务、维修、二手车经营、汽车美容、物流运输、汽车金融、汽车保险、出租和租赁、信息咨询、汽车媒体、汽车导航信息服务等，此外，还有汽车文化范畴内的汽车俱乐部、汽车运动、汽车娱乐、汽车旅馆、汽车酒吧、汽车博物馆、汽车模型、汽车绘画等。各种不同类型的汽车服务企业各有自己的价值活动，通过汽车服务链接。

1. 价值活动的界定

企业活动可分为主体活动和支持活动两大类：

(1) 主体活动：是指生产经营的实质性活动，一般包括原料的供应、生产加工、成品储运、市场营销（是指与促进和引导购买者购买产品相关的活动，如广告、定价、销售渠道等和售后服务）

(2) 支持活动：是指用来支持主体活动而且内部又相互支持的活动，一般包括以下几类活动：

① 采购管理。包括原材料的采购、其他资源投入的管理。企业聘请咨询公司为企业进行广告策划、市场预测、管理信息系统设计、法律咨询等都属于采购管理。

② 技术开发：包括生产性技术、非生产性技术。

③ 人力资源管理：指企业员工的招聘、雇用、培训、提拔和退休等各项管理活动。

④ 基础结构：指企业的组织结构、控制系统以及文化等活动。企业高层管理人员往往也被视为基础结构的一部分。

2. 价值活动的类型

企业的主体活动和支持活动可分为以下三种类型：

(1) 直接活动：指直接创造价值的活动，如零部件的机加工、产品设计、广告、装配等活动。

（2）间接活动：指作用在直接活动之上，使之继续进行的活动，如维修、销售管理、研究开发管理等活动。

（3）质量保证活动：指确保其他活动质量的活动，如监督、指导、测试、检验、调试等活动。

每个企业中都存在着直接活动、间接活动和质量保证活动。这三种活动类型是诊断企业竞争实力的重要手段之一。

3. 价值链的构造

构造价值链时，需要根据利用价值链分析的目的以及自己生产经营活动的经济性，将每一项活动进一步分解。分解后的每一项子活动要有自己的经济内容，即或者具有高度差别化的潜力，或者在成本中有重要的百分比。企业应该将能够充分说明企业竞争力的优势或劣势的子活动单独列出来，以供分析使用。那些不重要的子活动可以归纳在一起进行分析。

价值链不是一些独立活动的集合，而是相互依存的活动构成的一个系统。在这个系统中，各项活动之间存在着一定的联系。形成价值链活动的基本原因有以下几方面：

（1）同一功能可以用不同的方式去实现。

（2）通过间接活动可保证直接活动的成本或效益。

（3）以不同的方式去实现质量保证功能。

四、企业核心专长分析

核心专长也称核心竞争力或核心能力，它是一种制度化的相互依存、相互联系的知识体系，是企业获取战略性资源，并运用战略性资源和一般资源向顾客提供比竞争对手更具价值的产品和服务，创造竞争优势的能力。以本田公司为例，它的核心专长是引擎的设计和制造，支撑了众多相关产业。

企业核心专长又可定义为：企业发展独特技术，开发独特产品和发明独特营销手段的能力。它以企业的技术能力为核心，通过市场预测、战略决策、技术开发、市场营销、内部组织协调管理的交互作用，而获得使企业保持持续竞争优势的综合能力。

1. 核心专长的 4 项标准

企业的核心专长是能够长期产生独特竞争优势的能力，它是能够使一个企业长期为顾客提供最大价值的根本所在。核心专长有 4 项标准：必须是有价值的能力；必须是稀有的能力；模仿和学习成本很高；必须是不可替代的能力。

下列三种情况下企业所开发的能力具有很高的模仿或者学习成本：

（1）能力形成于独特的历史经历和历史条件。

（2）能力与竞争优势之间的联系模糊不清。

（3）能力的形成与特殊的社会复杂现象有关，包括社会文化、价值观念等，例如，日本文化影响下的企业内部管理者之间特殊的人际关系、信任感和企业与供应商、批发商之间特殊的关系等。

2. 核心专长的本质特征

（1）知识与技能的综合。现代企业的核心专长是一个以知识、创新为基本内核的企业某种关键资源或关键能力的组合，是能够使企业、行业和国家在一定时期内保持现实或潜在竞争优势的动态平衡系统。

（2）具有应变力和进一步利用、扩展的空间。核心专长为企业提供了一个进入多种产品市场的潜在途径，即应该具有延展性。

（3）数目有限。因为核心专长的诸多要求，对于任何一个企业来说，都不可能具有很多个核心专长。

（4）在价值链上具有独特的杠杆作用。核心专长最能贴进消费者的能力，而且核心能力应该首先能体现企业的效率，这种效率的体现能起到杠杆的作用，推进企业效益的提高。

（5）应是企业可以控制或者主导的领域。企业的核心竞争力具有对竞争对手而言更高的进入壁垒，其结构中的智能化成分所占的比重越大，企业便可获得更长期的竞争优势。

（6）应是顾客长期认为重要的因素。公司是否有出色的业绩或者就长远来说稳定的优势，最终还要由企业的上帝——顾客来评判。一切竞争归根到底都是为更好地满足顾客的使用需求，都必须使产品具有顾客认可的实用价值。

（7）必须植根于企业的系统。核心专长是企业竞争力中那些最基本的能使整个企业保持长期稳定的竞争优势、获得稳定超额利润的竞争力，是将技能资产和运作机制有机融合的企业自身组织能力，是企业推行内部管理性战略和外部交易性战略的结果。

本任务回顾

1. 熟悉汽车服务企业战略选择时内部环境分析的内容。
2. 随着内部环境因素的动态变化，能对汽车服务企业战略决策提供依据。

任务实施步骤

1. 任务要求

参考案例中的分析思路，根据案例中内部环境的特点，对案例中涉及到的内部环境领域进行分类分析并完成之。

2. 任务实施的步骤

（1）熟悉汽车服务企业面对的全面内部环境分析的内容。

（2）找到案例中涉及到的内部环境分析的内容。

（3）完成分类。

思考与训练

简答题：

（1）从哪几个方面分析分析汽车服务企业资源要素？

（2）从哪几个方面分析分析汽车服务企业计划要素？

（3）从哪几个方面分析分析汽车服务企业组织要素？

（4）从哪几个方面分析分析汽车服务企业人事要素？

（5）从哪几个方面分析分析汽车服务企业激励要素？

（6）从哪几个方面分析分析汽车服务企业文化要素？

（7）从哪几个方面分析分析汽车服务企业供应能力？

（8）从哪几个方面分析分析汽车服务企业提供服务的能力？

拓展提高

收集有关我国汽车服务企业经营决策的内部因素分析的文章，结合本小节学习的内容，进而分析某个区域汽车服务企业的发展趋势。

任务三　汽车服务企业战略管理的框架

知识目标

1. 掌握汽车服务企业战略管理的框架。

2. 掌握汽车服务企业战略管理每一个框架的具体含义。

能力目标

能够利用汽车服务企业战略管理的框架来进行工作分析。

情境描述

汽车服务企业战略管理分析的框架其实主要是指各种典型的战略方法。在本节内容中，讲到 6 种具体的战略方法的含义、特点以及应用环境。

任务剖析

福特汽车公司的多种战略方法的组合应用，体现了本节内容的主旨，就是要把整个战略方法作为一个整体框架来理解和应用。在这种思想的指导下，分析福特公司的战略方法组合思想。

任务载体

阅读案例，分析福特公司的战略方法以及它们的组合思想。

福特汽车公司战略方法组合

一、集中生产单一产品的早期发展战略

在早期，福特公司的发展是不断改进它的单一产品——轿车。1908 年制造的 T 型轿车比以前所有的车型有相当大的改进，在它生产的第一年就销售了 10000 多辆。1927 年 T 型轿车开始将市场丢给了它的竞争对手，福特公司又推出了 A 型轿车，该型车流行了几种车体款式和富于变化的颜色。当 A 型轿车开始失去市场、输给它的竞争对手的时候，1932 年福特汽车公司又推出了 V-8 型汽车。6 年后的在 1938 年,Mercury 型车成为福特汽车公司发展中档汽车市场的突破口。

福特汽车公司也通过扩大地区范围进行发展,1904 年进入加拿大市场的举动就证明了这一点。也是在它的发展早期,福特公司采用了同心多样化战略,1917 年开始生产卡车和拖拉机,并且在 1922 年收购了林肯汽车公司。

二、纵向一体化战略

福特汽车公司的多样化生产集团是后向一体化战略的杰出实例。福特公司中几个集团部门的作用如下:

(1) 塑料生产部门——供应福特公司 30％的塑料需求量和 50％的乙烯需求量。

(2) 福特玻璃生产部门——供给福特北美公司的轿车和卡车所需的全部玻璃,同时也向其他汽车制造商供应玻璃。这个部门也是建筑业、特种玻璃、制镜业和汽车售后市场的主要供应商。

(3) 电工和燃油处理部门——为福特汽车供应点火器、交流发电机、小型电机、燃油输送器和其他部件。

三、福特新荷兰有限公司——同心多样化战略

1917 年,福特公司通过生产拖拉机开始了同心多样化战略。福特新荷兰有限公司现在是世界上最大的拖拉机和农用设备制造商之一,它于 1978 年 1 月 1 日成立。福特新荷兰有限公司是由福特公司的拖拉机业务和新荷兰有限公司联合而组成的,后者是从 Sperry 公司收购来的农用设备制造商。

福特新荷兰有限公司随后兼并了万能设备有限公司,它是北美最大的四轮驱动拖拉机制造商。这两项交易是福特公司通过收购实行它同心多样化战略的最好例证。

四、金融服务集团——跨行业的复合多样化战略

福特汽车信贷公司的成立,能够向经销商和零售汽车顾客提供贷款。这可以说是福特实行复合多样化战略的最好例证。在 20 世纪 80 年代,福特公司利用这个部门积极从事复合多样化经营。1985 年,它收购了国家第一金融有限公司,这是北美第二大储蓄和贷款组织。1987 年后期,它收购了美国租赁公司,涉及企业和商业设备融资、杠杆租赁融资、商业车队租赁、运输设备、公司融资和不动产融资。

五、其他跨行业的复合多样化战略

福特汽车土地开发有限公司是一个经营多样化产品的部门,也是跨行业多种经营的典型实例。到 1920 年,这个部门围绕着密歇根福特世界总部建立了 59 个商用建筑。由这个部门所拥有和由它管理的设施及土地的市场价值估计有十多亿美元。

六、调整战略

在它的发展历史上,福特公司曾经被迫实行了几次调整战略。在第二次世界大战后,福特公司以每月几百万美元的速度亏损。亨利·福特二世重组了公司并实行分权制,这使公司迅

速恢复了元气。被许多美国公司采用的最富戏剧性的调整战略是由福特公司在 20 世纪 80 年代早期所完成的。从 1979 年到 1982 年,福特公司的利润专职损额达 5.11 亿美元,销售额由 1978 年的 420 亿美元下降到 1981 年的 380 亿美元。福特公司陷入了严重的危机。亏损的原因之一是激烈的国际竞争,而许多亏损的原因是福特公司的运营方式造成的,如:新车的款式看起来像许多年前一样;在部门之间(如设计与工程)很少沟通;管理层所做的管理公司员工的工作很不如意;很少向上级部门传达情况等。

福特公司的管理层做了些什么来转变这种情况呢?首先,他们显著地减少了运营成本。在 1979 年到 1983 年期间,从运营支出中就节省了 4.5 亿美元。其次,质量成为头等大事。管理层也改变了福特公司设计小汽车的程序。以前,每一个工作单位是独立工作的;现在,设计、工程、装配等部门都在这个过程中一起协调工作;不过福特公司实行的最重要的改变是一种新的企业文化,从首席执行官 Philip Caldwell 和总裁 Donald Petersen 开始,改变了公司的优先次序。一种新型管理风格建立起来了,该种管理风格强调联合行动和在工作中所有雇员向着共同的目标的参与。在福特公司,人们建立起了更加密切的关系,并且更加强调雇员、经销商、供应商之间的关系,呈现了一种新的集体工作精神。

七、放弃战略

多年来,福特公司不得不情愿地放弃它的某些经营单位。例如,在 1989 年 10 月,福特公司和一伙投资商签署了卖掉它 Rouge 钢铁公司谅解备忘录。福特之所以卖掉这家公司是因为它不想支付实现其现代化的成本。估计在其实现现代化的几年中,每年的现代化费用 1 亿美元。福特公司做出的其他放弃决策包括在 1987 年和 1986 年,分别把化工业务和漆料业务卖给了杜邦公司。

八、收购和合资经营战略

1989 年 11 月 2 日,福特公司以 25 亿美元收购了美洲豹私人有限公司,以作为消除它在汽车市场上的一个弱点的手段:即产品缺乏在豪华轿车市场上的竞争。豪华类别的一些竞争轿车有丰田公司的凌志 LS400、本田阿库拉·传奇和宝马三个系列。在 1989 年,豪华轿车的需求是 250 亿美元,预测到 1994 年能增长到 400 亿美元,这个增长速度比整个汽车市场的增长速度要大得多。福特公司把美洲豹轿车看作是进入美国和欧洲豪华轿车市场的机遇。

福特公司也采用了合资经营的战略——具有较重大意义的两项合资经营是和马自达及日产公司实现的。福特公司和马自达公司一起合作生产 5 种汽车,例如,在马自达生产车间生产的 Probe 汽车,外部和内部设计由福特公司进行,细节性的工程技术由马自达公司完成。

日产公司和福特公司正在合作开发前轮驱动的微型货车,福特公司将在俄亥俄州的卡车厂制造该车,并将由两个公司销售。在澳大利亚,福特公司的 Maverick 汽车是日产四轮驱动车 Patrol 的一种车款,它由福特公司的经销商销售,而日产公司经销商销售福特公司的Falcon 客货两用车和运货车。

从上述案例可以看出,福特公司采用了很多战略组合,并经过了许多战略选择的过程。

笔记

相关知识

汽车服务企业战略管理的框架

汽车服务企业的战略管理框架可分为总体战略、经营单位战略和职能战略三个层次。

一、总体战略

1. 紧缩型战略

紧缩型战略是指企业从目前的战略经营领域和基础水平收缩和撤退,且偏离起点战略较大的一种经营战略。

1) 企业采取紧缩型战略主要原因

(1) 适应国家宏观经济衰退等外部环境的变化。

(2) 在企业经营失误的情况下通过撤退来最大限度地保存实力。

(3) 为了利用环境中出现的新机会而进行暂时的调整。

2) 紧缩型战略的特征

(1) 对企业现有的服务和市场领域实行收缩、调整和撤退。

(2) 对企业资源的运用采取严格控制,尽量削减费用支出。

(3) 具有明显的短期性。

3) 紧缩型战略分类

紧缩型战略划分为以下三类:

(1) 抽资转向战略:是指在现有经营领域不能维持原有产销规模和市场面或存在新的更好的发展机遇的情况下,企业所采取的对原有的业务领域进行压缩投资、控制成本以改善现金流,为其他业务领域提供资金的战略方案。另外,企业在财务状况下降时也有必要采取抽资转向战略,这一般发生在物价上涨导致成本上升或需求降低使财务周转不灵的情况下。

抽资转向战略可以通过以下措施来配合进行:调整企业组织,包括改变企业的关键领导人,在组织内部重新分配责任和权力等;降低成本和投资,包括压缩日常开支,实施更严格的预算管理,减少一些长期投资的项目等,也可以适当减少某些管理部门或降低管理费用,在某些必要的时候还会裁员;减少资产包括出售与企业基本生产活动关系不大的土地、建筑物和设备,关闭一些工厂或生产线,出售某些在用的资产,再以租用的方式获得使用权,出售一些盈利的产品以获得继续使用的资金等;加速回收企业资产,包括缩短应收账款的回收期,派出讨债人员收回应收账款,降低企业的存货量,尽量出售企业的库存产品等。

(2) 放弃战略:是指将企业的一个或几个主要部门转让、出卖或停止经营。这个部门可以是一个经营单位或者一个配件销售事业部。

放弃战略的目的是要找到肯出高于企业固定资产时价的买主,所以,企业管理人员应该说服买主,认识到购买企业所获得的技术资源或资产能给对方增加利润。

(3) 清算战略:是指卖掉其资产或停止整个汽车服务企业的运行而终止一个汽车服务企业的存在。

2. 稳定型战略

稳定型战略是指在内外环境的约束下,企业准备在战略规划期使汽车服务企业的资源分配和经营状况基本保持在目前状态和水平状态上的战略。

稳定型战略有多种分类方式:

(1) 按照偏离战略起点的程度分为无增战略和微增战略。无增战略是一种没有增长的战略;而微增战略是指企业在稳定的基础上略有增长与发展的战略。

(2) 按照企业采取的防御态势分为阻击式防御战略和反应式防御战略。阻击式防守战略是指汽车服务企业投入相应的资源,以充分显示本企业已经拥有的阻击竞争对手进攻的能力;不断明白无误地传播自己的防御意图,塑造出顽强的防御者形象,使竞争对手不战而退。反应式防御战略是指当对手的进攻发生以后,针对这种进攻的性质、特点和方向,汽车服务企业采用相应的对策,施加压力,以维持原有的竞争地位和经营水平。

(3) 按照战略的具体实施分为无增战略、维持利润战略、暂停战略和谨慎实施战略。维持利润战略是一种牺牲汽车服务企业未来发展来维持目前利润的战略;暂停战略是指在一定时期内降低汽车服务企业的目标和发展速度;谨慎实施战略是指有意识地降低实施进度,步步为营的实施战略。

3. 增长型战略

增长型战略是企业在迅速扩张的市场上用来维持现有竞争地位的战略,其具有两个同等重要的特征:一是随着市场的增长,汽车服务企业能取得所需资源,保持现有竞争地位;二是随着增长速度的迅速降低,汽车服务企业进入整顿阶段时,需要开发新的竞争方式,进行有效的竞争。增长型战略分为多样化战略、集中型战略和一体化战略。

1) 多样化战略

(1) 企业多样化模式。企业多样化可分为如下三种模式:

① 横向多样化:是以现有的汽车服务市场为中心,向水平方向扩展事业领域,也称水平多样化或专业多样化。横向专业化有三种类型:市场开发型,即以现有汽车服务为基础,开发新市场;汽车服务开发型,即以现有市场为主要对象,开发与现有汽车服务同类的服务;汽车服务市场开发型,即以新开拓的市场为主要对象,开发汽车服务。

② 多向多样化:指虽然与现有的汽车服务市场领域有些关系,但是通过开发完全异质的汽车服务市场来使经营领域多样化。多向多样化包括三种类型:技术关系多样化指以现有经营领域中的研究技术或生产技术为基础,以异质的市场为对象,开发异质汽车服务;市场营销关系的多样化指以现有市场领域的营销活动为基础,打入不同的产品市场;资源多样化指以现有事业所拥有的物质基础为基础,打入异质汽车服务市场领域,求得资源的充分利用。

③ 复合多样化:指从与现有经营领域没有明显关系的产品(或服务)市场中寻求成长机会的策略。复合多样化划分为资金关系多样化、人才关系多样化、信用关系多样化、联合多样化4种类型。

(2) 实施多样化经营战略的必备条件。实施多样化经营战略必须满足下述三个条件:

① 吸引力检验条件:指被选择的进行多元化经营的行业必须有足够的吸引力,能使投资连续得到良好的回报。

② 进入成本检验条件:指进入成本必须不能够高到侵害高的获利能力的地步。

③ 状况改善检验条件：多元化经营的公司必须为它进入的新的经营业务带来一些竞争优势和潜力，或者新的经营业务必须增加公司目前的竞争优势。

2）集中型战略

集中型战略是指汽车服务企业将大部分资源集中在单一市场或单一产品（或服务）上的经营战略。实施集中型战略的原因主要有以下几个方面：

① 在相关市场内缺乏一个完善的产品系列。

② 通往相关市场或在相关市场内的销售渠道体系不完善或不健全。

③ 现有市场潜力没有得到充分利用。

④ 竞争对手存在没有覆盖到的销售领域。

3）一体化战略

一体化战略可分为以下三种模式：

① 后向一体化。指企业依靠自己的力量扩大经营规模，由自己来生产材料或配套零部件，也可以向后兼并供应商或与供应商合资兴办企业，组合联合体，统一规划和发展。

② 前向一体化。是朝与后向一体化相反的方向发展。汽车服务企业自己制造成品或与成品企业合并，组建经济联合体，以促进汽车服务企业的不断成长和发展。

③ 水平一体化。是指企业以兼并处于同一生产经营阶段的企业为其长期活动方向，以促进汽车服务企业实现更高程度的规模经济和迅速发展的一种战略。

4．进攻型战略

进攻型战略是指在已经具备了必要的资源和能力，采用进攻型行动在购买者之中产生直接的反应以迅速建立竞争优势的战略。战略性进攻行动有 6 种基本类型：

（1）采取行动赶上或超过竞争对手的强势。在如下两种情况下，采取一定的战略抵消竞争对手的强势和能力有一定的意义：第一种情况是，公司不得不放弃竞争优势；第二种情况是，不管竞争对手拥有什么资源和强势，公司都有可能获得有利可图的市场份额。当一家公司拥有卓越的组织资源和能力的时候，攻击竞争对手的强势很可能会取得成功。直接对竞争对手的强势提出挑战的得失取决于进攻型行动的成本及收益两者之间的平衡。如果进攻性行动不能增强公司的盈利水平，不能增强公司的竞争地位，那么采取这种竞争性行动就是不明智的。

攻击强大的竞争对手的典型手段是以更低的价格提供同等的产品或服务。如果被攻击的竞争对手有着很强的理由不去采取削价的手段，而且采取竞争性行动的挑战者说服了购买者相信它的产品和竞争对手的产品是一样的，在这种情况下就能够获得市场份额方面的利益。不过，只有在产品销量上获得的增长足以抵消降价和单位产品利润率下降所产生的影响的情况下才会增加总利润。采取价格进攻性挑战行动的一个更为强大和持久的基础是：首先具有某种成本优势，然后用降价的策略来攻击竞争对手。有成本支持的降价行为可以无限延伸。如果没有成本优势作为支持，那么降价只有在采取进攻性行动的挑战者有着足够的财务资源，能够在这种价格消耗战中将竞争对手拖垮的情况下才会发生作用。

攻击一个竞争对手的强势还有其他的战略选择，其中包括：快速进入下一代技术，从而使竞争对手的产品和工艺过时；增加那些能够吸引竞争对手的顾客的新特色；推出比较广告；在竞争对手的核心地区新建大型的生产工厂；扩大产品线，做到对竞争对手的每一种模型都有一种对应的产品型号;开发竞争对手没有的客户服务能力。

一般来说,在竞争对手的实力很强大的竞争因素上挑战是异常艰苦的,取得成功需要一些时日,通常依赖于下面一些因素:开发出某种成本优势,开发出某种服务优势,开发出有着诱人的差别化特色的产品,或者开发出独特的竞争能力(如简短的设计,市场时间,更好的技术诀窍,迅速对变化的顾客需求做出反应的灵敏性)。

(2) 采取行动利用竞争对手的弱势。利用竞争对手的弱势来取得竞争成功有如下途径:

① 在竞争对手市场份额很弱或者竞争力量不多的地理区域集中自己的竞争力量。

② 特别关注竞争对手所忽视的或者竞争对手不能很好服务的消费者群体。

③ 争取那些服务质量、产品特色滞后的竞争对手的客户。

④ 向广告及品牌知名度很低的竞争对手发动强大的竞争攻势。

⑤ 推出新产品或新的汽车服务项目来充分挖掘竞争对手的市场缺口。

(3) 从多条战线出击。这种进攻性行动往往跨越很宽的地理领域,涉及多种行动,如降价、加强广告力度、推出新产品、免费使用样品、发行彩票、店内促销、折扣等,如此全面出击可以使竞争对手失去平衡,措手不及,在各个方向上分散它的注意力,迫使其同时保护客户群的各个部分,使发起挑战的汽车服务企业有机会争夺消费者。

(4) 终结性行动。终结性行动所追求的是避免面对面的挑战,如挑衅性的削价、加大广告力度,或者花费昂贵的代价在差别化上压倒竞争对手。其中心思想是与竞争对手进行周旋,抓住那些没有被占领或者竞争不够激烈的市场领域,改变竞争规则,并使其对行动的发出者有利。

(5) 游击行动。游击行动特别适合小的挑战企业,其所秉承的原则是"打一枪换一个地方",有选择性的攫取销售和市场份额,不管是在什么地方也不管是在什么时候,只要能够出其不意的攻击竞争对手,或者抓住机会争取竞争对手的顾客。

发动游击性进攻的方式主要有:追寻那些对主要竞争对手很不重要或忠诚度最弱的顾客,对竞争对手鞭长莫及且资源分布很稀薄的地区集中资源和精力,采用不经常出现的随机性降价等策略,出其不意地采取一些临时但是集中的促销活动,当竞争对手采取了一些不符合道德规范或者不合法的竞争战略时,及时控告它违反了反托拉斯法、侵犯了专利或者进行了不公平的广告活动等。

(6) 先买性行动。即首先采取行动获得某种竞争优势而使得竞争对手再难以获得此竞争优势。

先买性行动的方法包括:与最好的汽车制造厂或者最可靠的高质量配件供应商订立长期合同;确保抓住最好的地理定位,在繁忙的交通线上、新的交叉处、新的购物中心、风景点、挨着便宜的交通运输线或者原材料供应地或者市场等地方得到有力的地点;获取有名望的客户的生意;在消费者头脑中建立一个特定的难以复制的心理形象;在某个地区对最好的分销商保证排他性的或者最主要的供货。

5. 混合型战略

混合型战略是稳定型战略、增长型战略和紧缩型战略的组合。

(1) 按战略构成分类。按照各自战略的构成不同,混合型战略可分为:

① 同一类型的战略组合:指企业采取稳定、增长和紧缩中的一种战略态势作为主要的战略方案,但具体的战略业务单位又是由不同类型的同一种战略态势来指导。

② 不同类型的战略组合：指企业采用稳定、增长和紧缩战略中的两种以上的战略态势的组合，因而这是严格意义上的混合型战略。

（2）按战略组合的顺序分类。按照战略组合的顺序不同，混合型战略可分为：

① 同时性战略组合：指不同类型的战略同时在不同战略业务单位执行而组合在一起的混合型战略。

② 顺序性战略组合：指一个汽车服务企业根据生存与发展的需要，先后采用不同的战略方案，从而形成自身的混合型战略方案，因而这是一种在时间上的战略组合。

6. 基本竞争战略

基本竞争战略是指无论在什么行业或企业都可以采用的战略。主要有三种基本战略，即差别化战略、成本领先战略、集中专业化战略。

（1）差别化战略：是指提供与众不同的产品和服务，满足顾客特殊的需求，形成竞争优势的战略。企业形成这种战略主要是依靠产品和服务的特色，而不是产品和服务的成本。

企业成功地实施差别化战略，通常需要特殊类型的管理技能和组织结构。企业需要从总体上提高某项经营业务的质量、树立产品形象、保持先进技术和建立完善的分销渠道的能力；需要有很强的研究开发与市场营销能力的管理人员；需要有良好的组织结构以协调各个职能领域；还需要良好的创造性文化，鼓励技术人员大胆的创新。

企业在实施差别化战略时面临两种主要的风险：一是企业没有能够形成适当的差别化；二是在竞争对手的模仿和进攻下，行业的条件又发生了变化时，企业不能保持差别化，这种风险经常发生。此外，由于差别化与高的市场份额有时是矛盾的，企业为了形成产品的差别化，有时需要放弃获得较高市场份额的目标，企业进行差别化的成本有时是高昂的。

（2）成本领先战略：是指企业通过在内部加强成本控制，在销售、服务和广告等领域内把成本降低到最低限度，成为汽车服务行业中的成本领先者的战略。汽车服务企业凭借其成本优势，可以在激烈的市场竞争中获得有利的竞争优势。

（3）集中型战略：即聚焦战略，是指把经营战略的重点放在一个特定的目标市场上，为特定的地区或特定的购买者集团提供特殊的产品或服务；即指企业集中使用资源，以快于过去的增长速度来增加某种产品的销售额和市场占有率。该战略的前提思想是：企业业务的专一化，能以更高的效率和更好的效果为某一狭窄的细分市场服务，从而超越在较广阔范围内竞争的对手们。这样可以避免大而弱的分散投资局面，容易形成企业的核心竞争力。

二、经营单位投资战略

经营单位投资战略指经营单位根据自身经营组合的性质和水平，在人力、财力和物力资源方面进行投入，以形成竞争优势的战略。

企业的投资策略通过投入不同的人力、财力和物力资源，维持和发展已经选择的战略，保证所需要的竞争优势。

企业在决定投资战略时，必须以维持与发展竞争战略的成本作为标准，评估投资某个竞争战略的潜在报酬，判断其获利能力。

有6种常用的投资战略可供选择，即增加份额战略、增长战略、盈利战略、市场集中和资产减少战略、转变战略以及财产清算和撤退战略。具体的内容，见表6-1。

表 6-1 常用投资战略的特征

战略类型	竞争地位	投资状况
1. 增加份额战略		
开发阶段	增强地位	适当投资
整顿阶段	增强地位	高投资
其他阶段	增强地位	极大投资
2. 增长战略	维持地位	高投资
3. 盈利战略	维持地位	高投资
4. 市场集中和资产减少战略	将目标降到最低的防御水平	适当收回投资战略
5. 转变战略	改善地位	极小或中等投资
6. 财产清算或撤退战略	地位为零	负投资

三、职能部门战略

职能部门战略是在事业部级战略指导下,按照专业职能将事业部级战略进行落实和具体化,它的制定是将汽车服企业的总体战略转化为职能部门具体行动计划的过程。职能部门的战略比总体战略期限短,一般一年左右,而且具体、精确,主要由职能部门的管理人员参与制定。

职能部门战略的成功实施有助于企业总体战略的实施。由于各职能部门主要任务不同,不可能归纳出一般型战略。

本任务回顾

1. 掌握战略管理框架结构的内容。
2. 把学到的知识结合汽车服务企业的实际情况来进行具体的分析。

任务实施步骤

1. 任务要求

深入理解各项企业发展战略在汽车服务企业中的应用,并把这种认识利用案例的内容进行分析和理解。

2. 任务实施的步骤

(1)引入案例来学习汽车服务企业战略管理的框架内容。

(2)分析案例中的战略管理方法。

(3)进行总结。

思考与训练

简答题：

(1) 简述汽车服务企业的紧缩型战略。

(2) 简述汽车服务企业的稳定型战略。

(3) 简述汽车服务企业的增长型战略。

(4) 简述汽车服务企业的进攻型战略。

(5) 简述汽车服务企业的混合型战略。

拓展提高

尽可能收集本节内容中学到的汽车服务企业战略管理方法的案例，认真学习并体会其在各个方面的具体应用。

任务四　汽车服务企业经营战略的制定、实施和控制

知识目标

掌握汽车服务企业经营战略的制定、实施和控制的方法。

能力目标

在具体的实际应用中，能够选择合适的方法为汽车服务企业经营战略的开展服务。

情境描述

汽车服务企业的经营战略属于汽车战略管理的主要方面。在本节内容中，细化汽车服务企业经营战略制定、实施和控制的学习方法，符合事前、事中、事后的逻辑关系。

任务剖析

更好地认识汽车服务企业管理的任务和职能，才能更好地理解所有汽车服务企业的情况，为以后进入企业工作打下良好的基础。

任务载体

回忆学过的经营管理的内容，哪个领域主要学习什么内容？结合本章所学习的知识，得出两者的共同点和区别。

相关知识

汽车服务企业经营战略的制定、实施和控制

一、战略制定

战略制定是指确定企业任务,认定企业的外部机会与威胁,认定企业内部优势与弱点,建立长期目标,制定供选择的战略,以及选择特定的实施战略,是战略计划的形成过程。战略制定是企业基础管理的一个组成部分,是科学化加艺术化的产物,需要不断完善。在战略制定过程中必须考虑技术因素所带来的机会与威胁。技术的进步可以极大地影响到企业的产品、服务、市场、供应商、竞争者和竞争地位。

1. **战略制定方式**

(1) 自上而下的方式。先由汽车服务企业总部的高级管理人员制定企业的总体战略,然后由下属各部门根据自身的实际情况将企业的总体战略具体化,形成系统的战略方案。

自上而下方式最显著的优点是企业的高层管理人员能够牢牢把握整个企业的经营方向,并能对下属各部门的各项行动实施有效的控制。这种方式的缺点是,这一方式要求企业的高层管理人员制定战略时必须深思熟虑,战略方案务必完善,并且还要对下属各部门提供详尽的指导。同时,这一方式也约束了各部门的手脚,难以发挥中下层管理人员的积极性和创造性。

(2) 自下而上的方式。是一种先民主后集中的方式。在制定战略时,企业最高管理层对下属部门不做硬性的规定,而是要求各部门积极提交战略方案,然后在此基础上加以协调和平衡,对各部门的战略方案进行必要的修改,最后加以确认。

自下而上方式的优点是能够充分发挥各个部门和各级管理人员的积极性和创造性,集思广益。同时,由于制定的战略方案有广泛的群众基础,在战略实施过程中也容易得到贯彻和落实。此方式的不足之处是,各部门的战略方案难以协调,影响了整个战略计划的系统性和完整性。

(3) 上下结合的方式。在战略制定的过程中,企业最高管理层和下属各部门的管理人员共同参与,通过上下各级管理人员的沟通和协商,制定出适宜的战略。此方式的主要优点是可以产生较好的协调效果,制定出的战略更加具有操作性。

(4) 战略小组的方式。指企业的负责人与其他的高层管理者组成一个战略制定小组,共同处理汽车服务企业所面临的问题。在战略制定小组中,一般都是由总经理任组长,而其他的人员构成则具有很大的灵活性,由小组的工作内容而定,通常是吸收与所要解决的问题关系最密切的人员参加。这种方式目的性强,效率高,特别适宜于制定产品开发战略、市场营销战略等特殊战略。

2. **战略制定程序**

汽车服务企业制定战略的一般程序是:

(1) 识别和鉴定汽车服务企业现行的战略。在企业运营过程中,随着外部环境的变化和企业自身的发展,企业的战略也应该作相应的调整和转换。然而要制定新的战略,首先必须识别企业的现行战略是否已经不适应形势,因此,识别和鉴定企业现行的战略是制定新战略的前

提。只有确认现行战略已经不适用时才有必要制定新的战略。同时，也只有在认清现行战略缺陷的基础上，才能制订出较为适宜的新战略方案。

（2）分析汽车服务企业的外部环境。调查、分析和预测企业的外部环境是企业战略制订的基础。通过环境分析，战略制订人员应该认清企业所面临的主要机会和威胁，觉察现有和潜在竞争对手的图谋和未来的行动方向，了解未来一段时期社会、政治、经济、军事、文化等的动向，以及企业由此而面临的机遇和挑战。

（3）测定和评估汽车服务企业的自身素质。企业可以通过内部分析来测定和评估企业的各项素质，摸清企业自身的状况，明确自身的优势与劣势。

（4）准备战略方案。根据企业的发展要求和经营的目标，依据企业所面临的机遇和机会，列出企业所有可能达到的经营目标的战略方案。

（5）评价和比较战略方案。企业根据股东、管理人员以及其他利益相关团体的价值观和期望目标，确定战略方案的评价标准，并依照标准对各项备选方案加以评价和比较。

（6）确定战略方案。在评价和比较方案的基础上，企业选择一个最满意的战略方案作为正式的战略方案。有时，为了增强战略适应性，企业往往还选择一个或多个方案作为后备的战略方案。

二、战略实施

1. 战略实施阶段

战略实施阶段是将人们头脑中的战略转化为汽车服务企业实际行动的各个具体的阶段。一般包含三个相互联系的阶段。

（1）战略发动阶段。战略发动阶段主要是要调动汽车服务企业大多数员工实现新战略的积极性和主动性，这就要求对汽车服务企业管理人员和员工进行培训，向他们灌输新思想、新观念，提出新口号和新概念，消除一些不利于战略实施的旧观念和旧思想，以使大多数人逐步接受一种新的战略。

（2）战略计划阶段。战略计划阶段将经营战略分解为几个战略实施阶段，每个战略实施阶段都有分阶段的目标、相应各阶段的政策措施、部门策略以及方针等。

要定出分阶段目标的时间表，对各分阶段目标进行统筹规划、全面安排，并注意各个阶段之间的衔接，对于远期阶段的目标方针可以概括一些，但是对于近期阶段的目标方针则应该尽量详细一些。

（3）战略运作阶段。企业战略的实施运作主要与 6 项因素有关，即各级领导人员的素质和价值观念；汽车服务企业的组织机构；汽车服务企业文化；资源结构与分配；信息沟通；控制及激励制度。

2. 战略实施模式

汽车服务企业可以使用以下 5 种不同的模式实施战略：

（1）指挥型。企业制定出满意的战略，高层管理人员让下层管理人员去执行战略，而自己并不介入战略实施的问题中。指挥型模式的缺点不利于调动企业职工的积极性，但在稳定的小企业实施效果较明显。

（2）变革型。高层管理人员本人或在其他方面的帮助下，进行一系列变革，如建立新的组织结构、新的信息系统等。

（3）合作型。负责制定战略的高层管理人员启发其他的管理人员运用头脑风暴法去考虑战略制定与实施的问题。管理人员仍可以充分发表自己的意见,提出各种不同的方案。这时,高层管理人员的角色是一个协调员,确保其他管理人员所提出的所有好的想法都能够得到充分地讨论和调查研究。合作型模式存在缺乏创意、讨论时间过长等缺点。

（4）文化型。负责战略制定与实施的高层管理人员首先提出自己对企业使命的看法,然后鼓励企业职工根据企业使命去设计自己的工作活动。高层管理人员的角色就是指引总的方向,而在战略执行上则放手让每个人做出自己的决策。

（5）增长型。为了使企业获得更好的增长,企业高层管理人员鼓励中下层管理人员制定与实施自己的战略。增长型战略集中了来自实践一线的管理人员的智慧与经验。

3. 战略计划

战略计划是企业根据外部市场营销环境和内部资源条件而制定的涉及企业管理各方面(包括生产管理、市场营销管理、财务管理、人力资源管理等)的带有全局性的重大计划。战略计划也称为长期计划,是为实现企业的长期目标而制定的有广泛意义的计划,通常表现为3年或5年以上的发展规划。

（1）战略计划的作用及特点:

① 是对企业未来经营方向的规划与筹措。战略计划系统的设定突破了传统计划的思维模式,不在于规划眼前急迫的事,而是对企业未来经营方向的规划与筹措。它更注重如何适应环境,如何谋求创新。

② 注重对企业自身条件的深刻了解。战略计划系统的设定必须有对外部环境、行业结构、消费者及竞争对手的详密资料,而且对企业自身的内在条件也能深刻了解。

③ 注重对环境的适应和创新。战略计划系统着眼于企业外部环境的改变与创造,它所涉及到的是有可能随时发生变化的市场机遇,具有很大的不可控性,这就要求企业能随机应变、快速反应。企业战略计划必须适应多变的、不可控的未来环境,计划中的事项必须要有充足的弹性,以使组织能够信心百倍地对付变幻莫测的环境。

④ 包含总体计划和若干子计划。战略计划系统是一个足以能改变企业未来命运的重大计划,它是由战略目标和战略重点的设定而确定的。战略计划的实施,将使企业面貌得到全面改观。

⑤ 常由少数高层管理人员直接领导制定。战略计划系统的设定常常由少数高层管理人员直接领导,不像短期经营计划那样由广泛的人员参加,内容并不详实具体,也不存在规范的编程顺序。

⑥ 结合战略目标和战略重点确定。著名管理学家杜拉克认为,企业高层管理者的首要任务是制订和实施战略。他认为,要通过企业的使命来思索管理的基本任务,即要提出这样的问题:我们的企业是什么样的企业? 它应该成为什么样的企业? 为此,企业要制订自己的战略目标,制订战略与计划,为未来作决策。显然,这实际上就是战略计划的制定过程。从西方发达国家的大企业来看,制订经营战略的框架便是规范的战略计划系统。当然,不是规范的系统也能产生出优秀的战略。不管采用何种方式,战略计划系统的制定过程都交织于管理活动之中,并对战略管理的进行起着重大的指导作用。

⑦ 计划必须明确、可行。战略计划是为企业具体的经营活动服务的,所以目标、步骤必须明确,并可以进行实际操作。

（2）战略计划的内容：

① 对汽车服务企业总体战略的说明。一般包括三个方面的内容：什么是汽车服务企业总体经营战略，包括总体战略目标和实现总体战略的方针政策；为什么作这些选择；实现此战略将会给汽车服务企业带来什么样的重大发展机遇。

② 汽车服务企业的分阶段目标。一般需要对分目标进行尽可能具体与定量的阐述，它是保证总目标实现的依据。企业的分目标常常与具体的行动计划和项目绑在一起，它们都是达成企业总目标的具体工具。

③ 汽车服务企业的行动计划和项目。行动计划是企业为实施其战略而进行的一系列重组资源活动的汇总，包括研究、开发及削减等方面的活动。各种行动计划往往通过具体的项目来实施。

④ 汽车服务企业的资源配置。资源配置是指所需要的设备、资金、人力资源及其他重要资源，是制定计划的基本决策因素之一。实施战略计划需要设备、资金、人力资源及其他重要资源，因此，对各种行动计划的资源配置的优先程度应在企业战略计划系统中得到明确规定。所有必要的资源，在尽可能的情况下应折算为货币价值，并以预算和财务计划的方式来表达。

⑤ 汽车服务企业的组织保证及战略子系统的相互协调。为了实现企业的战略目标，必须有相应的组织结构来适应企业战略发展的需求。由于企业战略需适应动态发展的环境，组织结构必须具备相当的动态弹性。另外，企业战略计划系统往往包括若干子系统，必须明确各子系统间接口处的管理和控制。

⑥ 应变计划。有效的战略计划系统要求一个企业必须具备较强的适应环境的能力。要获取这种能力，就要有相应的应变计划作为保障，要看到各种可能条件在一定时间内都可能突如其来地发生变化。将应变计划作为整个战略计划系统的一部分，企业可以应付各种瞬息万变的环境，可在错综复杂的竞争中独领风骚。

（3）战略计划的制定过程。

提出公司的战略展望和组织使命、建立公司的目标体系以及制定公司的战略是确立公司发展方向的根本任务。这些工作确定了公司的去向，确定了公司长期和短期的经营业绩目标，以及用来达到顶定目标的竞争行动和内部经营方式。总之，所有这些实际上就确立了公司的战略计划。有些公司，特别是那些经常评价战略并制定明确的战略计划的公司，战略计划往往用文件的形式明确地表达出来，分发给全公司的管理者和职员。而在有些公司中，战略往往不诉之于文字，不广泛分发，而是在公司的管理者之间以口头的形式存在，只要公司的管理者理会并对公司的发展方向、公司的发展目标和公司的经营方式做出应有的承诺就行了。

组织目标体系通常是战略中予以清晰的表达并与公司的管理者和职员进行广泛交流的部分。有的公司在递交给股东的公司年度报告中或在给新闻媒体的材料中清晰地将战略计划的关键要素写出来，而有的公司则往往因为竞争敏感性而故意回避对公司的战略进行公开的讨论。

战略计划的制定过程有两种形式：

① 层层制定过程。先由总公司的最高层制定总的战略与目标，然后层层分解，层层保证，最后将一个总目标分解为一个个具体易达到的子目标。

② 战略职能区分型的制定过程。企业根据战略计划系统的实质内容（也就是具体的职能）来分项制定企业战略。这个过程包括两大部分：战略制定过程和具体规划实施过程。

三、战略控制

1. 战略控制的概念

战略控制主要是指在企业经营战略的实施过程中,检查企业为达到目标所进行的各项活动的进展情况,评价实施企业战略后的绩效,把它与既定的战略目标与绩效标准相比较,发现战略差距,分析产生偏差的原因,纠正偏差,使企业战略的实施更好地与企业当前所处的内外环境、企业目标协调一致,使企业战略得以实现。

企业战略的实施结果并不一定与预定的战略目标相一致,产生这种偏差的原因很多,主要有三个方面的原因:

(1) 汽车服务企业的内外环境发生了新变化使原定企业战略与新的环境条件不相配合。

(2) 汽车服务企业战略本身有重大的缺陷或者比较笼统使得在实施过程中难以贯彻。

(3) 战略实施的过程中,受汽车服务企业内部某些主客观因素变化的影响而偏离了战略计划的预期目标。

2. 战略控制的内容

对企业经营战略的实施进行控制的主要内容有:

(1) 设定绩效标准。根据企业战略目标,结合企业内部人力、物力、财力及信息等具体条件,确定企业绩效标准,作为战略控制的参照系。

(2) 绩效监控与偏差评估。通过一定的测量方式、手段、方法,监测企业的实际绩效,并将企业的实际绩效与标准绩效对比,进行偏差分析与评估。

(3) 设计并采取纠正偏差的措施。通过设计并采取纠正偏差的措施,可以顺应变化着的条件,保证企业战略的圆满实施。

(4) 监控外部环境的关键因素。外部环境的关键因素是企业战略赖以存在的基础,这些外部环境关键因素的变化意味着战略前提条件的变动,必须给予充分的注意。

(5) 激励战略控制的执行主体。通过激励战略控制的执行主体,可以调动其自控制与自评价的积极性,保证企业战略实施切实有效。

3. 战略控制的方式

(1) 从控制时间来看,企业的战略控制可以分为以下三类:

① 事前控制。在战略实施之前,要设计好正确有效的战略计划,该计划要得到企业高层领导人的批准后才能执行,其中有关重大的经营活动必须通过企业领导人的批准同意才能开始实施,所批准的内容往往也就成为考核经营活动绩效的控制标准。

② 事后控制。在汽车服务企业的经营活动之后,把战略活动的结果与控制标准相比较。事后控制方法的具体操作主要有两种形式:联系行为——将员工战略行为的评价和控制直接与他们的工作行为联系挂钩,使员工能明确战略行动的努力方向,使个人的行动导向与企业经营战略导向接轨;目标导向——让员工参与战略行动目标的制定和工作业绩的评价,既可以看到个人行为对实现战略目标的作用和意义,又可以从工作业绩的评价中看到成绩与不足,从中得到肯定和鼓励。

③ 随时控制。即过程控制,汽车服务企业高层领导者要控制企业战略实施中的关键性的过程或全过程,随时采取控制措施,纠正实施中产生的偏差,引导企业沿着战略的方向进行经营。

（2）从控制主体的状态来看，战略控制可以分为两类：

① 避免型控制。即采用适当的手段，使不适当的行为没有产生的机会，从而达到不需要控制的目的。

② 开关型控制。又称事中控制或行与不行的控制。其原理是：在战略实施的过程中，按照既定的标准检查战略行动，确定行与不行，类似于开关的开与关。

开关控制法具体操作方式有多种：直接领导——指管理者对战略实施进行直接领导和指挥，发现差错及时纠正；自我调节——指执行者通过非正式的、平等的沟通，按照既定的标准自行调节自己的行为，以便合作者配合默契；共致远景——指组织成员对目标、战略宗旨认识一致，在战略行动中表现出一定的方向性、使命感，从而达到殊途同归、和谐一致、实现目标。

（3）从控制的切入点来看，企业的战略控制还可以分为财务控制、生产控制、销售规模控制、质量控制和成本控制 5 种。

4. 战略控制系统的组成

战略控制系统中有三种基本系统，即战略控制系统、业务控制系统和作业控制系统。

（1）战略控制系统是以汽车服务企业高层领导为主体，关注的是与外部环境有关的因素和企业内部的绩效。

（2）业务控制系统是指汽车服务企业的主要下属单位，包括战略经营单位和职能部门两个层次，关注的是汽车服务企业下属单位在实现构成企业战略的各部分策略及中期计划目标的工作绩效，检查是否达到了企业战略为他们规定的目标，业务控制由汽车服务企业总经理和下属单位的负责人进行。

（3）作业控制系统是对具体负责作业的工作人员的日常活动的控制，关注的是员工履行规定的职责和完成作业性目标的绩效，作业控制由各级主管人员进行。

本任务回顾

1. 汽车服务企业经营管理的内容。

2. 同是汽车服务企业的经营管理，但由于学习领域不同，所以知识也不同。在前面项目三学习的是汽车服务企业经营管理调研、预测和决策的方法，而本任务学习的是汽车服务企业经营战略制定的相关内容。

任务实施步骤

1. 任务要求

找到我们已经学习过汽车服务企业的经营管理的项目与本任务——汽车服务企业的经营战略的制定、实施和控制的区别和联系。

2. 任务实施的步骤

（1）回忆前面学过的汽车服务企业的经营管理的内容。

（2）学习汽车服务企业经营战略的制定、实施和控制。

（3）找到两部分内容的联系和区别。

思考与训练

简答题:

（1）简述汽车服务企业战略制定的方式。

（2）简述汽车服务企业战略制定的程序。

（3）战略实施阶段是如何划分的?

（4）战略实施模式有哪些?

（5）战略控制的内容有哪些?

拓展提高

找到一个完整的体现汽车服务企业经营战略制定、实施和控制的案例,进行对应的体会和学习。

▶ 项目七

汽车服务企业的服务质量管理

任务一　服务质量与竞争优势
任务二　服务质量问题产生的原因及其衡量
任务三　服务质量管理与控制
任务四　全面质量管理与 ISO 质量认证

❓ 学习目标

1. 理解汽车服务企业服务质量与竞争优势的关系。
2. 了解汽车服务企业服务质量问题产生的原因并掌握其衡量原则。
3. 掌握服务质量管理规划制定的策略性要求。
4. 掌握服务质量管理与控制的诸多方法。
5. 了解全面质量管理与 ISO 质量认证。

☆ 期待效果

在将来积累一定的知识和实际工作阅历后,进行汽车服务企业的相关管理工作的时候,能运用战略的眼光来考虑问题并解决问题。

📖 项目理解

服务质量管理体系是一个动态的管理机制,通过循环往复运行提高服务质量。为了促使服务质量保证体系有效运作,汽车服务企业应该建立全面的服务质量环节,使服务质量保证体系得到良性循环。从确保服务质量入手,企业积极完善各项管理制度,加强服务管理,建立起自上而下的服务质量监督检查体系,形成严格的服务考核机制。

对于学生来说,将来面临的工作环境都是属于汽车制造、汽车修理和汽车销售等基础性的领域,这部分知识是为将来从事全面的汽车服务企业工作的开展进行铺垫性的学习,也可以为汽车服务行业的其他从业工作者提供参考依据。

任务一　服务质量与竞争优势

知识目标

1. 了解汽车服务企业服务质量与竞争优势的关系。
2. 掌握汽车服务企业服务质量的内涵。

能力目标

在将来的具体工作中能够有效重视汽车服务企业的服务质量。

情境描述

服务意识一直是汽车服务企业比较重视的内容,但是没有系统的比较成规模的系统来支撑这种重视的地位。本节内容主要在系统理解服务质量的含义上开展学习,加深认识观念的转变。

任务剖析

结合任务载体中关于长安汽车在服务质量方面的具体案例,分析汽车服务企业重视服务质量的必要性。

任务载体

阅读案例,完成一篇关于汽车服务企业如何重视服务质量并进行有效方法选择的文章。

长安汽车:服务质量赢得用户肯定

"得民心者得天下",这不仅是古代帝王坐拥江山之道,也是现代企业的处事准则。没有"民心",再大的成就都是镜花水月。长安汽车最早确立了"以微为本"的战略目标,以微车打江山。但是打江山容易守江山难,如何持久抓住消费者的心成为日后发展的关键。于是,长安汽车在国内微车行业第一个推出服务品牌,秉承"亲情、感动、快捷"的服务理念,365天真诚为客户提供全年的无休服务,赢得了用户肯定。

一、快捷、耐心感动每一秒,专业化行业领先

在2011年10月6日晚10点,桂林某景区负责接送旅客的工作人员李元江,开着长安之星把前来桂林旅游的一对年轻夫妇送上了回家的火车,在回景区途中车辆突然熄火,此时已经是晚上12点多,几乎没有车辆经过。抱着试一试的心态,李先生拨通了长安汽车技术服务中心电话。

半小时后,两名服务人员赶到现场,仔细查看故障。最终确诊为分电器进水。随后大家马上采取行动,故障解决。不幸的是,由于路况不够理想,半小时后车辆一不小心又掉进了水潭里,再一次打不着火。没有其他办法,李先生再次无奈地拨响了服务中心的电话。令李先生感动的是服务站的技术人员们依然热情,现场给李先生讲解临时应急情况,且第二次及时给予李先生帮助。当服务人员挥手送别李先生,车辆再一次发动时已经凌晨3点多。

李先生享受的是长安微车的"上门服务",在各大型节日、长假用车高峰对用户进行回访。在"5.1黄金周"、"10.1国庆长假"这样的驾车旅游高峰,临时服务点设立到各旅游景区,都在以专业化的水准,每分每秒不间断地为用户提供无微不至的特色贴心关怀。

二、服务心贴心、心暖心

同样是用长安微车接送旅客,家住重庆,在乌江画廊和仙女山一带接送旅客以"赚外快"的聂磊磊却有别样的故事。

今年9月3日,聂师傅觉得自己的车辆离合器有些不正常、换档时分离不清,而此时离买车只有近三个月的时间。聂师傅主观认为,肯定是车辆质量出了问题,于是找到就近的维修站"理论",维修站的服务人员一边安抚聂师傅,一边迅速组织有关维修技术人员进行了认真的检查。检查结果是,该车离合器摩擦片磨损严重不均匀,导致离合器分离不彻底,主要是用户操作不当所致,不属于产品自身质量问题。

在此过程中,维修站的服务人员们始终面带微笑,耐心予以解释、说明。当得知聂师傅是一位刚学会驾驶不久的新手时,服务人员还细心地给聂师傅讲解车辆的正确操作,如何保养等方面的知识。并且告诉他,尤其是在新车的磨合期内更要严格按照说明书正确操作。而聂师傅也对这次检测大为欢心。"要得,受益匪浅啊,这些在驾校学不到,以后有什么问题我还要向你们咨询。"聂师傅说。

正是长安微车对一流服务的不懈追求,才使其在白热化竞争的微车市场力战群雄,长期保持较高的市场占有率。

相关知识

服务质量与竞争优势

一、服务质量

1. 服务质量的内涵

服务质量是通过顾客对服务的感知而决定的,因此服务质量是一个复杂的集合体,消费者对服务质量的评价不仅要考虑服务的结果,而且要涉及服务的过程。

服务质量是建立在差异理论的基础上,通过顾客对期望的服务和感知的服务相比较而形成的主观结果。如果顾客对服务的感知水平符合或高于其预期水平,则顾客获得最高的满意度,从而认为企业具有较高的服务质量;反之,则会认为企业的服务质量较低。从这个角度看,服务质量是顾客的预期服务质量与感知服务质量的比较。

2. 服务质量的构成要素

服务或多或少是一种主观体验过程,在这个过程中,生产和消费是同步进行的。顾客与服务提供者之间存在着互动关系,这种互动关系即所谓的买者——卖者互动或服务接触,它对感知服务质量的形成具有非常重要的影响。顾客感知服务质量包括两个基本的构成要素,即技术质量和功能质量。

技术质量又称为结果质量(Outcome Quality),指的是顾客在服务过程结束后的"所得",例如,顾客到汽车销售服务企业排除了车辆的故障、对车辆进行了保养等,由于技术质量涉及的是技术方面的有形内容,故顾客容易感知且评价比较客观。显然,顾客从他们与企业的互动关系中所得到的东西对于他们如何评价服务质量具有非常重要的意义,许多企业也常常认为

笔记

这就是服务。但由于顾客与服务提供者之间存在着一系列的互动关系,所以,技术质量只是顾客感知服务质量的一部分而不是全部。

功能质量涉及服务人员的仪表仪态、服务态度、服务方法、服务程序、服务行为方式等,相比之下功能质量更具有无形的特点,一般是不能用客观标准来衡量的,因此难以做出客观的评价,顾客的主观感受在功能质量评价中占据主导地位。

3. 服务质量的感知

服务质量的形成必须经顾客认可,被顾客所识别和感知。服务质量的感知主要体现在以下几个方面:

① 服务质量是顾客的感知对象。

② 服务质量既要有客观标准加以制定和衡量,更要按顾客主观认知加以衡量和检验。

③ 顾客对服务质量的认知取决于他们的预期与实际所感受到的服务水平的对比。

④ 顾客对服务质量的评价不仅要考虑服务的结果,而且涉及服务的过程。

预期服务质量即顾客对服务企业所提供服务的预期标准。预期质量受市场沟通、企业形象、顾客口碑和顾客需求4个因素的影响。市场沟通包括广告、直接邮寄、公共关系以及促销活动等,直接为企业所控制,这些方面对预期服务质量的影响是显而易见的。企业形象和口碑只能间接地被企业所控制,这些因素虽受许多外部条件的影响,但基本表现为与企业绩效的函数关系。顾客需求则是企业的不可控因素,顾客需求的千变万化及消费习惯、消费偏好的不同,决定了这一因素对预期服务质量的巨大影响。

顾客形成期望质量和判断实际感受质量的高低一般有其自身标准,这些标准概括为10个方面,即有形表现、可靠性、反应性、胜任能力、礼貌、信誉、安全感、方便、对外交流和理解顾客,如图7-1所示。

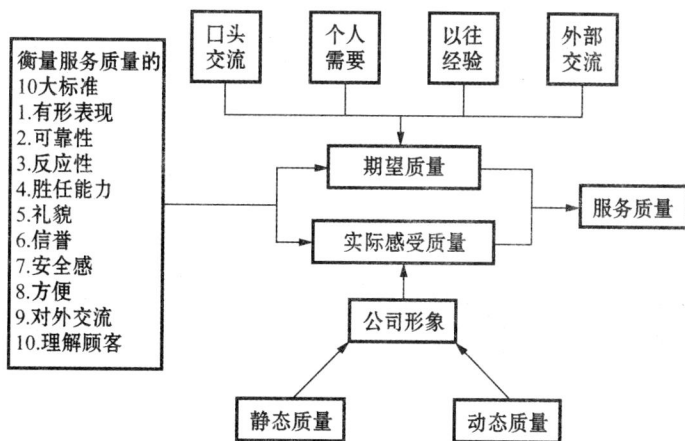

图 7-1　感知服务质量

二、服务质量的竞争优势

服务质量视为企业成功的关键,企业竞争优势建立在服务或产品的质量和价值基础之上。从服务角度来看,质量可能是竞争优势建立的前提。

技术质量常常被作为质量的决定性要素来看待,如果企业具有其他企业无法比拟的技术

笔记

优势,那么这种说法是成立的。但问题是,在今天的市场上,很少有企业能做到这一点,企业与企业之间的产品从技术角度来说并没有什么本质性的差别。要想创建技术优势是非常困难的,因为一旦有一种新的产品或技术问世,那么这种产品或技术很快就会普及。在服务业,建立技术优势比制造业还难。例如,一家金融服务或保险企业通常会为了应对竞争在一周甚至几天内同样推出竞争对手所提供的服务项目。即使企业服务项目非常好,也未必能取得成功,因为糟糕的顾客关系管理会将这种好的服务项目的技术质量削弱殆尽,也就是说,它会带来低下的功能质量。

无论对于制造业还是服务业,服务战略的实施都是非常重要的。实施服务战略意味着在提高服务质量的问题上,应将着眼点放到对顾客与企业互动关系的管理上。提高功能质量会为顾客提供更好的服务,那么就能够赢得竞争。当然,这并不是说技术质量不重要,也不意味着服务竞争不需要技术质量。

技术质量良好是服务质量中理所当然的内容,它必须处于顾客可以接受的水平。这里所说的可接受水平取决于两个要素:一是企业的经营战略;二是顾客的需要和期望。当然,一旦技术质量处于可接受的水平,它在服务质量中的作用就是显而易见的。由于顾客不会对其投入更多的精力,因此良好的技术质量不能保证顾客所感知的服务质量是优异的。如果顾客从总的服务质量入手,那么功能质量同时也必须是良好的,这样才能保证总的服务质量优良。在许多情况下,企业利用同一种产品、同一种服务进行竞争,这时决定服务竞争优势的只能是功能质量。

本任务回顾

1. 汽车服务企业重视服务质量的原因与竞争力有关。
2. 在具体的实际操作过程中,每个企业开展提高服务质量的方法是有区别的,但是基本的理论基础都是一样的。

任务实施步骤

1. 任务要求

参考案例中采用的提高服务质量的方法,根据学习的理论,完成一篇汽车服务企业发展中,提高服务质量方法的文章,题目自拟。

2. 任务实施的步骤

(1) 汽车服务企业服务质量相关理论的学习。
(2) 学习案例加深体会。
(3) 完成文章。

思考与训练

1. 简答题

(1) 汽车服务质量的内涵是什么?

（2）服务质量的构成要素有哪些？

2．论述题

怎样理解汽车服务企业的服务质量竞争优势？

拓展提高

收集有关我国汽车服务企业提高服务质量的文章，结合本小节学习的内容，提炼出自己的新颖的认识和观点。

任务二　服务质量问题产生的原因及其衡量

知识目标

熟悉并掌握汽车服务企业服务质量问题产生的原因并制定良性的服务质量规划。

能力目标

在汽车服务企业遇到服务质量问题时，能够正确分析原因并有效地解决问题。

情境描述

汽车服务企业的服务质量是影响企业发展的重要影响因素，本小节对汽车服务企业这方面的问题从多角度分析原因，这样在修正的时候就有了很好的指导性意义。

任务剖析

通过学习关于4S店提高售后服务质量举措的文章，分析其原因，并指出属于本节所学习的哪几个领域的问题。

任务载体

阅读案例，完成案例后面的作业。

如何才能提高4S店售后服务质量

4S店售后服务质量关系到汽车4S店的口碑、客户往返率以及新客源的增加。在市场竞争激烈的今天，售后服务往往是利润的关键来源。要提高4S店售后服务质量，主要应从制度和流程两大方面来抓。

一、建立健全各项规章制度

（1）意义。良好的的规章制度是各项流程能否贯彻执行的有力保障，流程就好像水，制度就好像水管，只有水按着水管的方向流才能更好地得到利用。因此，建立健全各项规章制度就显得非常重要，让良好的制度为各项服务流程的贯彻执行保驾护航。

（2）现状。目前，许多企业特别是近年来刚刚进入汽车4S店销售服务行业的企业，一方面业务流程不健全；另一方面现有流程由于没有良好的制度进行监督使得在出现问题时不能得到及时纠正。从管理学角度讲，执行就是落实服务流程环节所要求的内容和任务，执行流程的目标就是让客户满意。

执行力度是左右企业成败的重要力量，也是企业区分平庸与卓越的重要标志。许多4S店的管理实践证明，客户服务满意度与各项服务流程的执行特别是核心流程的执行情况息息相关。所以，建立健全各项规章制度并抓好执行力度是非常重要的。

二、抓各项服务流程的建设

1. 提供先进的服务设施，提升和完善维修服务质量

汽车4S店或汽车经销商的售后服务行业不仅仅是为顾客提供一些表面性的咨询服务和简单的故障处理，这其中也包含着高精的技术服务。

汽车的发展随着科技的进步在不断的提升，高科技也在不断地向汽车产品领域渗入。例如，GPS卫星定位系统、ECU中央控制单元、ESP电子稳定程序等高科技的渗入，不仅要求维修人员要有过硬的修理技术，还要求汽车4S店或汽车经销商引进高端的硬件维修设施帮助维修人员排除这些高科技产品的故障。

给工作人员提供技术支持与技术指导，并且要保证维修作业工具和维修检测仪器的先进性，更好地使软件技术与硬件设施相结合，才能保证维修作业的质量和提供完善服务，提升顾客的满意度，树立企业的品牌形象，为企业的生存与长期发展奠定坚实的物质基础和技术支持。

2. 定期进行客户回访，建立客户档案

顾客购车对汽车4S店来说并不是一次性的买卖交易，而是以后长期"合作"的开始。顾客购车后的使用情况怎么样，是否满意，这就需要定期给顾客打个电话，或邮寄一封信函做一个简短却让人温馨的回访，征求一下顾客的意见或建议，给每一个顾客建立一个客户档案等等，这样可以为汽车4S店或汽车经销商带来新的商机。例如，建立客户的会员制度或VIP制度。

3. 提供纯正配件，使用户得到服务质量和成本的双重保证

汽车4S店向消费者提供纯正的原厂配件，保证了产品质量才能确保汽车的维修质量，稳定其使用安全系数。同时，也使服务质量和顾客的维修成本得到了双重的保证，增加了客户对产品和服务的信赖度和满意度，提升了企业自身的品牌形象。

任务：

1. 案例中分析的有关服务质量问题的原因有哪些？
2. 这些原因属于本节学习的哪些方面的内容？

相关知识

服务质量问题产生的原因及其衡量

一、服务质量问题产生的原因

服务质量差距模型说明了服务质量的形成过程，其上半部与顾客有关，而下半部则与服务

提供者有关,具体形式,如图 7-2 所示。

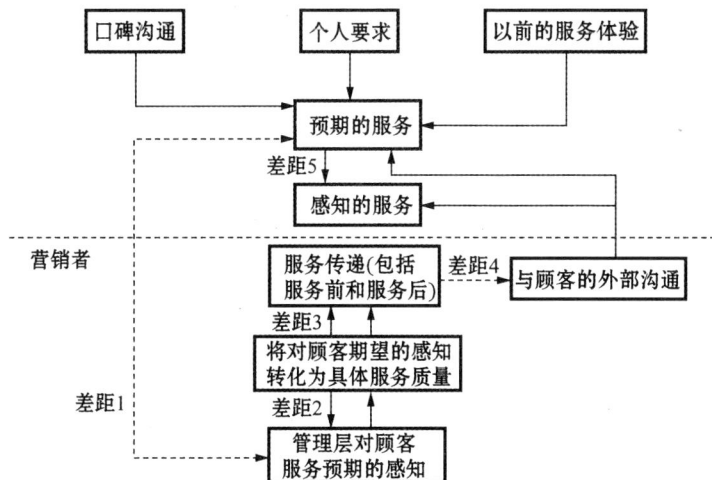

图 7-2　服务质量差距模型

顾客所期望的服务是顾客过去的服务体验、个人需要和口碑沟通的函数,同时还受到企业营销宣传的影响。顾客感知的服务质量是一系列内部决策和活动的结果。管理层对顾客服务预期的感知决定了企业将要执行的服务标准,然后员工根据服务标准向顾客传递服务。而顾客则根据自身的服务体验来感知服务的生产和传递过程。当然,营销传播对顾客感知服务质量和预期服务均会产生影响。在图 7-2 中存在着以下 5 种服务质量差距。

1. 差距 1:管理层感知差距

其含义是指管理者不能准确地感知顾客服务预期。产生这个差距的主要原因有:

(1) 管理层从市场调研和需求分析中所获得的信息不准确。

(2) 管理层从市场调研和需求分析中获得的信息准确,但理解偏颇。

(3) 本企业没有搞过需求分析。

(4) 企业与顾客接触的一线员工向管理层报告的信息不准确,或根本没报告。

(5) 企业内部机构重叠,妨碍或改变了与顾客接触的一线员工向上级报告市场需求信息。

2. 差距 2:质量标准差距

其含义是所制定的具体质量标准与管理层对顾客的质量预期的认识之间出现的差距,这种差距产生的原因有:

(1) 服务企业规划过程中产生失误,或者缺乏有关的规划过程。

(2) 管理层对规划过程重视不够,组织不好。

(3) 整个企业没有明确的奋斗目标。

(4) 高层管理人士对服务质量的规划工作支持不够。

3. 差距 3:服务传递差距

其含义是指服务生产与传递过程没有按照企业所设定的标准来进行。造成这种差距的主要原因有:

(1) 标准定得太复杂、太僵硬。

(2) 一线员工没有认可这些具体的质量标准,例如,在提高服务质量必须要求员工改变自己的习惯行为的情况下,员工就可能极不愿意认可这样的质量标准。

（3）新的质量标准违背了现行的企业文化。

（4）服务运营管理水平低下。

（5）缺乏有效的内部营销。

（6）企业的技术设备和管理体制无助于一线员工按具体的服务质量标准生产。

4. 差距4:市场沟通差距

是指市场宣传中所做出的承诺与企业实际提供的服务不一致。造成这种差距的原因有:

（1）企业没能将市场营销传播计划与服务运营活动相结合。

（2）企业没能协调好传统的市场营销与服务运营的关系。

（3）企业通过信息传播宣传介绍了服务质量标准细则,但实际的服务生产滞后,达不到这些质量标准。

（4）企业存在着力图夸大自己的服务质量的冲动。

5. 差距5:质量服务感知差距

是指顾客体验和感觉到的服务质量与自己预期的服务质量不一致。这种差距出现的原因有:

（1）顾客实际体验到的服务质量低于其预期的服务质量或者存在服务质量问题。

（2）口碑较差。

（3）企业形象差。

（4）服务失败。

二、服务质量的衡量

要对汽车销售服务企业的服务质量进行有效管理,除了必须找到出现质量问题的原因,同时,还需要对企业的服务质量进行客观、公正的评估。质量界流传这样一句话;"你能衡量的,才是你能管理的;你无法衡量它,就无法管理、控制它"。服务质量的准确评估不仅可为经营者提供有关顾客的信息使经营者做出正确决策,而且能够激励服务提供者不断改进服务质量。

1. 服务质量衡量遵循的原则

（1）过程评价与结果评价相结合。服务的无形性、不可分离性及顾客参与的特点,使顾客对服务质量的评价不仅取决于顾客对服务结果（技术性质量）的评价,也取决于对服务过程（功能性质量）的评价。所以,服务质量评估应将过程评价和结果评价结合起来,全面揭示影响顾客满意的服务质量问题。

（2）事前评价与事后评价相结合。服务质量的形成取决于期望和体验的对比,所以把事前评价（期望）和事后评价（消费体验）结合起来,才能正确反映顾客满意的形成过程,找到提高服务质量的线索。

（3）定性评价与定量评价相结合。评价定量化有助于提高评价的科学性和可比性,但是服务与服务质量的特点决定了服务质量评估不可能完全量化。而且,有些顾客满意信息也无法用定量指标来反映。必须把定量指标和定性指标结合起来,才能全面反映服务质量方面的信息。

（4）横向比较与纵向比较相结合。服务质量评估要起到反映服务现状和促进服务改进的作用,就要运用比较的工具。横向比较可以反映本企业服务水平与同行竞争对手的差距,而纵向比较可以反映自身的发展。

（5）主观评价与客观评价相结合。顾客对服务质量的评价本身是个主观概念，反映顾客对产品和服务满足其需求程度的主观评价。不管怎样努力，顾客满意指标的主观性质还是无法改变的，我们能做的只是尽量调和主观评价和客观评价的关系，使之能客观反映顾客的要求，且易于操作，易于反映到服务设计和服务改进中去。

（6）全面评价和局部评价相结合。有些情况需要全面了解顾客对产品和服务的满意评价，而有些情况只需了解顾客对产品和服务的某些方面的意见。

2. 顾客感知服务质量的衡量——SERVOUAL 评价模型

影响服务质量主要有 10 个因素：可靠性、反应性、胜任能力、易于接触、殷勤有礼、交流性、可信性、安全性、理解顾客、可感知性。如图 7-3 所示。

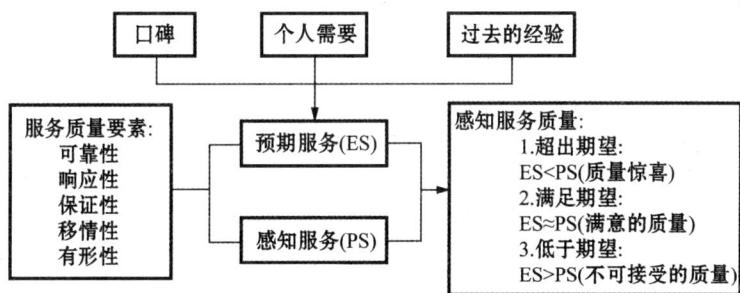

图 7-3　SERVQUAL 评价模型

1）SERVQUAL 评价模型描述

模型建立在 5 个被认为对顾客感知服务质量最重要的决定因素之上，有关的 5 个因素及其含义如下：

（1）可感知性。可感知性有时也称为有形证据或有形展示，主要指服务产品的"有形部分"。服务是无形的，但服务设施、服务设备、服务人员、顾客、市场沟通资料、价目表等却是有形的。服务性企业的所有有形事物和人物都为无形的服务提供证据，顾客可以通过他们来推测服务质量，以便减少购买风险，确定应购买哪个企业的服务。

服务性企业可强调的有形证据有：店址、建筑风格、辅助产品和促销产品、服务环境、价格、服务人员、顾客、服务设施、服务设备、装饰布置、店徽等，这些因素可以分为物质环境、信息沟通和价格三类。

① 物质环境通常分为背景因素、设计因素和社会因素三部分，如表 7-1 所示。

表 7-1　物质环境分析

背景因素	不会引起顾客立即注意的背景条件	空气质量：气温、湿度、通风情况、噪音、气氛、整洁度
设计因素	顾客最易察觉的刺激	美学因素：建筑、颜色、尺度、材料、结构、附件 功能因素：陈设、舒适、标识
社会因素	环境中的人	其他顾客：数量、外貌、行为 服务人员：数量、外貌、行为、性格

② 信息沟通或市场沟通是另一种服务展示形式。在市场沟通中强调现有的有形证据,或创造新的有形证据,可使无形的服务和抽象的广告变得有形和比较具体。

③ 价格是使企业获得营业收入的唯一因素,同时也是一项重要的有形证据。它为顾客提供产品质量和服务质量的信息,增强或降低顾客对产品和服务质量的信任感,提高或降低顾客对产品和服务质量的期望。顾客往往会根据服务的价格判断服务档次和服务质量。

(2) 可靠性(Reliability)。可靠性是指企业准确无误地完成所承诺的服务。服务可靠性要求服务企业"在准确的时间、准确的地点用正确的方式为顾客提供完善的服务"。顾客要求可靠的服务,不可靠的服务绝对是劣质的服务。

(3) 反应性(Responsiveness)。反应性是指服务性企业随时准备为顾客提供快捷、有效的服务。

(4) 保证性(Assurance)。保证性是指服务人员的知识、技能和礼节能使顾客产生信任和安全感。对顾客来说,服务人员的友好态度和胜任能力两者缺一不可。服务人员缺乏友善的态度自然会使顾客感到不快。而如果他们对专业知识懂得太少也会令顾客失望。

(5) 移情性(Empathy)。移情性是指服务人员设身处地为顾客着想,关心顾客,为顾客提高个性化服务。主要包括以下内容:

易于接触或可及性:指顾客能否较容易地接触、购买和使用服务。它取决于服务人员的数量和技术,办公时间及其安排,办公室、演示室和柜台的摆设,服务的工具、设备和文件,顾客的数量和知识水平等。

易于沟通:指服务企业的组织机构、规章制度和服务人员能保证顾客与企业间的双向信息交流。

对顾客的理解程度:指企业深入理解顾客需求,并针对顾客的特殊需要提供个性化服务。

2) SERVQUAL 评价模型的应用

在使用该模型时应注意以下几点:

① SERVQUAL 评价模型可用于不同目的的测量活动。如用于确定顾客的优先要求、顾客的容忍限度、公司的表现、针对顾客的优先要求所做出的措施、比较本企业与竞争企业的服务差距、针对竞争者所做出的举措、改善措施的先后顺序等。

② SERVQUAL 评价模型可以对服务质量进行全面衡量。模型不仅可以衡量企业在 5 个方面中每一个服务质量方面的表现情况,而且可以衡量企业总的服务质量(基于 5 个方面平均分的形式)。

③ SERVQUAL 评价模型可以用以评价分公司经理人员的业绩。考虑到各分公司经理人员所面临的具体情况不同,在做业绩考核时应与其他考核方法配套使用。

④ 定期地使用 SERVQUAL 评价模型可以有效地追踪服务质量的趋势。该模型存在静态性特点,不能从动态的角度衡量顾客感知质量。鉴于目前尚无有效的动态模型,定期使用 SERVQUAL 评价模型,可以比较有效地消除模型的静态缺陷。

⑤ SERVQUAL 评价模型的缺陷之一是各指标没有根据顾客的不同需要设计不同的权重,因此在使用该模型时,问卷中应包括顾客对各指标重要性的评分部分,根据各指标的得分及其权重来衡量顾客的感知质量。

⑥ 在使用 SERVQUAL 评价模型做正式调查衡量之前,必须首先进行探测性研究,以保证以正确的方式向顾客提出适当的问题。

3．服务过程的衡量

服务过程的衡量即是对员工在服务传递过程中所执行的服务质量标准的衡量。企业可通过跟踪系统、雇员调查或神秘购物（调查者假扮顾客经历服务过程）等方式来评价、衡量服务过程。

在进行服务过程衡量时，应注意以下两点：

（1）将服务过程衡量的结果与员工的激励方式相结合，否则衡量系统就失去了存在的意义。

（2）企业在设计衡量系统时，必须防止出现过程标准的次级化。通俗地讲，标准的次级化就是员工倾向于按企业选定的衡量尺度行事，而把为什么要衡量这些事情的真正理由抛在脑后。

避免次级化的措施是将过程衡量与顾客感知服务质量衡量配合使用，用顾客感知服务质量衡量来指导过程衡量，不断监测顾客期望的变化，使员工随时都把顾客放在心上。

本任务回顾

1．分析汽车服务企业出现服务质量问题的原因。
2．根据企业面临的具体的服务质量问题，找到原因，进行解决。

任务实施步骤

1．任务要求

参考案例中的分析思路，根据案例中面临的服务质量问题，找到产生的原因并利用所学知识进行分析。

2．任务实施的步骤

（1）学习关于质量管理问题相关的知识。

（2）找到案例中关于原因分析的内容。

（3）参照案例中原因分析的内容，指出这些原因属于5种服务质量差距的哪几种。

思考与训练

1．简答题

（1）服务质量的类型有哪几种？

（2）服务质量衡量有哪些原则？

（3）服务过程衡量应该注意哪些方面？

2．论述题

分析SERVOUAL评价模型的具体含义。

拓展提高

进行管理实践,了解汽车服务企业不断提高服务质量的举措,并提出自己的认识。

任务三   服务质量管理与控制

知识目标

1. 掌握汽车服务企业服务质量标杆管理。
2. 掌握汽车服务企业服务质量差距管理。

能力目标

能够根据汽车服务企业的服务质量现状,制定汽车服务企业服务蓝图。

情境描述

服务质量是个框架性的概念,在具体的实际操作中广泛涉及很多方面的内容。制定服务质量规划时需要先在宏观概念上仔细规划,再在细节内容上仔细操作。

任务剖析

汽车服务质量差距模型是本部分内容学习的重点。本任务载体利用这部分内容来实际解决 4S 店面临的服务提升问题。通过学习案例,进行知识利用的模仿练习。

任务载体

阅读案例,完成课后作业。

利用汽车服务质量差距模型分析 4S 店服务质量提升

一、服务质量理论的提出与服务质量差距模型

1. 服务质量的提出背景

在加入 WTO 的新形势下,汽车行业的竞争正逐步从产品和价格上的竞争发展为服务的竞争,越来越多的企业开始注意到服务的重要性。在竞争激烈的汽车销售行业,许多品牌专卖店也感受到了这种趋势,提出了以服务致胜的诸多思想。

目前,4S 店的发展存在着很大压力,主要来自于生产厂家的压力和其他 4S 店的竞争。汽车生产厂家对市场的控制表现为对经销商的控制,经销商必须按生产厂家的要求进行经营与服务,每季度、每年厂家都会对各 4S 店进行暗访、考核。如果多次达不到厂家的标准,厂家就会以末位淘汰制将其淘汰出局。除了来自厂家的压力外,还有来自于其他 4S 店的竞争,竞争车型逐渐降价,要想获得更多的顾客就必须从服务入手,提高工作人员的素质和工作技能,制

定一套标准的服务流程,提高与客户的关系等。因此,服务质量问题越来越受到生产厂商和广大经营者们的关注。

2. 服务质量相关理论

服务质量是顾客评价服务的主要因素,顾客根据服务质量及其体验到的总体满意度来感知服务。在无形服务与有形产品混合在一起提供给顾客的情况下,服务质量是决定顾客满意的关键因素。总的来说消费者满意是一个广义的感念,而服务质量专门研究服务的几个方面,可感知的服务质量就是顾客满意的一部分。关于汽车质量感知的研究显示出其质量评价的6个维度:可靠性、服务性、美誉度、耐用性、功能性和易用性。如图7-4所示。

3. 服务质量差距

服务质量差距的核心是顾客差距,也就是顾客期望与顾客感知的服务之间的差距。期望的服务是顾客在一次服务体验中的考察点;感知的服务是对受到服务的实际反映。中心思想在于公司想弥合所期望服务与所感知服务之间的差距,以使顾客满意并与他们建立长期的关系。为了缩小这个重要的顾客差距,提出了4个其他需要缩小的差距——服务供应商差距。服务供应商差距是引起顾客差距的根本原因:差距1——不了解顾客的期望;差距2——未选择正确的服务设计和标准;差距3——未按标准提供服务;差距4——服务绩效与服务承诺不相匹配。

二、汽车 4S 店现状及发展前景

现行的汽车 4S 店一般都遵循各厂商硬件建设要求与服务标准:一是装饰豪华、格调高雅、环境舒适的汽车展示厅,厅内可划分为汽车展示与销售区、咨询服务区、维修服务接待区、配件陈列与销售区、用户休息区(有的还专设儿童乐园)等功能区;二楼设贵宾室、洽谈室、经理人员办公室、会议室等。二是展示厅与配件仓库、维修车间均毗连相通,不但保证了售后服务各个环节之间的连续性和有效协作,而且使用户可以在这三个相邻业务区快捷地处理完所有业务,包括购买配件、付款,从而缩短了工作流程。三是维修车间是售后服务的最主要环节,这里有人性化的厂房空间,高效率、高精度的设备和诊断测试仪器。四是采用先进管理模式与制造厂商联网的配件仓库,做到准确订货、快捷入库、灵活结款。最后,电子计算机系统的建立实现了汽车销售、配件供销、服务接待与结算、业务管理等系统的内外联网。

进入 21 世纪以来,随着汽车工业竞争的日趋激烈,我国汽车销售市场除传统的汽车贸易市场外,出现了超市式大卖场、汽车一条街、特许经销商、专卖店等多种形式。目前,国内各大汽车厂商均在全国各大中城市设立特许经销商(或专卖店)。各厂商均对获受权的特许经销商(或专卖店)以 4S 店的建设标准、投资规模、开业时间等提出要求。随着新车型的出台,4S 店还将如雨后春笋般蓬勃增长。

三、汽车 4S 店服务中存在的问题透视

1. 人员问题

服务、营销三角形(即服务机构—雇员—消费者,内部营销—外部营销—互动营销)形象地强调了人员对于公司信守承诺并成功建立顾客关系这一能力的重要作用。无论服务类型,还是顾客与服务系统的接触水平,服务组织总需要依靠雇员来完成组织的使命,雇员的素质和对

责任的承诺已经成为组织竞争优势的重要来源。而汽车 4S 店从总体上看在服务流程的执行力度上还远远不够,主要表现在接待服务、新车介绍能力及新车交付质量等方面存在不足,离用户满意还有一定的差距。

2. 客户关系问题

客户关系管理(CRM,Customer Relationship Management)的核心是客户价值管理,从最有价值的顾客出发,与每一位顾客建立一种学习关系的基础。在提供从市场管理到客户服务与关怀的全程业务管理的同时,对客户购买行为和价值取向进行深入分析,为企业挖掘新的销售机会,并对未来产品发展方向提供科学、量化的指导依据,使企业在快速变化的市场环境中保持发展能力。客户关系问题主要出现在执行过程中,4S 店目前还没有充分发挥该系统的功能,从而忽视了顾客资料信息的建立和利用,未严格地执行客户回访制度,影响到与顾客的各种情感服务。

3. 服务流程问题

汽车 4S 店对销售与售后流程的设计还是比较全面的,但是细节不够。主要的原因是公司的管理制度不完善,员工的服务水平和执行力度都有欠缺。尤其在售后服务的细节上,销售主管和销售经理对销售人员缺乏有效的监督,且流程规范标准不够细致,未体现以顾客为中心的理念。

四、提升汽车 4S 店服务质量的对策

1. 缩短服务差距

通过以上分析,为了适应当今汽车市场结构的新变化,进一步提高 4S 店的服务水平,应采取"提升服务质量,提高客户满意度"的营销策略。提高员工的素质和技能水平,抓住机会,尽可能迅速地走近客户,了解客户的需求,加强服务营销,从而提高客户的满意度。

(1) 进行人员开发,保证服务质量。可通过销售战略、业务基本素质、销售流程、销售技巧、促销手段和方法等相关培训,使每一个员工详尽了解服务营销的运作,以及他们在与其他员工及其他职能部门和顾客相联系时的角色。促使员工树立"人人有责任进行服务营销"的良好工作态度,使员工具备相互沟通、销售和服务的技能,并不断提高。最重要的是要让员工了解到,不是为了提高员工知识水平而培训,而是为了实现 4S 店的服务承诺而培训。

(2) 留住最好的员工。一方面将员工纳入公司的愿景之中,要激励并使员工对追随和支持公司目标感兴趣,就必须让他们理解和分享公司的愿景;整体传递服务人员需要理解他们的工作是如何融入组织及其目标的宏大蓝图之中的。另一方面要评估并奖励优秀员工,如果仅仅是奖励工作的结果而不是评估和奖励员工在服务工作中的行为,那么员工在易受挫折的工作过程中就得不到激励,内部营销的目标将很难实现。

任务:

1. 分析案例中利用知识点进行企业现状改良的思路。

2. 参考这种思路,找到本节内容其他的知识点,在合适的汽车服务企业进行知识点的应用实践。

相关知识

服务质量管理与控制

一、服务质量管理的基本原则

（1）质量是顾客感知的服务质量。服务质量不能由管理者来决定，相反，它必须建立在顾客的需求、向往和期望的基础之上。更重要的是，服务质量不是一种客观决定的质量，而是顾客对服务的主观感知。

（2）服务质量无法从服务过程（服务生产与服务传递过程）中剥离出来。服务生产过程的结果只是顾客感知服务质量的一个组成部分。顾客将其亲自参与的服务生产和传递过程也纳入到感知服务质量之中。

（3）质量是由一系列的关键时刻和服务接触及互动关系累积而成的。顾客与服务提供者的互动关系，包括一系列的关键时刻和服务接触，对于顾客感知服务质量的水平起着决定性的作用。

（4）企业所有人员对顾客感知服务质量的形成都有责任。服务质量水平如何，企业中人人有责。

（5）必须在整个组织内倡导质量观念。组织中的每个人对质量的形成都负有责任，只有人人负责，才能保证顾客感知服务质量的不断提高。

（6）将内部营销纳入到质量管理的范畴。顾客感知服务质量是顾客实际服务体验和服务预期的函数。有些情况下，质量改进工作会遭到市场营销部门的抵触，这些部门总是力图对顾客做出更高的承诺。当企业无法满足顾客较高的服务预期时，顾客感知的服务质量就会下降；虽然企业在质量改进方面做了许多工作，但过度的宣传和承诺会将所有的这些努力都付诸东流，其后果是企业形象受到损害。

二、服务质量规划

（1）服务概念。管理人员应首先确定企业的商业任务，明确本企业应为哪些细分市场服务，应解决顾客的哪些问题。然后，管理人员应根据商业任务为服务工作确定一系列具体的指导原则，这些指导原则称为服务概念。

（2）顾客期望。顾客根据自己的期望与自己感觉中的服务实绩，判断服务质量。优质服务指顾客感觉中的服务实绩符合或超过他们的期望。

（3）服务过程和服务结果。面对面服务是服务人员与顾客相互接触、相互交往、相互影响的过程。服务过程中服务人员的行为和态度往往会对顾客感觉中的整体服务质量产生更大的影响。

（4）内部营销。管理人员必须加强内部营销工作，形成以服务文化为核心的企业文化，激励全体员工做好服务工作。

（5）有形环境。管理人员必须根据优质服务的需要，确定服务工作中应使用的设备、技术和服务操作体系，并通过培训工作使服务人员掌握必要的技能。

（6）顾客参与服务过程。在大多数服务性企业中,顾客可以说是"兼职服务人员",服务性企业往往要求顾客完成一部分服务工作任务,要求顾客配合服务人员做好服务工作。服务性企业应向顾客提供必要的信息,帮助顾客扮演好"兼职服务人员"角色,并通过一系列鼓励措施(例如较低的售价),激励顾客积极参与服务活动。

三、服务质量管理工具

1. 标杆管理

1) 标杆管理的内涵

标杆管理定义为:"一个将产品、服务和实践与最强大的竞争对手或行业领导者相比较的持续过程。"其基本环节是以最强的竞争企业或那些行业中领先和最有名望的企业在产品、服务或流程方面的绩效及实践措施为基准,树立学习和追赶的目标,通过资料收集、比较分析、跟踪学习、重新设计并付诸实施等一系列规范化的程序,将本企业的实际状况与这些基准进行定量化评价和比较,找出自己的不足,从而提高自身服务质量,改善经营管理水平,增强企业竞争力。

需要注意的是,标杆管理不是一个简单的比较研究,不能简单地抄袭其他企业的做法。对其他企业的做法进行抄袭而不进行分析、理解和调整,不但不能提高绩效,反而会损害绩效;即使新近抄袭的做法在短期内能提高绩效,也可能只是在行业中走马观花的偶然运气,而不是标杆管理的结果。其次,标杆管理不是业绩评估,业绩测定或评估只不过是标杆管理实践中的一个要素或其中的某个步骤,它只是给企业提供一个可以用于改进工作程序的数据基础。第三,标杆管理不是静止的。出于工作的需要,绩效评估标准不应年复一年保持不变,相反,应将所获得的知识、修改了的任务和已经发生的结构变化融为一体。有必要的话,随着新的可行性标准的建立,任务、目标、目的也必须做出相应的调整。

标杆管理方法蕴含着科学管理规律的深刻内涵,较好地体现了现代知识管理中追求竞争优势的本质特性,目前广泛应用于质量管理中。

2) 标杆管理的作用

标杆管理最大的作用是为企业提供了一个清楚地认识自我的工具,便于发现解决问题的途径,从而缩小自己与领先者的距离。

（1）有助于企业正确认识到与行业领先者相比,自己究竟做得怎么样,从而为自己正确定位,为企业进行质量管理设立了管理基准,提供比较的参照系。

（2）有助于企业看清自己的优势与劣势。在与基准标杆进行比较时,可以帮助企业发现自身的缺点和不足,有助于企业扬长避短。

（3）为企业提供了各种已经被实践所证明的、正确的行动计划和方案,有助于企业博采他人之长为自己所用,缩短摸索经验的时间。

（4）有助于企业明智排定各种质量改进活动的先后顺序与轻重缓急。在与标杆进行比较的过程中,能够帮助企业发现质量管理与提升的关键因素,并通过行动计划反映企业中哪个实践活动是应最先进行的,哪个实践活动最适合企业的发展。

3) 标杆管理的类型

（1）内部标杆管理。内部标杆管理的标杆伙伴是企业内部的其他单位或部门,它是最简单且易操作的标杆管理方式之一。

确立内部标杆管理的主要目标,然后推广到企业的其他部门。其优点在于:由于不涉及商业秘密的泄露和其他利益冲突等问题,容易取得标杆伙伴的配合,数据采集等过程困难比较小,因此简单易行,成本较低,时间较短,是所有标杆管理类型中最快、成本最低的一类。其缺点在于视野狭隘,不易找到最佳实践,很难实现创新性突破。除非用做外部标杆管理的基准,单独执行内部标杆管理的企业往往持有内向视野,容易产生封闭思维。

(2)竞争标杆管理。竞争性标杆管理的标杆伙伴是行业内部的直接竞争对手,其目标是与有着相同市场的企业在产品、服务和工作流程等方面的绩效与实践进行比较,直接面对竞争者。

竞争标杆管理是从总体上关注企业如何竞争发展,明确和改进公司战略,提高公司战略运作水平。其优点在于:竞争对手的作业力一般会直接影响企业的目标市场,竞争对手的信息对于企业在进行策略分析及市场定位上有很大的帮助,收集的资料具有高度的相关性和可比性,有助于企业系统地分析竞争对手与产业环境。最佳实践的转移也比较简单,不需要经过大的调整就可以直接应用于本企业。其缺点在于:正因为标杆伙伴是直接竞争对手,信息具有高度商业敏感性,难以取得竞争对手的积极配合,难以获得真正有用或是准确的资料,从而极有可能使标杆管理流于形式或者失败。另外,拘泥于同行范围之内寻求最佳实践,视野狭窄,而且由于同一行业的企业会倾向于以同样的方式来做同样的工作,容易导致产业内出现"近亲繁殖"的问题,难以突破和创新。

(3)职能标杆管理。以行业领先者或某些企业的优秀职能操作为基准,找出达到同行最好的运作方法而进行的标杆管理。

这类标杆管理的合作者常常能相互分享一些技术和市场信息,标杆的基准是外部企业(但非竞争者)及其职能或业务实践。优点在于由于不是直接的竞争者,没有直接的利害冲突,因此合作者往往较愿意提供和分享技术与市场信息。另外,可以跳出行业的框框约束,视野开阔,容易创新和寻求真正的最佳实践,随时掌握最新经营方式。其缺点在于投入较大,信息相关性较差,最佳实践需要较为复杂的调整转换过程,实施较为困难。

(4)流程标杆管理。以最佳工作流程为基准进行的标杆管理,是从具有类似流程的公司中发掘最有效的操作程序,使企业通过改进核心过程提高业绩。流程标杆管理是类似的工作流程,而不是某项业务与操作职能或实践。

4)标杆管理的程序

一个完整的内外部综合标杆管理的程序通常分5步。

(1)计划。计划阶段有以下主要工作:组建标杆管理项目小组,该小组担当发起和管理整个标杆管理流程的责任;明确标杆管理的目标;通过对组织的衡量评估,确定标杆项目;选择标杆伙伴;制定数据收集计划,如调查问卷,安排参观访问,充分了解标杆伙伴并及时沟通;开发测评方案,为标杆管理项目赋值以便于衡量比较。

(2)内部数据收集与分析。这一阶段包括以下工作:收集并分析内部公开发表的信息;遴选内部标杆管理合作伙伴;通过内部访谈和调查,收集内部第一手研究资料;根据需要组建内部标杆管理委员会来实施内部标杆管理;通过内部标杆管理,可以为进一步实施外部标杆管理提供资料和基础。

(3)外部数据收集与分析。这一阶段包括以下工作:利用各种资料收集外部公开发表的信息;通过调查问卷和实地访问收集外部第一手研究资料;分析收集有关最佳实践的数据,与自身绩效计量相比较,识别推动或阻碍取得更好绩效的因素,提出最终标杆管理报告。

（4）调整。根据标杆管理报告,确认正确的纠正性行动方案,制定详细实施计划,再组织内部实施最佳实践,并不断对实施结果进行监控和评估,及时做出调整,以最终达到增强企业竞争优势的目的。

（5）持续改进。标杆管理是持续的管理过程,不是一次性行为,因此,为便于以后继续实施标杆管理,企业应维护好标杆管理数据库,制定和实施持续的绩效改进计划,以不断学习和提高。

5）标杆管理的实施

在标杆管理的实施过程中,首先要重视信息管理。标杆企业的选择需要依据所收集来的优秀企业的详细业绩数据和产生业绩的过程信息,这样才能找准标杆并进行科学的对比分析,找到本质问题以及产生的原因,从而真正解决问题。

其次要模仿与创新并举。标杆管理方法的根本点就是模仿与创新并举的循环往复过程,片面理解标杆管理法而远离创新,不但与标杆管理法的初衷背道而驰,而且不会从根本上提高企业的核心竞争力。

要特别注意发挥员工的主观能动性。标杆管理法的最终实践者是一线员工,企业必须要让一线员工认识到实施标杆管理法的重要性和必要性。

2. 服务蓝图化与过程管理

1）服务蓝图的内涵

把服务过程的每个部分按步骤画出流程图,这就是服务蓝图。借助于流程图,通过分解服务组织系统和架构,鉴别用户与服务人员以及服务体系内部的服务接触点,在服务流程分析基础上研究传递的各方面,将服务提供过程、员工和顾客的角色与服务的有形证据直观地展示出来。

2）服务蓝图的组成

如图 7-4 所示,整个服务蓝图被 3 条线分成 4 个部分,自上而下分别是顾客行为、前台接触员工行为、后台接触员工行为和支持过程。

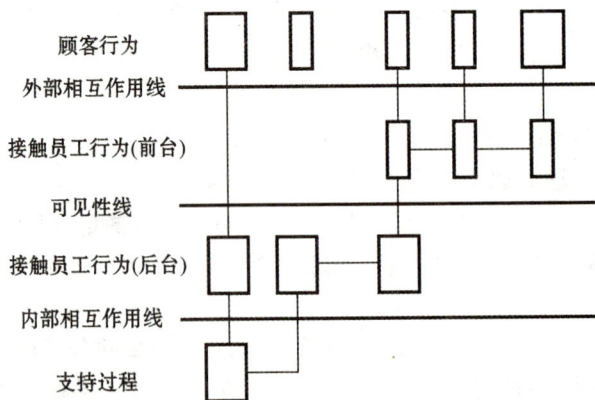

图 7-4 服务蓝图的组成

（1）顾客行为。这一部分紧紧围绕着顾客在采购、消费和评价服务过程中所采取的一系列步骤、所做的一系列选择、所表现的一系列行为以及它们之间的相互作用来展开。

（2）前台服务员工行为。指直接向用户提供服务并可以被用户看得见的员工行为,这部分紧紧围绕前台员工与顾客的相互关系展开。

（3）后台员工行为。它围绕支持前台员工的活动展开,发生在服务体系的后台,用户一般看不见,主要为前台服务员工提供技术、知识等保障服务,必要时也为用户直接提供服务。

（4）服务的支持过程。这一部分覆盖了在传递服务过程中所发生的支持接触员工的各种内部服务及其步骤和它们之间的相互作用。覆盖了所有保障服务体系正常运行的辅助工作,主要是指那些与提供服务相关,但属于服务体系本身不可控的外部相关部门的行为。

隔开4个关键行动领域的3条水平线,最上面的一条线是"外部相互作用线",它代表了顾客和服务企业之间直接的相互作用,一旦有垂直线和它相交叉,服务遭遇(顾客和企业之间的直接接触)就发生了。中间的一条水平线是"可见性线",它把所有顾客看得见的服务活动与看不见的分隔开来,通过分析有多少服务发生在"可见性线"以上及以下,一眼就可明了为顾客提供服务的情况,并区分哪些活动是前台接触员工行为,哪些活动是台后接触员工行为。第三条线是"内部相互作用线",它把接触员工的活动与对它的服务支持活动分隔开来,是"内部顾客"和"内部服务人员"之间的相互作用线,如有垂直线和它相交叉则意味着发生了内部服务遭遇。

3) 服务蓝图的作用

服务蓝图具有直观性强、易于沟通、易于理解的优点,其作用如下:

（1）通过建立服务蓝图,促使企业从顾客的角度更全面、更深入、更准确地了解所提供的服务。

（2）通过建立服务蓝图,研究可见性线上下区域内的那些前、后台接触员工行为,掌握各类员工为顾客提供的各种接触信息。

（3）服务蓝图揭示了组成服务的各要素和提供服务的步骤。

（4）蓝图中的外部相互作用线指出了顾客的角色以及在哪些地方顾客能感受到服务质量,这不但有利于企业有效地引导顾客参与服务过程并发挥积极作用,而且有利于企业通过设置有利的服务环境与氛围来影响顾客满意度。

（5）服务蓝图有助于质量改进。

（6）服务蓝图为内、外部营销建立了合理的基础。

4) 服务蓝图的制定

建立服务蓝图的步骤为:

（1）识别需要制定蓝图的服务过程。蓝图可以在不同水平上进行开发,这需要在出发点上就达成共识,首先对建立服务蓝图的意图做出分析。

（2）识别顾客(细分顾客)对服务的经历。市场细分的每个细分部分的需求是不同的,因而对服务或产品的需求也相应变化。假设服务过程因细分市场不同而变化,这时为某位特定的顾客或某类细分顾客开发蓝图将非常有用。在抽象或概念的水平上,各种细分顾客纳入在一幅蓝图中是可能的。但是,如果需要达到不同水平,开发单独的蓝图就一定要避免含糊不清,并使蓝图效能最大化。

（3）从顾客角度描绘服务过程。该步骤包括描绘顾客在购物、消费和评价服务中执行或经历的选择和行为。如果描绘的过程是内部服务,那么顾客就是参与服务的雇员。从顾客的角度识别服务可以避免把注意力集中在对顾客没有影响的过程和步骤上。该步骤要求必须对顾客是谁(有时不是一个小任务)达成共识,有时为确定顾客如何感受服务过程还要进行细致的研究。如果细分市场以不同方式感受服务,就要为每个不同的细分部分绘制单独的蓝图。

有时,从顾客角度看到的服务起始点并不容易被意识到。如对理发服务的研究显示,顾客认为服务的起点是给沙龙打电话预约,但是发型师却基本不把预约当成服务的一个步骤。同样在服务中,病人把开车去诊所、停车、寻找透视部门也视为服务经历。在为现有服务开发蓝图时,这一步骤可以从顾客的视角把服务录制或拍摄下来,这会大有益处。通常情况往往是,经理和不在一线工作的人并不确切了解顾客在经历什么,以及顾客看到的是什么。

(4)描绘前台与后台服务雇员的行为。首先画上互动线和可视线,然后从顾客和服务人员的观点出发绘制过程、辨别出前台服务和后台服务。对于现有服务的描绘,可以向一线服务人员询问其行为,以及哪些行为顾客可以看到,哪些行为在幕后发生。

(5)把顾客行为、服务人员行为与支持功能相连。下面可以画出内部互动线,随后即可识别出服务人员行为与内部支持职能部门的联系。在这一过程中,内部行为对顾客的直接或间接影响方才显现出来。从内部服务过程与顾客关联的角度出发,它会呈现出更大的重要性。

(6)为每个顾客行为步骤加上有形展示。最后在蓝图上添加有形展示,说明顾客看到东西以及顾客经历中每个步骤所得到的有形物质。包括服务过程的照片、幻灯片或录像在内的形象蓝图在该阶段也非常有用,它能够帮助分析有形物质的影响及其整体战略及服务定位的一致性。

3. 质量差距管理

差距分析模型除了为分析服务质量的形成和服务质量问题产生的原因提供了分析工具外,还为服务质量管理提供了直接思路。具体而言,质量管理机构在差距分析的基础上,有针对性地提出了管理和改进措施以提高服务质量。

(1)感知差距(差距1)的改进。针对感知差距(差距1),如果问题产生的原因是管理不善,就必须提高管理水平或者是让管理者更深刻地理解服务和竞争的特性。

(2)质量标准差距(差距2)的改进。企业应在深入分析顾客需求的基础上对企业发展的问题重新排列,同时,应该邀请具体的服务提供者参与标准的制定。最理想的方法是计划制定者、管理者和与顾客接触的员工相互协商,共同制定有关的服务标准。

(3)服务传递差距(差距3)的改进。可能导致服务传递差距的原因主要是管理与监督不力、员工对顾客需要或期望感知有误和缺乏技术、运营方面的支持。

在许多汽车销售服务企业中,监督和奖励系统的建立通常没有将质量计划和服务标准的制定融合到一起来加以考虑,这种不协调的现象极其危险,因为那些并不必要的活动也许会和必要的活动一样被管理得井井有条,也许还会受到奖励,与服务标准格格不入的现象也被控制系统所鼓励,员工处于一种异常尴尬的境地。当服务标准不能让员工正确地理解或是员工不愿意执行这些标准时,员工的职责就会变得模糊起来。

(4)市场沟通差距(差距4)的改进。这类差距的解决途径是建立服务运营与传递、外部市场沟通计划和执行的协调机制。这种机制的建立至少可以达到两个目的:第一,市场推广中的承诺和宣传可以更加现实、准确;第二,外部沟通中所作的承诺可以顺利实现,而且可以承诺得相对多一些。因为双方相互合作,承诺的实现就有了坚实的基础。在此基础上,时刻注意要利用更科学的计划手段来改善市场沟通的质量。

(5)感知服务质量差距(差距5)的改进。感知服务质量差距说明是顾客所感知的或实际体验的服务质量与其所预期的不一致,主要是因为汽车销售服务企业在与顾客的沟通上或顾客的期望管理上出现偏差。因此,其管理途径主要是建立健全与顾客的沟通机制,改善服务企业的形象,对不利的顾客互动进行适当干预。

差距分析模型能够引导管理者发现服务差距究竟出在哪儿,原因是什么,应当怎样解决这些问题,是发现顾客和服务提供者对服务质量的感知差距的一种非常直观而有效的工具。通过它的运用,管理者可以逐步缩小顾客期望与实际服务体验之间的差距,由此提高顾客感知的服务质量。

本任务回顾

1. 掌握汽车服务企业服务质量结构的诸多内容。
2. 把学到的知识结合汽车服务企业的实际情况来进行具体的分析。

任务实施步骤

1. 任务要求

通过案例深入理解汽车服务企业服务质量在具体实际中的应用,并把这种认识拓展到本小节的其他方面进行分析和理解。

2. 任务实施的步骤

(1) 引入案例来学习汽车服务企业进行服务质量提高的框架思想。

(2) 分析案例中应用的方法。

(3) 自己思考,进行另外一个知识点在实际中应用的分析(找到某个知识点,找到某种类型的汽车服务企业)。

思考与训练

简答题:

(1) 说明汽车服务质量标杆管理的内涵。

(2) 简述汽车服务服务蓝图的制定步骤。

(3) 汽车服务质量差距管理中"差距"应如何改进?

拓展提高

尽可能找到本节内容中学到的汽车服务企业服务质量控制的案例,认真学习并体会其具体应用,并分析应该如何提高服务质量。

任务四 全面质量管理与 ISO 质量认证

知识目标

1. 掌握汽车服务企业全面质量管理的八大原则。

2. 了解 ISO 9000 质量管理的相关内容。

能力目标

在具体的实际应用中,能够利用全面质量管理的原则来处理问题。

情境描述

ISO 9000 质量管理涉及到质量管理中很重要的思想,对于汽车服务企业的服务质量管理来说同样如此。本节内容利用 ISO 9000 质量管理中有利于汽车服务企业的服务质量管理的内容来理解这种趋势化的思想。

任务剖析

通过案例的学习,来认识全面质量管理在汽车服务企业发展中的重要作用,结合后续知识的学习,来完成对全面质量管理的认识和体会的小练习。

任务载体

阅读案例,完成一篇关于全面质量管理在汽车服务企业发展过程中作用认识的小论文。

质量管理为福田汽车全球化、可持续发展保驾护航

如果你走进福田汽车,深入到某个生产车间,你一定会为其全员参与质量改进改善的文化氛围所折服。"第一次就把事做对,向零缺陷挑战",争创质量"零缺陷"星级员工已经成为福田汽车数万名一线产业工人的奋斗目标。如今,持续推行的质量文化建设已经使得以质量为核心的思想扎根于基层,并贯穿于企业发展的方方面面。

通过不断完善质量管理体制,更重要的是在全公司范围内树立良好的质量文化,福田汽车建立起了系统的质量保证体系。作为贯穿企业发展的生命线,质量管理在福田汽车发展的各个阶段都扮演着重要的角色,无论是在产品横向发展的阶段,还是产品纵向升级的阶段,质量管理创新始终伴随企业发展的每一步。

正是通过最终将全员质量改进改善的文化与理念深深地根植在每名员工的思想中,并切实地付诸于行动,才使福田汽车从单一的轻卡品牌发展到目前涵盖欧曼、欧 V、欧马可、风景、蒙派克、迷迪、传奇、萨普、奥铃、时代等十大产品品牌的中国品种最全、规模最大的商用车企业。2010 年,福田汽车销售整车突破 68 万辆,同比增长 13%,连续两年高居全球商用车销量榜首,连续 7 年位列中国商用车销量第一。2009 年,福田汽车品牌价值达 339 亿元,在中国汽车行业排名第三,在商用车行业排名第一。成立 15 年来,福田汽车累计产销汽车超过 450 万辆,当之无愧地成为中国自主品牌成长最快的企业之一。

一、质量管理贯穿整个价值链环节

在经营战略方面,福田汽车一直秉承"技术创造价值,质量赢得市场"的理念,质量体系建设始终贯穿公司产品规划、研发、采购、制造、物流、销售、服务等整个运营价值链环节。福田汽

笔记

车认为,产品质量有着自己产生、形成和实现的过程,产品质量在产品规划和设计开发过程中产生,在制造工程开发验证和制造过程中形成,在产品销售服务和用户使用过程中实现。因此,产品质量的把控应打通价值链的所有环节,严格贯彻,一丝不苟,深入人心。

福田汽车的质量体系建设包含两方面的内容:一是产品创造质量体系的建设,二是商品制造质量体系的建设。商品制造质量体系能力的建设,维系了企业现实的竞争能力;产品创造质量体系能力的建设,奠定了企业未来发展的实力。可以说,福田汽车 15 年的快速平稳发展都离不开这两大体系能力的建设。

在产品开发方面,福田汽车建立完善了产品开发质量管理体制。概念开发阶段开展了质量策划,形成了质量控制计划;工程开发阶段通过与意大利柯玛公司的合作,引入了世界先进汽车行业的同步工程开发技术、公差分析工程技术;开发过程引进了节点和交付物管理技术,保证了新产品开发一步到位;产品开发质量管理控制从生产连线阶段的质量控制评价开始,向后延伸到早期投放的质量控制,向前延伸到首批试制阶段的质量控制评价,形成了完善的产品创造过程质量保证体系和实物质量控制体系。

在供应商零部件开发方面,福田汽车全面执行 TS16949 标准,按照 APQP 控制计划的要求,对供应商零部件的开发过程进行了国际通用的 16 步控制,保证了零部件的开发质量。

在商品制造质量方面,福田汽车建立完善了商品制造质量管理体制,引进了精益制造的管理理念,建立起有效运行的精益生产制造系统(包括标准化作业系统、制造质量控制系统、缩短制造周期系统、以人为本全员参与的不断改进系统),保证了产品质量的一致性;通过质量目标管理评价体制、品牌质量经理体制、8D 质量改进体制、质量监督评价体制和标杆对比技术、质量雷区体制、质量再开发体制及过程审核等体制的导入和有效实施,质量控制系统和过程质量保证体系得到进一步发展和完善,以精益制造为核心的商品制造质量保证体系日趋成熟。

在分销服务过程中,福田汽车在国内率先启用了客户呼叫服务中心,确保 24 小时服务,及时地将用户的最新需求传递到企业内部,建立了快速的质量响应和质量改进系统,服务网络3 000 余家,服务半径约 50km,处于行业领先水平,满足并超越了顾客的期望。

通过质量管理系统的综合运行,福田汽车产品的实物质量得到逐年提高,并得到用户的充分认可。2010 年,公司产品市场故障率比 2006 年累计降低了 50%,市场抱怨问题数量比2006 年减少了 80%,重点产品质量水平达到国内领先水平。其中,中重卡产品超过竞争产品15%~20%,轻卡产品超过竞争产品 10%~15%,产品质量水平的持续提升有效支撑了公司业务的发展,质量管理处于全国先进水平。

二、质量创新不断满足企业发展的更高要求

企业的快速向前发展不断对质量管理提出更高的要求,在这个过程中,质量管理的持续创新是福田汽车得以快速发展的重要驱动力之一。福田汽车的质量管理体系创新主要体现在三个方面:

(1) 依托于市场需求的实物质量改进改善。从 2004 年起,通过对市场各渠道反馈的质量信息的高度关注,公司借助 8D 质量改进管理体制、供应商质量升级管理体制、质量再开发管理体制、重大攻关项目改进管理体制的导入和实施,共计完成质量改进提升项目 2 000 余项,确保了公司产品整体可靠性水平以每年 15% 以上的幅度增长,极大提升了公司产品的市场质量竞争力。

（2）借助小团队建设的全员自发质量改进改善。福田汽车从 2001 年开始开展全员改进改善小团队活动，经过 6 年的积累与发展，2007 年底开始在全公司 14 个生产型事业部以及销售、研发系统全面推进改善活动。构建改善成果激励、改善提案、QC 小组活动、成果发表会四位一体的日常改善管理机制，年均改善成果 3 000 余个，节约成本 8 000 余万元，全体员工自发质量改进改善管理机制与意识逐步增强。

（3）通过开展一线产业工人自主控制和改进改善活动使质量文化扎根基层。通过开展丰富多彩的群众性质量活动，增强全体员工的质量意识，鼓励人人参与质量、创造质量、享受质量。在活动中培育"零缺陷"质量文化，最终实现"不良品不接收、不良品不制造、不良品不传递"的"零缺陷"制造质量环境。以福田汽车南海汽车厂在 2010 年组织的"零缺陷"星级员工评选活动为例，2010 年全年累计奖励 438 人，占一线员工总人数比例达到 78%，极大程度地激励了产业工人的工作热情，并让质量文化深深扎根于基层。

2010 年，福田汽车正式对外发布"福田汽车 2020"战略，公司规划在 15 年发展的基础上，再经过 10 年努力，把福田汽车打造成世界级汽车企业。在"福田汽车 2020"战略中，公司明确规划了"向世界级汽车企业迈进"的宏伟目标，其核心内容就是"5＋3＋1"。其中，"5"是要在印度、俄罗斯、巴西、墨西哥和印尼 5 个国家分别建立海外工厂；"3"即通过生产高端整车和发动机，突破北美、欧盟和日韩 3 个全球最高端汽车市场；"1"即指中国是福田汽车全球总部，未来将建设成为全球创新中心、业务管理与运营中心。

按照规划，到 2020 年，福田汽车全球销量将突破 400 万辆，届时，福田汽车将完成全球化市场和产业布局，海外销量占总销量 30%，拥有世界级业务规模和世界级的企业发展能力，成为世界知名汽车品牌，成为时尚科技与人文环保高度融合的综合性国际汽车企业，并进入世界汽车企业前 10 强。

企业的国际化发展离不开极具国际竞争力的高质量的产品，产品质量管理能力无疑将成为企业加入国际市场竞争的"生死线"。同时，在全球化的机遇中，产品质量不仅关乎企业发展，更是关乎国家形象的大事。作为自主品牌的商用车企业，福田汽车将质量安全视为企业的社会责任，坚持以质取胜，以质量求效益、抓市场、谋发展，认为产品质量是公司持续发展、实现国际化的重要基础，在对外贸易中，将提升"中国制造"形象、打造"中国品牌"视为己任。

相关知识

全面质量管理与 ISO 质量认证

全面质量管理是一个企业以质量为中心，以全员参与为基础，目的在于通过让顾客满意和本企业所有成员及社会受益而达到长期成功的管理途径。其思想源于美国通用电器公司质量管理部的部长菲根堡姆（A. V. Feigenbaum）博士，在 1961 年首先提出后，经历了近 50 年的发展，广泛应用于各类企业的质量管理工作中，对当前汽车销售服务企业依然具有十分重要的价值。

一、全面质量管理的含义

1. 全面质量管理

全面质量管理强调执行质量是公司全体人员的责任，应该使全体人员都具有质量的概念和承担质量的责任。全面质量管理的核心思想是在一个企业内各部门中做出质量发展、质量保持、质量改进计划，从而以最为经济的水平进行生产与服务，使用户或消费者获得最大的满意。

全面质量管理主要包括三个层次的含义：运用多种手段，系统地保证和提高产品质量；控制质量形成的全过程，而不仅仅是某个服务过程；质量管理的有效性应当是以质量成本来衡量和优化的。

质量管理的全过程应该包括服务质量的产生、形成和实现的过程。影响服务质量的因素主要有人员、机器、材料、方法和环境，简称人、机、料、法和环，具体关系如图7-5所示。

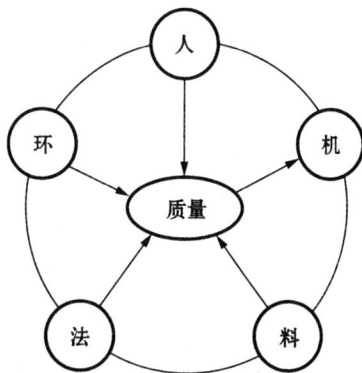

图 7-5　影响质量的五因素图

2. 全面质量管理的特点

全面质量管理具有以下特点：

（1）以适用性为标准。在传统的质量管理中，一般都是以符合技术标准和规范的要求为目标，即所生产产品或服务只需要符合企业事先制定的技术要求就行。但是，全面质量管理与传统质量管理截然不同，全面质量管理要求服务的质量必须符合用户的要求，始终以用户的满意为目标。从这个角度来看待全面质量管理，则将涉及所有参与到服务过程中的资源和人员。

（2）以人为本。全面质量管理是一种以人为中心的质量管理，必须十分重视整个过程中所涉及的人员。为了做到以人为本，企业必须做到：高层领导的全权委托、重视和支持质量管理活动；给予每个人均等机会，公正评价结果；让全体员工参与到质量管理的过程中；缩小领导者、技术人员和现场员工的差异。

（3）突出改进的动态性。全面质量管理的另一个显著特点就是突出改进的动态性。由于顾客的需求是不断发生变化的，顾客的需求通常会随着服务质量的提高而变得更高，这就要求有动态的质量管理概念。全面质量管理不但要求质量管理过程中有控制程序，而且要有改进程序。

（4）综合性。综合性指的是综合运用质量管理的技术和方法，并且组成多样化的、复合的质量管理方法体系，从而使企业的人、机器和信息有机结合起来。

3. 全面质量管理的八大原则

（1）以顾客为中心。全面质量管理的第一个原则是以顾客为中心。在当今的经济活动中，任何一个企业都要依存于他们的顾客。由于满足或超过了顾客的需求，从而获得继续生存下去的动力和源泉。

（2）领导的作用。一个企业从总经理层到员工层，都必须参与到质量管理的活动中来，其中，最为重要的是企业的决策层必须对质量管理给予足够的重视。我国的《质量管理法》规定，质量部门必须由总经理直接领导。这样才能使企业中的所有员工和资源都融入到全面质量管理之中。

（3）全员参与。全员参与是全面质量管理思想的核心。

（4）过程方法。即必须将全面质量管理所涉及的相关资源和活动都作为一个过程来进行管理。

（5）系统管理。要组织所有部门都参与到这项活动中来，才能够最大限度地满足顾客的需求。

（6）持续改进。仅仅做对一件事情并不困难，而要把一件简单的事情成千上万次都做对，那才是不简单的。持续改进是全面质量管理的核心思想。

（7）以事实为基础。有效的决策是建立在对数据和信息进行合乎逻辑和直观分析的基础上的，因此，作为迄今为止最为科学的质量管理，全面质量管理也必须以事实为依据，背离了事实基础那就没有任何意义。

（8）互利的供方关系。企业和供方之间保持互利关系可增进两个企业创造价值的能力，从而为双方的进一步合作提供基础，谋取更大的共同利益。

二、全面质量管理的思想基础和方法依据

PDCA循环又称其为"戴明环"，全面质量管理的思想基础和方法依据就是PDCA循环。这种循环是能使任何一项活动有效进行的合乎逻辑的工作程序，在企业的质量管理中得到了广泛的应用。

在PDCA循环中，"计划（P）—实施（D）—检查（C）—处理（A）"的管理循环是现场质量保证体系运行的基本方式，它反映了不断提高质量应遵循的科学程序。

全面质量管理在PDCA循环的规范下，形成了4个阶段和8个步骤，如图7-6所示。

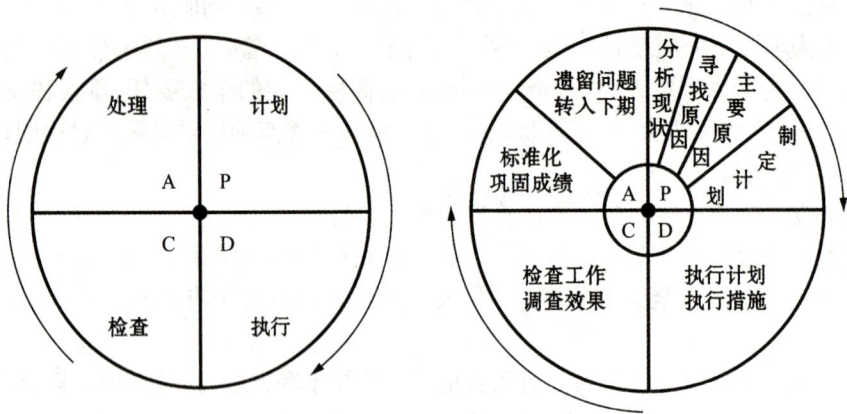

图7-6 PDCA循环示意图

1. P：计划（Plan）

计划包括制定质量目标、活动计划、管理项目和措施方案。计划阶段需要检讨企业目前的工作效率、追踪目前流程的运行效果和收集流程过程中出现的问题点；根据搜集到的资料，进行分析并制定初步的解决方案，提交公司高层批准。计划阶段包括以下内容：

（1）分析现状。通过现状分析，找出存在的主要质量问题，尽可能以数字说明。

（2）寻找原因。在所搜集到的资料的基础上，分析产生质量问题的各种原因或影响因素。

（3）提炼主因。从各种原因中找出影响质量的主要原因。

笔记

（4）制定计划。针对影响质量的主要原因，制定技术组织措施方案，并具体落实到执行者。

2. D：实施（Do）

将制定的计划和措施具体组织实施和执行。将初步解决方案提交给公司高层进行讨论，在得到公司高层的批准之后，由公司提供必要的资金和资源来支持计划的实施。

在实施阶段需要注意的是，不要将初步的解决方案一下子全面展开，要先在局部范围内进行试验。这样，即使设计方案存在较大的问题，损失也可以降低到最低限度。

3. C：检查（Check）

将执行的结果与预定目标进行对比，检查计划执行情况，看是否达到了预期的效果。按照检查的结果，来验证运作是否按照原来的标准进行、或者原来的标准规范是否合理等。

按照标准规范运作后，分析所得到的检查结果，寻找标准化本身是否存在偏移。如果发生偏移现象，重新策划，重新执行。

4. A：处理（Administer）

对总结的检查结果进行处理。对成功的经验加以肯定，并予以标准化或制定作业指导书，便于以后工作时可遵循；对于失败的教训也要总结，以免重现。对于没有解决的问题，应提到下一个 PDCA 循环中去解决。处理阶段包括以下两方面的内容：

（1）总结经验，进行标准化。总结经验教训，估计成绩，处理差错。把成功的经验肯定下来，制定成标准；把差错记录在案，作为鉴戒，防止今后再度发生。

（2）问题转入下一个循环。将遗留问题转入下一个管理循环，作为下一阶段的计划目标。

三、ISO 9000 质量管理体系认证

ISO 是 International Organization for Standardization 的英语简称，翻译成中文就是"国际标准化组织"。

ISO 是世界上最大的国际标准化组织。它成立于 1947 年 2 月 23 日，它的前身是 1928 年成立的"国际标准化协会国际联合会"（简称 ISA）。

ISO 通过它的 2 856 个技术机构开展技术活动，其中技术委员会（简称 TC）共 185 个，分技术委员会（简称 SC）共 611 个，工作组（WG）2 022 个，特别工作组 38 个。ISO 的 2 856 个技术机构技术活动的成果（产品）是"国际标准"。

"ISO 9000"是国际标准化组织中"品质管理和品质保证技术委员会"制定的一族标准的统称，主要涉及企业运行中质量保证模式、质量保证体系的要素定义、设计原则、标准和运营指南，是"全面质量管理"思想在质量管理运作中最重要的应用之一。目前，进行 ISO 质量管理体系认证，已成为众多汽车服务企业提升服务质量的重要手段。

1. 推行 ISO 9000 的一般步骤

推行 ISO 9000 有如下 5 个必不可少的过程：知识准备—立法—宣传、贯彻—执行—监督、改进。具体实践中，可以根据汽车服务企业的实际情况，对上述 5 个过程进行规划，按照一定的推行步骤，逐步导入 ISO 9000 管理体系。推行 ISO 9000 的具体步骤如下：

（1）企业原有质量体系的识别、诊断。

（2）任命管理者代表、组建 ISO 9000 推行组织。

（3）制定目标及激励措施。

（4）各级人员接受必要的管理意识和质量意识训练。

（5）ISO 9001 标准知识培训。

（6）质量体系文件编写（立法）。

（7）质量体系文件大面积宣传、培训、发布、试运行。

（8）内审员接受训练。

（9）若干次内部质量体系审核。

（10）在内审基础上的管理者评审。

（11）质量管理体系的完善和改进。

（12）申请认证。

2. 认证注册的一般程序

汽车服务企业 ISO 质量管理体系认证的实施和监督一般可分为以下 4 个阶段：

（1）提出申请。申请者自愿选择一家认证机构，按照规定的内容和格式向认证机构提出书面申请。书面申请的内容包括：企业名称、总部地点、多场所的名称和地点、员工总人数、生产班次、产品名称、申请认证的范围及专业类别、申请认证的标准、删减条款的细节、体系开始运行的时间、申请认证的时间、内部审核和管理评审的情况、其他特殊要求、是否转换认证、在此之前在其他机构有没有获得认证注册或被暂停/撤销认证、联系人等。

认证申请书的附件包括：营业执照的复印件，主管机关的生产或服务许可证的复印件，质量、公安、卫生等机关的许可证的复印件，质量手册和程序文件，记录清单。

其中，质量手册和程序文件的内容应能证实其质量管理体系满足所申请的质量管理体系标准的要求。

负责受理申请的认证机构应在收到认证申请之日起 60 天内做出是否受理申请的决定，并书面通知申请者；如果不受理申请，也应说明理由。

（2）体系审核。认证机构指派审核组对申请的质量体系进行文件审查和现场审核。文件审查的目的主要是审查申请者提交的质量手册的规定是否满足所申请的质量保证标准的要求；如果不能满足，审核组需向申请者提出，由申请者澄清、补充或修改。只有当文件审查通过后方可进行现场审核。现场审核的主要目的是通过收集客观证据，检查评定质量体系的运行与质量手册的规定是否一致，证实其符合质量保证标准要求的程度，做出审核结论，向认证机构提交审核报告。

（3）审批发证。认证机构审查由审核组提交的审核报告，对符合规定要求的批准认证，向申请者颁发体系认证证书，证书有效期为 3 年；对不符合规定要求的亦应书面通知申请者。

认证机构应公布证书持有者的注册名录，其内容应包括注册的质量保证标准的编号及其年代号和所覆盖的产品范围。通过注册名录向注册单位的潜在顾客和社会有关方面提供对注册单位质量保证能力的信任，使注册单位获得更多的订单。

（4）认证监督制度。认证机构要求获得质量管理体系认证的企业必须接受如下监督管理：

① 标志的使用。体系认证证书的持有者应按体系认证机构的规定使用其专用的标志，不得将标志使用在产品上，防止顾客误认为产品获准认证。

② 通报。证书的持有者改变其认证审核时的质量管理体系，应及时将更改情况报认证机

构。认证机构根据具体情况决定是否需要重新评定。

③ 监督审核。认证机构对证书持有者的质量管理体系每年至少进行一次监督审核,以使其质量管理体系继续保持。

④ 监督后的处置。通过对证书持有者的质量管理体系的监督审核,如果证实其体系继续符合规定要求时,则保持其认证资格。如果证实其体系不符合规定要求时,则视其不符合的严重程度,由认证机构决定暂停其使用认证证书和标志或撤销其认证资格,收回其认证证书。

⑤ 换发证书。在证书有效期内,如果遇到质量管理体系标准变更,或者质量管理体系认证范围发生变更,或者证书的持有者变更时,证书持有者可以申请换发证书,认证机构决定是否作必要的补充审核。

⑥ 注销证书。在证书有效期内,由于体系认证规则或体系标准变更或其他原因,证书的持有者不愿保持其认证资格的,体系认证机构应收回其认证证书,并注销认证资格。

本任务回顾

1. 认真阅读汽车服务企业在全面质量管理方面的案例。
2. 进行知识和案例相结合的练习。

任务实施步骤

1. 任务要求

对于相对陌生的汽车服务企业质量管理领域,认真体会案例中的内容,结合所学的知识,完成小论文。

2. 任务实施的步骤

(1) 认真阅读案例的内容。
(2) 掌握关于全面质量管理的知识。
(3) 完成小论文。

思考与训练

1. 简答题

(1) 全面质量管理的含义包括哪些方面?
(2) 全面质量管理的特点有哪些?
(3) 全面质量管理的八大原则是什么?

2. 论述题

(1) 怎样理解 PDCA 循环?
(2) ISO 9000 认证注册的一般程序是怎样的?

拓展提高

在有关汽车服务企业发展的动态报道里,收集有关全面质量管理理论在企业发展中的应用,并加以体会和认识。

参 考 文 献

[1] 朱杰. 汽车服务企业管理. [M]. 北京:电子工业出版社,2005.3.

[2] 卢燕,阎岩. 汽车服务企业管理. [M]. 北京:机械工业出版社,2005.8.

[3] 黄诗义. 现代企业管理. [M]. 北京:中国商业出版社,2004.5.

[4] 胡寒玲. 汽车服务企业管理. [M]. 北京:化学工业出版社,2010.2.

[5] 晋东海. 汽车服务企业管理实务. [M]. 北京:机械工业出版社,2009.1.

[6] 朱刚,王海林. 汽车服务企业管理. [M]. 北京:北京理工大学出版社,2008.5.

[7] 王生昌. 汽车服务企业管理. [M]. 北京:人民交通出版社,2007.10.

[8] 朱杰. 汽车服务企业管理. [M]. 北京:电子工业出版社,2005.6.

[9] 菲利普·科特勒. 营销管理. [M]. 北京:中国人民大学出版社,2009.4.

[10] 张东生,李艳双. 企业战略管理. [M]. 北京:机械工业出版社,2005.5.